Do Combate à Improbidade Administrativa

Do Combate à Improbidade Administrativa

CONSIDERAÇÕES SOBRE A LEI Nº 8.429/92 E AFINS

2ª Edição · 2020

Coordenação:
Aniello Aufiero
James Lins

ALMEDINA

DO COMBATE À IMPROBIDADE ADMINISTRATIVA
CONSIDERAÇÕES SOBRE A LEI Nº 8.429/92 E AFINS
2ª EDIÇÃO

COORDENAÇÃO: Aniello Miranda Aufiero e James Henrique Lins Santos
DIAGRAMAÇÃO: Almedina
DESIGN DE CAPA: FBA
ISBN: 9786556270067

Dados Internacionais de Catalogação na Publicação (CIP)
(Câmara Brasileira do Livro, SP, Brasil)

Do combate à improbidade administrativa :
considerações sobre a Lei nº 8.429/92 e afins /
coordenação Aniello Miranda Aufiero, James
Henrique Lins Santos. -- 2. ed. -- São Paulo :
Almedina, 2020.

Vários autores.
Bibliografia.
ISBN 978-65-5627-006-7

1. Brasil. Lei n. 8.429, de 02 de junho de 1992
2. Improbidade administrativa - Legislação - Brasil
I. Aufiero, Aniello Miranda. II. Santos, James
Henrique Lins.

20-34961 CDU-35.086

Índices para catálogo sistemático:

1. Improbidade administrativa: Direito administrativo 35.086

Cibele Maria Dias – Bibliotecária – CRB-8/9427

Este livro segue as regras do novo Acordo Ortográfico da Língua Portuguesa (1990).

Maio, 2020

EDITORA: Almedina Brasil
Rua José Maria Lisboa, 860, Conj. 131 e 132, Jardim Paulista | 01423-001 São Paulo | Brasil
editora@almedina.com.br
www.almedina.com.br

"A esperança tem duas belas filhas: a indignação e a coragem.
A indignação nos ensina a não aceitar as coisas como elas estão;
a coragem, a mudá-las."

Santo Agostinho

AGRADECIMENTOS

"O que eu faço é uma gota no meio do oceano, mas sem ela, o oceano será menor."

A frase de Madre Teresa de Calcutá é especial para iniciar os agradecimentos a muitas pessoas que, de alguma maneira, contribuíram para a criação do Centro Acadêmico Oswaldo Aranha – CAOA, da Faculdade de Direito Martha Falcão, com a realização do 1º Encontro de Combate à Improbidade Administrativa, em Manaus, Amazonas, e com o presente livro, resultado dos esforços de muitas pessoas.

Inicialmente agradecemos aos professores Aluísio Caldas, Cyntia de Lima, Ilsa Coelho, Antônio Norte Filho, e Giorgio Gonçalves, participantes da criação do CAOA.

Ao professor Manoel Bessa Filho, que conferiu e assinou o estatuto do CAOA para que este ganhasse vida, sendo registrado em cartório e posteriormente adquirindo personalidade jurídica.

Também aos professores, Alberto Bezerra, Aldryn Amaral, Anderson Fonseca, Alexandre Netto, André Bessa, André Braga, Evelinn Flores, Bernadete Alves, Carolina Nobre, Fábio Monteiro, Gilmar Madalozzo, Guilherme Mota, Guilherme Tomizawa, Juliano Ralo, Jorge Veras, Luciana Falcão, Lino Chíxaro, Marcelo Augusto, Marcelo Granjeiro, Mauro Braga, Mônica Picanço Dias, Lúcia Malavasi, Lúcia Viana, Ney Bastos, Omara Gusmão, Rafael Barbosa, Rodrigo Junqueira, Vitor Vieira, Mariana Filard, Helena Lima, Mara Rezende, e Luiz Patrício Barbosa Júnior.

Aos professores que fizeram a revisão gramatical dos artigos, Arão Bentes e Bernadete Alves.

Nosso agradecimento aos Conselheiros do Tribunal de Contas do Estado do Amazonas, Conselheira Yara Amazônia Lins Rodrigues dos Santos, Conselheiro Ari Jorge Moutinho da Costa Junior, Conselheiro Mário Manoel Coelho de Mello, Conselheiro Antônio Júlio Bernardo Cabral, Conselheiro Josué Claudio de Souza Filho, Conselheiro Érico Xavier Desterro e Silva, e Conselheiro Júlio Assis Corrêa Pinheiro pela cessão do Auditório da Corte de Contas para a realização das palestras.

Aos acadêmicos que participaram da criação do Centro Acadêmico de Direito, e aos membros, Ana Cristina Ribeiro, Aline Andrade, Anselmo Mattos Filho, Augusto Echenique, Beethoven Neto, Bernadete Sabóia, Brenno Câmara, Brunna Ribeiro, Camilla Bastos, Celeste Dan, Déborah Riker, Diandra Raman, Eduardo Queiroz, Felipe Schneider, Graziela Guedes, Ivanildo Fonseca, Jessica Lima, Juan Pereira, Juliana Moraes, Lívia Salvador, Luana Damasceno, Luiza Chaves, Marcos Brandão Filho, Paulo Reis, Paulo Siqueira, Raissa Oliveira, Rayane Leite, Rodrigo Soares, Thiago Alves e Vitória Fernandes.

Agradecemos, ainda, a todos os palestrantes que participaram do evento: Delegado de Polícia Federal Pablo Oliva Souza, Professor Aldryn Amaral, Professor Aniello Aufiero, Conselheiro Érico Desterro, Dr. Diego D'Avilla, e Dr. Miguel Nagib.

Agradecemos aos parceiros que também contribuíram para o CAOA, Alexandre Dantas, Antônio Lucas Feitoza, Adriano Bindá, Bispo Camilo Gonçalves Neto, Carlos Lucoli, Igor Menezes Cordovil, Judah Torres, Leandro Takahashi, Matheus Dias e Wiliam Fonseca.

A todos os colegas do Curso de Direito, entre eles: Padre Alexsandro de Freitas Vieira, Anna Menezes, Daniel Belmont, Diego Antonaccio, Eduardo Bessa, Eduardo Lacerda, Elza Siqueira, Hugo Ramalho, Igor Sá, Fernanda Barros, Fernanda Fernandes, Frank James Júnior, Jedah Frota, Júlia Oliveira, Larissa Rossy, Luana Câmara, Márcio Williams, Marck Clarck, Maria Pará, Marlon de Albuquerque Júnior, Natasha Alecrim, Natasha Mussa, Pedro Igor Carvalho, Raphael Trindade, Thiago Vassoler, Thaís Navarro, Wagner Portella, e Yasmin Braga.

Aos funcionários de nossa Instituição de Ensino: Sra. Lúcia Soares, Srta. Renata de Souza, Sra. Elcy Soares de Oliveira, Sr. Vito Ruari Costa, Sra. Daiana Melo, Sra. Keila Baldoino, Sr. Andrey Neves, Sra. Carla Ramos, Sr. Janderson Soares, Sr. João de Andrade Júnior, e Sr. Luciano Freitas.

Por fim – e mais importante – a você leitor, para que receba as mensagens de conscientização contidas nesta obra, e que elas o encorajem a ser a mudança que deseja ver no mundo.

Boa leitura.

James Lins
Co-Fundador e 1º Presidente do CAOA

NOTA À 2ª EDIÇÃO

É uma grande alegria escrever esta nota à segunda edição da presente obra.

Gostaríamos de agradecer a calorosa acolhida ao nosso trabalho.

Várias Faculdades de Direito, em todo o país, por meio de seus professores e estudantes, têm dado destaque aos temas aqui propostos e continuam a debatê-los em seminários acadêmicos.

Cabe registrar que a segunda edição vem revista, ampliada e com alguns artigos atualizados.

Nossos leitores notaram e elogiaram as mensagens iniciais de esperança, de forma que, pelo *feedback* positivo que recebemos, não nos furtaremos de registrar aqui, mais uma vez, para que aquela fagulha de esperança se mantenha acesa.

> Há esperança para o Brasil?
> Há, mas não adianta vocês a procurarem em parte alguma.
> Vocês são a esperança.
> Não há outra em todo o horizonte visível[1].

ab amicis honesta petamos

Manaus, verão de 2020.
James Lins

[1] Professor Olavo de Carvalho.

APRESENTAÇÃO

A presente publicação, mais do que uma coletânea de valiosos debates sobre o tema, representa um valioso testemunho do que está ocorrendo com os jovens universitários desta geração. Longe de debates estéreis de ideologias rivais, o Centro Acadêmico da Faculdade Martha Falcão, mostra-se interessado em discutir o cerne dos problemas político-sociais da atualidade brasileira, a corrupção.

Não vamos tecer mais um comentário sobre o tema, exaustivamente exposto pelos autores que abrilhantam essa publicação. De sua atualidade e importância ninguém põe dúvidas. É o cancro que corrói as vísceras do próprio sistema político nacional.

Como velho professor de mais de 60 anos lidando com a classe estudantil, víamos algumas vezes os centros estudantis ou acadêmicos, engalfinhados em lutas nem sempre legítimas, de confrontos pessoais e ideológicos, discutindo problemas paroquiais e alheios ao que se passava na sociedade brasileira. Nenhuma visão macro da realidade em que estavam inseridos.

Daí nosso entusiasmo em ver nossos acadêmicos preocupados com os grandes problemas nacionais, sobretudo o da corrupção generalizada em todos os níveis da sociedade brasileira.

Congratulo-me com a iniciativa, e agradeço pela oportunidade de apresentar essa publicação. Os temas e seus autores não precisam de chancela. Valem por seus conteúdos e pelos nomes que os subscrevem.

Eis o livro. Leiam, reflitam e aproveitem.

Prof. Manoel Bessa Filho

PREFÁCIO

Enviou-me, o eminente amigo James Lins, os originais do livro "Do combate à Improbidade Administrativa", com variada gama de artigos escritos por renomados autores e textos de palestras pronunciadas no 1º Encontro de Manaus sobre o tema.

Refletem rumos a serem meditados, principalmente após o exemplo italiano, em que a operação de combate à corrupção esbarrou, no Parlamento Italiano, no esforço parlamentar de autoproteção aos políticos investigados, após o impacto provocado pelo desventrar da Operação "Mãos limpas".

O tema é atualíssimo no Brasil, visto que as garantias constitucionais, de um lado, quanto ao direito de defesa, e o princípio da moralidade, de outro, devem ser sempre analisados com a imparcialidade e a ponderação necessárias para que não ocorra o arbítrio, na ânsia de punir, nem cresça a impunidade por subterfúgios, que firam o princípio estatuído no art. 37, como um dos cinco princípios fundamentais da administração pública, ou seja, o da moralidade estatuído no "caput" desse dispositivo constitucional.

É de se lembrar que a Constituição brasileira foi promulgada, após quase 2 anos de debates no Parlamento Constituinte, envolta em forte reação ao regime de exceção anterior.

Por isto, no seu mais relevante artigo, dedicado aos direitos e garantias individuais – a Constituição, de rigor, é a lei Suprema destinada ao povo, numa sociedade por ela organizada-, o direito de defesa foi assegurado e o arbítrio afastado em inúmeras disposições do art. 5º.

A defesa mereceu, inclusive, adjetivação, para assegurar que, não qualquer defesa, mas a AMPLA defesa está assegurada, seja na esfera administrativa, seja judicial. É o que se lê nos incisos LIV, LV, LVI e LVII do artigo 5º da Carta da República, assim redigidos: Art. 5º Todos são iguais perante a lei, sem distinção de qualquer natureza, garantindo-se aos brasileiros e aos estrangeiros residentes no País a inviolabilidade do direito à vida, à liberdade, à igualdade, à segurança e à propriedade, nos termos seguintes:

> ....
>
> LIV – ninguém será privado da liberdade ou de seus bens sem o devido processo legal;
>
> LV – aos litigantes, em processo judicial ou administrativo, e aos acusados em geral são assegurados o contraditório e ampla defesa, com os meios e recursos a ela inerentes;
>
> LVI – são inadmissíveis, no processo, as provas obtidas por meios ilícitos;
>
> LVII – ninguém será considerado culpado até o trânsito em julgado de sentença penal condenatória; ...".

Ora, o combate à improbidade administrativa – que pode levar ao "impeachment" presidencial (art. 85, inciso V, da C.F.) –, deve ser, todavia, feito à luz do amplo direito à defesa, que só é garantido nas democracias, pois nas ditaduras, tal direito inexiste.

Por esta razão, o constituinte, após estabelecer que o Brasil é um Estado Democrático de Direito (art. 1º), declarou que os 3 Poderes são harmônicos e independentes (art. 2º) e colocou a Advocacia (direito de defesa) e o Ministério Público (dever de acusação) no mesmo nível de funções essenciais à administração da Justiça. Vale dizer, são funções fundamentais para o equilíbrio entre os Poderes, MAS NÃO SÃO, nem a Advocacia, nem o "parquet", Poderes (arts. 127 a 135 da C.F.).

Por fim – o que veio a ser reconhecido pela Lei nº 12.830/2013 e, recentemente, em decisão da Suprema Corte – os delegados de polícia são "polícia judiciária", ou seja, os condutores da investigação policial. Nela se busca a verdade, o que não pode ser tisnado pelo exercício de duas funções que se contrapõem, no processo penal, ou seja, acusação e defesa. Na dúvida, deve o Ministério Público acusar. Na dúvida, deve a Advocacia defender. Na dúvida, deve o delegado de polícia que investigar, submeter sua investigação acerca da verdade material ao Poder Judiciário, como polícia judiciária que é, visto que só ele pode fazer tal investigação, imparcialmente.

O mar de lama descoberto nas administrações anteriores do país (mensalão e petrolão) levou a um certo protagonismo do Ministério Público, com propostas, inclusive, para redução do direito de defesa, enviadas ao Congresso Nacional, buscando o apoio da imprensa, como sua caixa de ressonância perante o povo.

O Poder Judiciário, perante um legislativo abalado por denúncias e em face do afastamento de dois presidentes dos quatro eleitos nos últimos 30 anos, aderiu a um ativismo judicial que provocou, nada obstante a qualidade moral e o conhecimento jurídico de seus integrantes, inequívoca insegurança jurídica, que só agora começa a ser revertida, visto que passaram, os magistrados, a legislar, no vácuo congressual, sem para isto terem delegação constitucional. O melhor dos Supremos, como legislador, é pior que o pior dos Legislativos eleitos pelo povo, pois a representação popular é testada de 4 em 4 anos – 8 em relação ao Senado – algo impossível quanto a um poder técnico e, no caso do Pretório Excelso, eleito por um homem só.

Por esta razão, a grande temática, hoje, nas lides jurídicas é de saber como combater a corrupção – e tem sido combatida- com respeito aos direitos e garantias constitucionais – o que nem sempre tem ocorrido –, num Estado Democrático, em que o equilíbrio e a harmonia dos Poderes são fundamentais para o exercício da cidadania e a manutenção da justiça democrática.

É o que os brilhantes autores do presente livro trazem à reflexão do universo jurídico brasileiro, com variada linha de estudos, nos quais tais facetas são apontadas.

No fim do ano de 2017, coordenei, com Marcos da Costa, o livro "A importância do direito de defesa para a Democracia e a cidadania" (Edição do Conselho Federal da OAB), escrito pelos seguintes autores: Alberto Zacharias Toron, Américo Masset Lacombe, Ana Regina Campos de Sica, Angela Vidal Gandra da Silva Martins, Antonio Cláudio Mariz de Oliveira, Amoldo Wald, Carmen Silvia Valio de Araujo Martins, Claudio Pacheco Prates Lamachia, Cristiano Avila Maronna, Dircêo Torrecillas Ramos, Elias Mattar Assad, Fábio Tofic Simantob, Fernanda Marinela, Ives Gandra da Silva Martins, José Bernardo Cabral, Juliana Abrusio, Kiyoshi Harada, Lenio Luiz Streck, Leonardo Rodrigues Garbin, Luiz Flávio Borges D'Urso, Marco Aurélio Florêncio Filho, Marcos da Costa, Marilene Talarico Martins Rodrigues, Maurício Avila Prazak, Pierpaolo

Cruz Bottini, Regina Beatriz Tavares da Silva, Renê Ariel Dotti, Ricardo Breier, Ricardo Luiz de Toledo Santos Filho, Roberta de Amorim Dutra, Ruy Martins Altenfelder Silva, Samantha Ribeiro Meyer-Pflug Marques, Tales Castelo Branco, Tatiany Ramalho.

O presente livro segue vertente semelhante, não focada apenas no direito de defesa, mas também no combate à corrupção pelo Ministério Público e na relevância do Poder Judiciário, a fim de que o equilíbrio entre as forças em contenda numa democracia auxiliem a torná-la mais presente, facilitando o exercício da cidadania.

Bem haja o excelente livro que agora vem à luz!

Ives Gandra da Silva Martins

Professor Emérito das Universidades Mackenzie, UNIP, UNIFIEO, UNIFMU, do CIEE/O ESTADO DE SÃO PAULO, das Escolas de Comando e Estado-Maior do Exército – ECEME, Superior de Guerra – ESG e da Magistratura do Tribunal Regional Federal – 1ª Região; Professor Honorário das Universidades Austral (Argentina), San Martin de Porres (Peru) e Vasili Goldis (Romênia); Doutor Honoris Causa das Universidades de Craiova (Romênia) e das PUCs-Paraná e RS, e Catedrático da Universidade do Minho (Portugal); Presidente do Conselho Superior de Direito da FECOMERCIO – SP; Fundador e Presidente Honorário do Centro de Extensão Universitária – CEU/Instituto Internacional de Ciências Sociais – IICS.

Introdução

A Constituição da República Federativa do Brasil completa 30 anos em 2018, um marco a ser celebrado. Conhecida como Constituição cidadã, possui mecanismos de combate à corrupção, como se nota em seu artigo 37, §4º, que faz referência aos atos de improbidade administrativa, a serem previstos em lei.

Posteriormente, no ano de 1992, foi criada a Lei de Improbidade Administrativa, de nº 8.429/92, também conhecida como LIA, que completou 25 anos em 2017.

Em homenagem à LIA, o Centro Acadêmico Oswaldo Aranha – CAOA, da Faculdade de Direito Martha Falcão, realizou o 1º Encontro de Combate à Improbidade Administrativa, em agosto de 2017, no Tribunal de Contas do Estado do Amazonas, na cidade de Manaus.

Movidos por um ávido desejo de transformar o país, os acadêmicos de Direito pertencentes ao CAOA, decidiram agir em prol do combate à corrupção e, consequentemente, por dias melhores.

A presente obra coletiva foi resultado do evento que reuniu ilustres profissionais do Direito, com suas palestras disponíveis no canal do CAOA, na plataforma YouTube, além da participação com artigos – nem sempre com os mesmos temas – que ajudaram a compor esta obra. Somada aos artigos de outros ilustres profissionais que trabalham incansavelmente, são referências que em muito contribuem para a ordem e o progresso do país.

O livro é divido, aliás, em três partes: a primeira destinada a tratar dos temas específicos do combate à improbidade administrativa; a segunda, intrinsicamente correlata à improbidade administrava, temas de *"con-*

pliance"; e, por fim, temas afins que, sem perder a essência da proposição principal da obra, buscam e tocam o combate à corrupção, tratando de temas atuais, notadamente lei de organização criminosa e delação premiada.

Portanto, diante da importância da temática abordada, tal conteúdo não poderia simplesmente ser destinado aos mais de 150 estudantes que compareceram ao encontro, de modo que, para alcançar mais pessoas, seria interessante plantar essas sementes que levam conhecimento e reflexão, através de um livro, com a crença de que os leitores manterão a chama da esperança acesa por um Brasil com dignidade, liberdade e justiça – ainda que para isso tenham que enfrentar oposições, afinal, como disse Sir Winston Churchill: – "Você tem inimigos? Bom. Significa que você brigou por algo, alguma vez na vida."

Os coordenadores

SOBRE OS COORDENADORES

Aniello Aufiero
Advogado militante há 30 anos na advocacia criminal. Professor do Centro Preparatório Aufiero. Membro da Academia de Ciências e Letras Jurídicas do Amazonas – ACLJA. Membro do IBCCrim e do Instituto dos Advogados Brasileiros – IAB. Autor de diversas obras jurídicas.

Redes sociais: @prof.anielloaufiero

James Lins
Advogado e Cientista Político amazonense. Graduado em Direito pela Faculdade Martha Falcão Devry e em Ciências Sociais pela Universidade Federal do Amazonas – UFAM. Especialista em Política e Estratégia pela Associação dos Diplomados da Escola Superior de Guerra – ADESG. Especialista em Direito Público com ênfase em gestão Pública. Especialista em Direito Digital e *Compliance*, ambas pela Faculdade Damásio.

Redes sociais: @jameslins1

SOBRE OS AUTORES

Calil Simão

Doutoramento em Direito pela Universidade de Coimbra (P.H.D/ABD). Mestre em Direito pela Instituição Toledo de Ensino (ITE). Professor-membro do Instituto Brasileiro de Direito Constitucional – IBDC. Presidente do Instituto Brasileiro de Combate à Corrupção – IBCC. Membro efetivo das Comissões de Direito Administrativo da Ordem dos Advogados do Brasil (OAB/SP). Membro do Núcleo de Estudos e Pesquisa de Direito Educacional – NEDUC (PUC/SP). Coordenador do Centro de Estudos da Advocacia Calil Simão. Advogado e Consultor Jurídico.

Carlos Abener de Oliveira Rodrigues Filho

Juiz do Trabalho Substituto do Tribunal Regional do Trabalho da 2ª Região–São Paulo; Bacharel, Especialista e Mestre em Direito do Trabalho pela Universidade de São Paulo – USP; aperfeiçoamento-PIL pela Universidade de Harvard; Especialista pela Universidade de Roma I – *La Sapienza*; *Master* pela Universidade de Jaén – Espanha; *Experto* pela Universidade *Castilla-La Mancha* – Espanha; seminarista na Universidade de *Lyon* III – França.

Claudio Joel Brito Lóssio

Doutorando e mestrando em Ciências Jurídicas pela UAL – Universidade Autônoma de Lisboa – Portugal (2017-); mestrando em Engenharia de Segurança Informática pelo IPBEJA – Instituto Politécnico de Beja – Portugal (2018-); pós-graduado em Direito Digital & Compliance pela Damásio Educacional (2017-2018), pós-graduado em Direito Penal e Criminologia pela URCA – Universidade Regional do Cariri (2016-2018), pós-graduado em Direito Notarial e Registral pela Damásio Educacional (2017-2018), pós-graduado MBA Executive em Gestão de TI pela FACEAR – Faculdade Educacional Araucária (2017-2018). Pós-graduando em Engenharia de Software pela PUC-MG (2018-); Certificado DPO – Data Protector Officer pela Universidade de Nebrija – Madrid – Espanha (2018); Cerificação DevOps; Certificação Scrum; Membro do LAb UbiNET – IPBeja; Advogado. Palestrante. Professor.

Clotilde Miranda Monteiro de Castro
Advogada, especialista em Direito Público.

Diego D'Avilla
Advogado.

Érico Xavier Desterro e Silva
Conselheiro do Tribunal de Contas do Estado do Amazonas.

Fausto Martin De Sanctis
Desembargador Federal do TRF3

Gilmar Madalozzo da Rosa
Doutorando em Direito Constitucional pela UNIFOR. Mestre em Direito. Advogado. Professor universitário. Manaus – AM, Brasil.

Jorge Ulisses Jacoby Fernandes
Diretor-presidente do escritório Jacoby Fernandes & Reolon Advogados Associados, é advogado, mestre em direito público, professor de Direito Administrativo, escritor, consultor, conferencista e palestrante.

Júlio Assis Corrêa Pinheiro
Conselheiro do Tribunal de Contas do Estado do Amazonas.

Michelle Cerqueira da Rosa
Acadêmica do Curso de Direito pela UFAM. Pesquisadora pelo Diretório de Pesquisa em Direito. Manaus – AM, Brasil.

Miguel Nagib

Procurador do Estado de São Paulo; ex-Assessor de Ministro no Supremo Tribunal Federal; fundador e coordenador do Movimento Escola sem Partido.

Sergio Fernando Moro

Ministro da Justiça e Segurança Pública. Juiz Federal da Vara Federal Criminal de Curitiba/PR especializada em crimes de lavagem de dinheiro e contra o sistema financeiro nacional, no período de 1996 a 2018. Doutor em Direito pela Universidade Federal do Paraná, autor do livro *Desenvolvimento e efetivação judicial das normas constitucionais*. São Paulo: Max Limonad, 2001.

Renata Fonseca de Andrade

Presidente da Comissão de Anticorrupção e *Compliance* da OAB/SP Pinheiros. Advogada inscrita na OAB/SP (1990) e no Bar dos EUA, em Illinois Supreme Court (2008). Especialista em *Compliance*. Professora de Prevenção à Lavagem de Dinheiro e *Compliance* nos cursos de LL.M da FGV-Rio – Faculdade de Direito. Professora-Coordenadora do Curso de *Compliance* Financeiro da LEC, Professora de *Compliance* nos cursos de formação e certificação em *Compliance* do Instituto ARC, ESENI e da Pós-Graduação em Direito Digital e *Compliance* da Universidade Damásio-SP.

Membro da Comissão Permanente de Estudos de *Compliance* do IASP (Instituto dos Advogados de São Paulo). Mestre em Direito – LLM-MLI pela Universidade de Wisconsin, Madison School of Law, USA (2006). Bacharel em Ciências Jurídicas e Sociais pela Faculdade de Direito da Universidade Mackenzie (1989) e especialização em Governo pela Escola de Governo, prof. Fábio Konder Comparato (2000).

SUMÁRIO

Parte 1

Do Combate à Improbidade

1. A Desonestidade e a Deslealdade como Elementos Essenciais do Conceito de Improbidade Administrativa[1]

Calil Simão

1. Considerações gerais

Os termos improbidade, corrupção e desonestidade caminham juntos.

O ímprobo é um ser desonesto e desleal, bem como corrupto. Contudo, o termo improbidade administrativa é permeado de características peculiares, sem as quais não podemos ver configurado o tipo legal.

O termo corrupção representa, desse modo, o desvirtuamento de uma regra socialmente ativa, em contraposição ou oposição a um conceito antônimo: o de honestidade. Um sujeito honesto é um ser que age ou se omite conforme a regra geral ensina.

A corrupção social ou estatal é caracterizada pela incapacidade moral dos cidadãos de assumir compromissos voltados ao bem comum. Vale dizer, os cidadãos mostram-se incapazes de fazer coisas que não lhes traga uma gratificação pessoal.[2]

[1] Artigo produzido para publicação no Livro "Do combate à improbidade administrativa – Considerações sobre a Lei nº 8.429/1992 e afins", editado pela Editora Aufiero Ltda., em Manaus/AM, no ano de 2018. Revisado por Caroline Lui e Letícia Micali e registrado no 2º Cartório de Notas e Títulos e Documentos de Taquaritinga/SP.

[2] Cfr. Simão, Calil. *Improbidade Administrativa – Teoria e Prática.* 3ª Ed. Leme: J.H. Mizuno, 2017, p. 37.

Segundo o sociólogo americano Patrick Dobel, o sujeito corrupto é totalmente egoísta, pois não possui lealdade e nem compromisso com o bem comum.[3]

A corrupção do Estado e a corrupção dos indivíduos que o integram andam lado a lado, de modo que a corrupção do indivíduo e do Estado não podem ser combatidas isoladamente.

A Lei de Improbidade Administrativa (Lei Federal nº 8.429/1992) já supera os seus 20 (vinte) anos de vigência, tendo colaborado para a punição de inúmeros sujeitos, mas, não obstante tanto tempo de aplicação, ainda reclama certa preocupação sobre a sua compreensão exata, em especial sobre o conceito de improbidade administrativa.

A compreensão do conceito de ato de improbidade administrativa é essencial porque é o fato desencadeador da ação de improbidade administrativa ou da ação civil pública por ato de improbidade administrativa, cuja função é implementar sanções gravíssimas de natureza cível (perda de bens e valores, ressarcimento e multa), administrativa (perda da função pública e proibição de contratar ou receber benefícios) e de caráter político (suspensão dos direitos políticos).

1.1. Origem etimológica do termo "improbidade"

O vocábulo improbidade tem origem latina, sendo derivado da palavra *improbitas*. A palavra "*improbitas*" era empregada pelos antigos para indicar uma qualidade negativa do sujeito. Isso significa que *improbitas* representava uma qualidade má, uma imoralidade ou uma malícia. Em termos jurídicos, tal vocábulo foi utilizado no sentido de desonestidade, de incorreção, de má conduta ou ainda de má índole ou mau-caráter.

Os termos improbidade, corrupção e desonestidade caminham juntos, no entanto, a improbidade administrativa reclama elementos adicionais para sua caracterização, conforme estudaremos.

2. Elementos do conceito de improbidade administrativa

Quando o ato de improbidade se reveste de certas características, podemos classificá-lo como ato de improbidade administrativa. Essas características correspondem aos elementos necessários para que possamos

[3] Cfr. The *Corruption of a State. In: The American Political Science Review*. Los Angeles, Setembro de 1978, p. 958-973.

considerar um ato de improbidade como administrativo, isto é, como incurso nas disposições normativas da Lei Federal nº 8.429/1992.

Os elementos são: (a)presença de agente público; (b) elemento subjetivo da conduta; (c) tipicidade; (d) nexo causal.

Neste artigo nos restringiremos a analisar apenas os elementos subjetivos presentes na conduta do agente.

3. A exata compreensão do elemento subjetivo presente no ato de Improbidade administrativa

3.1. Inabilidade

Inicialmente precisamos registrar que a conduta ímproba não pode ser confundida com erros cometidos no exercício de uma função estatal, tendo em vista que os erros funcionais são sancionados pelas normas disciplinares e possuem sujeitos sancionadores distintos.

Tanto a inabilidade não é condição para punição que é previsto, pelo direito constitucional-administrativo (CF, art. 41, III), um momento adequado para avaliação das aptidões práticas do agente público que é o estágio probatório,[4] e, uma avaliação negativa, é suficiente para legitimar o seu desligamento.[5]

A inabilidade deve ser aferida levando em consideração a função ocupada pelo agente e o nível de exigência para essa ocupação frente ao ato imputado como irregular, pois, diante da complexidade da função, a inabilidade pode dar lugar à culpa grave, já que era esperado do agente investido em determinada função técnica, de acordo com as suas capacidades

[4] Entende-se por estágio probatório o processo de avaliação do desempenho de servidor nomeado para cargo de provimento efetivo em relação à sua aptidão e capacidade, bem como sua assiduidade, disciplina, iniciativa, produtividade e responsabilidade. Nesse ínterim o órgão público deve identificar os pontos positivos e negativos, bem como encontrar as alternativas de solução.

[5] "Depois de nomeado, fica o funcionário público em observação durante certo período de tempo, variável de país a país, para que se possa confirmar ser possuidor de predicados morais e profissionais tidos como indispensáveis para o bom desempenho do cargo que lhe é confiado. Esse período de tempo recebe a denominação de período de prova, estágio probatório ou, simplesmente, estágio, sendo designado pelo nome de estagiário o agente em observação" (Cretella Júnior, José. *Tratado de Direito Administrativo: o pessoal da Administração Pública*. Rio de Janeiro: Forense, 2005, vol. 4, p. 184-185).

pessoais e formação, um determinado comportamento no exercício da função.

3.2. Ilegalidade, imoralidade e dano

É um erro grosseiro afirmarmos que o ato ilegal é um ato ímprobo, pois existem inúmeros exemplos de atos ilegais emitidos de boa-fé, especialmente porque na Administração Pública adotamos o princípio da estrita legalidade, e, a legalidade administrativa sendo mais agressiva, é ambiente fecundo para a prática de atos ilegais não intencionais. No entanto, o ato de improbidade administrativa será sempre ilegal, porque a improbidade administrativa precisar estar sempre tipificada.

A imoralidade é um dos elementos a que se atribui ao ato de improbidade administrativa. Essa afirmação é parcialmente verdadeira já que existem atos imorais que não conduzem a produção do ato de improbidade administrativa. Exemplos: (a) O agente público que fica despido na repartição pública não comete ato de improbidade administrativa; (b) Os recursos processuais protelatórios promovidos pela Fazenda Pública com o fito de retardar o pagamento dos créditos dela decorrentes é claramente uma imoralidade administrativa, porém, não chega a ser considerado um ato de corrupção ou de improbidade administrativa.

Todo ato de improbidade administrativa nasce de uma imoralidade, mas essa imoralidade deve ser especial, qualificada pela desonestidade e deslealdade do agente público. Eis o ponto central de nosso estudo.

Um outro elemento que se costuma atribuir ao conceito de improbidade administrativa é o dano, contudo, o dano não é, em si, o fato que configura a improbidade administrativa, pois a improbidade não está no "dano" mas na forma como a lesão surge: lesão decorrente da violação da probidade administrativa. O artigo 10 da Lei de Improbidade Administrativa precisa ser bem compreendido, sob pena de banalizarmos a tutela da improbidade.

Vimos, sucintamente, que é possível estarmos diante de um ato ilegal, imoral e simultaneamente danoso ao erário sem que estejamos diante de um ato de improbidade administrativa, pois faltam presentes elementos essenciais do conceito.

Isso quer dizer ainda que se uma inicial da ação de improbidade administrativa não descreve todos os elementos essenciais do tipo, se preocupando em descrever apenas a ilegalidade do ato ou o dano, e, deixa de argumentar sobre a imoralidade "qualificada", fazendo conjectura de mera imoralidade simples, ela é inepta.

4. Desonestidade e deslealdade

Temos afirmado constantemente que a improbidade administrativa se revela, do ponto de vista material, como sendo uma conduta desonesta e desleal.

Esses 2 (dois) elementos conformam a improbidade administrativa sob o ponto de vista subjetivo.

O significado de desonestidade deve ser entendido como uma conduta em sentido oposto a probidade, a decência, a moral e aos costumes. Trata-se de um ato violador dos padrões morais, daquilo que é aceitável pela sociedade do ponto de vista da condução dos negócios administrativos.

A honestidade do agente público é medida segundo os princípios e regras da Administração Pública que são inclusive muito mais agressivas que as do setor privado.

A Administração Pública visa atender um interesse coletivo, desse modo, o agente público não possui interesse próprio, estando na função estatal para realizar apenas o bem comum.

O bem comum é o bem de todos os sujeitos que integram um dado Estado. É a satisfação da necessidade desses sujeitos. Atualmente, diante da sensível globalização e da compreensão do mundo como um todo, alarga-se esse conceito para alcançar o que se convencionou definir como humanidade.

Essa satisfação deve sempre ser medida de forma global porque o bem comum deve ser compreendido nessa dimensão difusa de interesses, pois o interesse individual legítimo sempre sucumbirá frente ao interesse coletivo legítimo.

A desonestidade, no âmbito da Administração Pública, pode ser definida como a conduta que viola a boa-fé administrativa, ou seja, a conduta, assim compreendida uma ação ou omissão, que possa ser classificada como uma ofensa a probidade administrativa no sentido da má-fé. Já a má-fé que capitaneia a desonestidade é aquela conduta produzida com fraude ou dissimulação, impregnada de maldade no trato da coisa pública e, ainda, conscientemente praticada, pois a desonestidade é produto de um ato voluntário ou desejado.

É preciso registrar que há na doutrina quem sustente que o elemento desonestidade não integra o conceito de improbidade administrativa, e, para corroborar esse posicionamento, sustenta que apenas a ilegalidade basta para configuração do ato ímprobo.[6]

Apesar de respeitar essa linha de argumentação não concordamos com ela pois não existe ato ímprobo honesto, emitido de boa-fé ou ainda em proveito do bem comum, e a ilegalidade não é sinônimo de improbidade ou de corrupção, e, ainda a mera ilegalidade é combatida com outras ferramentas, bem como não está tutelada no § 4º do art. 37 da Constituição Federal, nem é objeto de tratamento da Lei Federal nº 8.429/1992.

No julgamento do Recurso Especial nº 980.706, o Ministro-Relator, Luiz Fux (atualmente no Supremo Tribunal Federal), lembrou que, de acordo com a jurisprudência do Superior Tribunal de Justiça – STJ, o elemento subjetivo é essencial para a caracterização da improbidade administrativa, que está associada à noção de desonestidade, de má-fé do agente público.

Para Marcello Caetano, o dever de probidade compreende:

> o dever do funcionário servir a Administração com honestidade, procedendo no exercício de suas funções, sem aproveitar os poderes ou facilidades delas decorrentes em proveito pessoal ou de outrem a quem queira favorecer.[7]

É dever do servidor, manter conduta compatível com a moralidade administrativa e abster-se de praticar conduta que viole a probidade administrativa.

A moralidade da Administração Pública não se limita à distinção entre o bem e o mal, devendo ser acrescida da ideia de que o fim é sempre o bem comum, ou seja, dos preceitos de direito público inerente a condição dos negócios do Estado.

O equilíbrio entre a legalidade e a finalidade, na conduta do servidor público, é que poderá consolidar a moralidade do ato administrativo.

[6] Cfr. GARCIA, Emerson. *Improbidade é sinônimo de desonestidade?* Revista JUS, Belo Horizonte, v. 43, nº 26, jan./jun. 2012.

[7] *Manual de direito administrativo.* 10ª ed. Coimbra: Almedina, 2010, vol. II, p. 749.

A probidade orienta a conduta do servidor na sua vida funcional, exigindo um comportamento probo, reto, leal e justo, demonstrando toda a integridade do seu caráter.

Um outro elemento essencial do conceito de improbidade administrativa é a deslealdade. A deslealdade pode ser definida como a quebra da lealdade que, no caso do ato de improbidade administrativa, decorre do abuso das prerrogativas administrativas que foram facultadas para o desempenho de determinada atividade administrativa.

O sujeito ímprobo não possui lealdade, não possui desinteresse nem compromisso com o bem comum; sendo a lealdade uma condição prévia, pois sem ela não é possível ter desinteresse nem compromisso com a comunidade.[8]

O ato de improbidade administrativa reclama a deslealdade porque ele é produzido com a quebra dos deveres funcionais que só podem ser quebrados por pessoas investidas de parcela de autoridade pública e, portanto, representam uma grave quebra de confiança. A lealdade é inclusive um dos deveres que o agente público deve observar no exercício de sua atribuição.

Segundo Hely Lopes Meirelles:

> O dever de lealdade também denominado dever de fidelidade exige de todo servidor a maior dedicação, ao serviço e o integral respeito às leis e às instituições constitucionais, identificando-o com os superiores interesses do Estado. Tal dever impede que o servidor atue contra os fins e os objetivos legítimos da Administração, pois que se assim agisse incorreria em infidelidade funcional, ensejadora da mais grave penalidade, que é a demissão, vale dizer, o desligamento compulsório do serviço público.[9]

Importante observar que o dever de lealdade do servidor público vai além do estrito cumprimento das normas que regem e disciplinam a instituição, estendendo-se à necessária observância de fidelidade e à postura de colaboração para com a mesma que inclui, dentre outros, o

[8] Cfr. Simão, Calil. *Improbidade Administrativa – Teoria e Prática.* 3ª Ed. Leme: J.H. Mizuno, 2017, p. 38; e Dobel, Patrick. The Corruption of a State. *In*: *The American Political Science Review.* Los Angeles, Setembro de 1978, p. 958-973.

[9] Meirelles, Hely Lopes. *Cu Direito Administrativo Brasileiro.* 39ª ed. São Paulo: Malheiros, 2013, p. 537.

respeito à sua imagem e ao serviço público como um todo (Cfr. TCU, TC nº 002.671/2008-Plenário).

Um cidadão comum nem sempre possui a mesma força ou potencial destrutivo de um agente público, pois o agente público se confunde, muitas vezes, com o próprio Estado, como instituição. A soberania do Estado é condição essencial para produção e a autoridade pública que o agente público recebe da lei para a tutela do interesse público é qualidade essencial para a consumação do ato de improbidade administrativa.

4.1. Deslealdade e quebra dos deveres funcionais: atos praticados em razão da função e o limite de aplicação da lei de improbidade administrativa

A Lei Federal nº 8.429/1992 é uma norma que se aplica aos agentes públicos que praticam atos no exercício de sua função ou em razão dela, desde que especificamente vinculados ao seu exercício.

É importante entender qual é a extensão dos deveres funcionais para que possamos também compreender qual é o limite de aplicação da Lei de Improbidade Administrativa.

Os agentes públicos possuem deveres com a instituição "Estado". O sujeito ao tomar posse em seu cargo/emprego ou função pública assume uma carga de responsabilidade e se submete aos regulamentos de condutas próprios dos agentes públicos, diverso do âmbito privado.

Os deveres funcionais constituem requisitos para o bom desempenho de seus encargos e regular funcionamento dos serviços públicos.

Há duas espécies de deveres funcionais: os gerais, que se aplicam a todos os servidores, e os especiais, que se aplicam a determinadas classes ou determinadas funções. Quanto aos deveres gerais, eles ainda se subdividem em internos e externos, conforme se dirijam à conduta do servidor no desempenho de suas atribuições ou ao seu procedimento na vida privada.[10]

Esses deveres funcionais são o "startup" de sua responsabilidade funcional, tanto disciplinar como por ato de improbidade administrativa. É em razão disso que a figura autônoma do terceiro (aquele que não é agente público) não é suficiente para aplicação da Lei de Improbidade

[10] Cfr. Moreira Neto, Diogo de Figueiredo. *Curso de Direito Administrativo.* 16ª ed. Rio de Janeiro: Forense, 2014, p. 352.

Administrativa, mesmo que a sua conduta dirigida contra o Estado seja ilegal, imoral e danosa (sonegação fiscal, por exemplo):

> A posse se dá pela assinatura do investido no respectivo termo de posse, no qual deverão constar as atribuições, os deveres, as responsabilidades e os direitos inerentes ao cargo ocupado.[11]

A posse é definida nesses exatos termos pelas legislações de regência das relações funcionais, a exemplo do artigo 13 da Lei Federal nº 8.112/1990 (Regime Jurídico dos Servidores Públicos Civis da União, das autarquias, inclusive as em regime especial, e das fundações públicas federais):

> Art. 13. A posse dar-se-á pela assinatura do respectivo termo, no qual deverão constar as atribuições, os deveres, as responsabilidades e os direitos inerentes ao cargo ocupado, que não poderão ser alterados unilateralmente, por qualquer das partes, ressalvados os atos de ofício previstos em lei.

Os deveres do agente público são amplos e abrangem, em especial:

I – exercer com zelo e dedicação as atribuições do cargo;
II – ser leal às instituições a que servir;
III – observar as normas legais e regulamentares;
IV – cumprir as ordens superiores, exceto quando manifestamente ilegais;
V – atender com presteza:

a) ao público em geral, prestando as informações requeridas, ressalvadas as protegidas por sigilo;
b) à expedição de certidões requeridas para defesa de direito ou esclarecimento de situações de interesse pessoal;
c) às requisições para a defesa da Fazenda Pública.

VI – levar ao conhecimento da autoridade superior as irregularidades de que tiver ciência em razão do cargo;
VI – levar as irregularidades de que tiver ciência em razão do cargo ao conhecimento da autoridade superior ou, quando houver suspeita de envolvimento desta, ao conhecimento de outra autoridade competente para apuração;

[11] SIMÃO, Calil. *Improbidade Administrativa – Teoria e Prática*. 3ª Ed. Leme: J.H. Mizuno, 2017, p. 172.

VII – zelar pela economia do material e a conservação do patrimônio público;

VIII – guardar sigilo sobre assunto da repartição;

IX – manter conduta compatível com a moralidade administrativa;

X – ser assíduo e pontual ao serviço;

XI – tratar com urbanidade as pessoas;

XII – representar contra ilegalidade, omissão ou abuso de poder.

A lealdade é um dever inerente ao exercício da função pública, devendo os agentes públicos observarem o exercício de sua atribuição, ou seja, serem leais às instituições a que servirem. Trata-se de um dever interno.

A alínea "c" do inciso XIV da Seção II do Capítulo I do Anexo do Decreto Federal nº 1171/1994 (Código de Ética), também se refere à "lealdade do servidor".

Sobre essas normas éticas, o então Ministro Chefe da Secretaria da Administração Federal da Presidência da República, e presidente da Comissão Especial criada para estudar a construção do Código de Ética, Romildo Canhim, ao expor os motivos para o Presidente da República da época, Itamar Franco, registrou:

> Para melhor se compreender a total separação entre o Código de Ética e a lei que institui o regime disciplinar dos servidores públicos, basta a evidência de que o servidor adere à lei por uma simples conformidade exterior, impessoal, coercitiva, imposta pelo Estado, pois a lei se impõe por si só, sem qualquer consulta prévia a cada destinatário, enquanto que, no atinente ao Código de Ética, a obrigatoriedade moral incluir a liberdade de escolha e de ação do próprio sujeito, até para discordar das normas que porventura entenda injustas e lutar por sua adequação aos princípios da Justiça. Sua finalidade maior é produzir na pessoa do servidor público a consciência de sua adesão às normas preexistentes através de um espírito crítico, o que certamente facilitará a prática do cumprimento dos deveres legais por parte de cada um e, em consequência, o resgate.

Segundo o Código de Ética a lealdade do servidor é definida como comportamento "probo, reto, leal e justo, demonstrando toda a integridade do seu caráter, escolhendo sempre, quando estiver diante de duas opções, a melhor e a mais vantajosa para o bem comum".

O referido documento avança um pouco ao definir as regras deontológicas, pois registra que a função pública deve ser tida como exercício profissional e, portanto, se integra na vida particular de cada servidor público. Trata-se de um dever externo.

Esse registro possui o objetivo de atrair para o âmbito da avaliação funcional os fatos e atos verificados na conduta do dia-a-dia em sua vida privada e que podem acrescer ou diminuir o seu bom conceito na vida funcional.

Importante observar que apenas por previsão legal tal integração poderia ser admitida, e, ainda assim a sua constitucionalidade seria questionável.

É preciso registrar que tal prescrição não pode ser inserida no âmbito de tutela da Lei Federal nº 8.429/1992, podendo ser utilizadas, no máximo, pelo sistema de controle do serviço, ou seja, pelo exercício do poder de sujeição especial a que o servidor está vinculado e apenas a instituição a que se vincula teria esse poder de avaliação, porque tais atos não seriam, nesses casos, atos desonestos praticados no exercício da função ou em razão dela, bem como o sujeito sancionador seria outro, qual seja, o tutor legal e nato do serviço interno (a entidade ou órgão a que o servidor se vincula).

Não basta, portanto, que o ato exarado pelo agente público seja desonesto, pois ele pode praticá-lo sem qualquer relação com o exercício da função púbica que ocupa, e, ainda, a conduta do agente público externa a sua atribuição é tutelada por outro tipo de norma. Exemplo: O agente público pratica ato desonesto em uma venda particular de seu veículo.

Para que o ato de improbidade seja um ato de *"improbidade administrativa"* é preciso que haja quebra de deveres funcionais, ou seja, é preciso que o ato desonesto exarado pelo agente público seja praticado no exercício da função ou seja praticado em razão dela, pois apenas nesse caso teremos a quebra da lealdade com a instituição a que servir e a aplicação da Lei Federal nº 8.429/1992.

4.1.1. Sujeições do servidor público dentro e fora do serviço

As relações de trabalho no Estado estão sujeitas a uma relação jurídica peculiar, distinta do setor privado, e baseiam-se na fórmula de Maurice Hauriou[12]

[12] Maurice Hauriou, nascido no dia 17 de Abril de 1856 em Ladiville, pai de André Hauriou, foi um jurista e sociólogo francês durante os séculos XIX e XX.

em torno da ideia de que este é um cidadão especial, sujeito a obrigações que em nada se confundem com as dos demais cidadãos.

O servidor público recebe a sua atribuição necessariamente da lei em razão de lhe ser atribuído parcela de autoridade pública necessária para o desempenho de sua função. O fato de o servidor deter uma parcela, por pequena que seja, de poder público, exige de sua parte submissão a uma série de obrigações específicas.

O fato de um sujeito exercer uma função pública significa que ele está igualmente submetido a um regime de sujeição especial que limita, por parte do servidor, as suas liberdades, seja no exercício de suas funções, seja fora de seu serviço.

A sujeição do servidor submetido a uma série de obrigações internas e funcionais que não se aplicam aos demais cidadãos, é coisa normal e natural. É razoável e aceitável que a liberdade de ação do funcionário seja limitada, sem as quais o seu dever de administrar e de fazer funcionar o serviço segundo as necessidades do interesse geral poderiam restar comprometidas.

A posição de servidor se materializa pelo regime de sujeição especial, figurando o servidor, no exercício de suas funções, como uma categoria especial de cidadão.

Isso importa em acrescentar que as necessidades do serviço impõem ao servidor público, fora de suas funções, uma série de obrigações.

O laço entre o servidor público e o serviço excede o tempo durante o qual este é desempenhado e igualmente ultrapassa o lugar onde o cargo é exercido.

A conduta do servidor e a sua vida fora de sua repartição estão sujeitas a uma série de sujeições especiais.[13] Tais obrigações fora de sua repartição apresentam-se sob um aspecto administrativo e um aspecto político.

[13] Todos os agentes públicos participam em graus desiguais, do poder público: desde as autoridades administrativas que, por delegação ou instituição, detêm o direito de decisão, até os menores agentes executivos. Essa participação do servidor no poder público impõe a sua subordinação em regime especial perante o Estado. Todos servidores públicos possuem um dever de lealdade para com a Nação. Não é um dever como a dos outros cidadãos, já que em razão de sua investidura, é muito mais agressivo em razão de ser disciplinarmente sancionado pelas normas de serviço/funcionais. Para Marcello Caetano, a principal característica do regime de direito público reside na imposição do dever de fidelidade ao seu País, cujo

Sob o aspecto administrativo as sujeições estão ligadas a necessidade do serviço, tais como preceitos de imparcialidade e de disciplina que implicarão em uma diversidade de obrigações acessórias. Já sob o aspecto político, o Estado, cujo serviço encontra-se investido o funcionário, exigirá deste, fora de suas funções, determinadas condutas.

Algumas sujeições a que o servidor está submetido, fora de suas funções, só existem no interesse do serviço, a fim de lhe garantir a independência: independência do servidor na função pública por ele exercida; ao passo que outras visam garantir a independência do servidor em relação aos administrados.

Isso significa que inúmeras regras de conduta a que o servidor está submetido tem por objetivo em primeiro lugar garantir o total devotamento do servidor ao seu cargo, impedindo-o de tutelar interesses passíveis de colisão com os seus deveres funcionais.

Também importante registrar que o fato do servidor público se desligar de seu serviço não o isenta inteiramente de dependência em relação às suas antigas funções, quer se trate do servidor em disponibilidade, quer de servidor aposentado.

O controle da vida privada do servidor pelo Estado está intimamente ligado a categoria do agente e a natureza do cargo que ocupa. Um agente de polícia, responsável pela repressão ao tráfico de entorpecente não pode nas horas vagas vender substâncias entorpecentes ou mesmo ser dependente químico.

É preciso ainda ressaltar que existem cargos para os quais não é possível separar a vida privada da vida pública. Nesses casos, o Estado não se contenta em sancionar disciplinarmente os fatos concernentes à conduta do funcionário, vai a ponto de intervir na vida familiar dos titulares desses cargos. Exemplo: os impedimentos para ocupar funções públicas de livre nomeação.

Já sob o ponto do Estado Democrático de Direito, o princípio democrático assegura ao servidor, fora de seu serviço, toda a liberdade em relação ao Governo. Contudo, o princípio hierárquico, inversamente, obsta uma total liberdade política do servidor fora de sua função.

sustentáculo é o dever de fidelidade ou lealdade (CAETANO, Marcello. *Princípios Fundamentais do Direito Administrativo*. 1.ª ed. Almedina: Coimbra, 1977, p. 299).

Isso significa que as investidas dos servidores públicos dirigidas aos governantes, seus próprios chefes, abalam o serviço interno e podem comprometer até mesmo a sua funcionalidade.

Essa possível colisão entre princípios deve ser solucionada pela categoria de funções, ou seja, entre funcionários técnicos e funcionários políticos. É o tipo de função que determinará a liberdade política de que pode usufruir o servidor fora de seu serviço.

A tecnicidade da função pública é resultado da ampliação das atribuições do Estado, acarretando a criação de funções públicas nas quais o caráter técnico é predominante, e, em muitos casos, sem qualquer traço político. Nesses casos o bom funcionamento do serviço requer do servidor simplesmente que ele conheça bem e execute corretamente a técnica exigida pelo serviço. Exemplo: Pouco importa que um engenheiro do Departamento de Obras esteja alinhado as tendências políticas do Governo.

A tecnicidade do cargo não dispensa o servidor, fora do exercício de suas funções, de se abster de manifestar injúria, quer contra a Administração, quer contra os seus chefes diretos, quando essa atitude o impedir de, posteriormente, cumprir convenientemente as suas atribuições ou colocar o seu exercício adequado em risco.

Se o princípio da liberdade política do servidor fora de sua função constitui a regra para os funcionários técnicos, o mesmo não ocorre com aqueles que desempenham funções com traço político, já que tais funções reclamam uma estreita subordinação e alinhamento/conformidade com os as ideologias do Governo.

5. Conclusões

O ato de improbidade possui um elemento naturalístico essencial: a desonestidade. O ato de improbidade na seara pública possuiu outro elemento essencial: a deslealdade. Isso significa que o ato de improbidade na seara pública, do ponto de vista material, reclama 2 (dois) elementos indispensáveis: (a) desonestidade; e (b) deslealdade. O ato de improbidade administrativa é um ato de improbidade específico, ou seja, é um ato de improbidade decorrente ou vinculado ao exercício de uma atribuição administrativa.

Os agentes públicos possuem deveres com a instituição "Estado" pois estão submetidos a um regime de sujeição especial, distintos dos cidadãos em geral. Os deveres funcionais constituem requisitos para o bom desempenho de seus encargos e regular funcionamento dos serviços públicos. São deveres funcionais a probidade e a lealdade.

O serviço público exige do servidor, em nome do interesse público, a limitação de certos interesses privados, dentro e fora da repartição pública. Trata-se de uma forma de expressão dos deveres funcionais. A natureza do regime democrático reclama a participação de todos os indivíduos na democracia, cidadãos-privados e cidadãos-servidores, contudo, as liberdades e os direitos políticos dos servidores públicos fora de seu serviço estão limitados quando tais manifestações prejudiquem a estrutura ou o funcionamento do Estado de Direito Democrático.

Em princípio, qualquer ato decorrente do exercício de uma função administrativa configuraria improbidade administrativa. Para fins de configuração do ato de improbidade administrativa, a prática de conduta fora do ambiente de trabalho precisa necessariamente estar vinculada ao seu exercício ("em razão dela"), sob pena de atipicidade da conduta.

A improbidade administrativa também não se confunde com ilegalidade, imoralidade ou dano. Isso significa que nem sempre um ato ilegal, danoso e imoral pode ser classificado como ímprobo. A improbidade é muito mais que um ato ilegal, danoso ou imoral. É um ato desonesto e desleal. Nesse sentido, vale registrar que no caso de improbidade administrativa por lesão ao erário (Lei Federal nº 8.429/1992, art. 10, *caput*), não é a lesão ou o dano ao erário que configura o ato de improbidade administrativa. É a forma como esse dano surge: por conduta desonesta e desleal. Por fim, o reconhecimento de inabilidade do servidor afasta naturalmente e inevitavelmente o reconhecimento de um ato de improbidade administrativa, em razão da boa-fé presente nessa situação; tal inabilidade, contudo, não pode ser confundida com a quebra do dever objetivo de cuidado quando possível prever o ilícito, em razão da ocupação exercida e das condições de fato e pessoais do agente.

6. Referências

CAETANO, Marcello. *Manual de direito administrativo.* 10ª ed. Coimbra: Almedina, 2010, vol. II, p. 749.

CAETANO, Marcello. *Princípios Fundamentais do Direito Administrativo.* 1ª ed. Almedina: Coimbra, 1977.

Cretella Júnior, José. *Tratado de Direito Administrativo*: o pessoal da Administração Pública. Rio de Janeiro: Forense, 2005, vol. 4.

Dobel, Patrick. *The Corruption of a State*. In: The American Political Science Review. Los Angeles, Setembro de 1978, p. 958-973.

Figueiredo, Marcelo. *Probidade Administrativa*. São Paulo: Malheiros, 2004.

Garcia, Emerson. *Improbidade é sinônimo de desonestidade?* Revista JUS, Belo Horizonte, v. 43, nº 26, jan./jun. 2012.

Martins-Costa, Judith. *A boa-fé no direito privado*. São Paulo: RT, 2000.

Meirelles, Hely Lopes. *Curso Direito Administrativo Brasileiro*. 39ª ed. São Paulo: Malheiros, 2013.

Moreira Neto, Diogo de Figueiredo. *Curso de Direito Administrativo*. 16ª ed. Rio de Janeiro: Forense, 2014, p. 352.

Simão, Calil. "O conteúdo jurídico do princípio da inafastabilidade do controle jurisdicional: o direito de exigir uma prestação jurisdicional eficaz". *In*: *Revista de Direito Constitucional e Internacional*, São Paulo, RT, nº 66, p. 122 e s., jan.-mar./2009.

Simão, Calil. *Improbidade Administrativa – Teoria e Prática*. 3ª Ed. Leme: J.H. Mizuno, 2017.

Simão, Calil. *Lei de Improbidade Administrativa Comentada*. Leme: J.H. Mizuno, 2012.

2. O Combate à Improbidade Administrativa: a Inadequada Utilização da Lei nº 8.429/92

Clotilde Miranda Monteiro de Castro

1. Considerações preliminares

Para se ter efetividade contra a improbidade administrativa, a qual anda lado a lado com os crimes contra a Administração Pública, é necessário que se faça o bom combate. É dizer, dentro da lei, dentro dos parâmetros normativos, bem como de acordo com os rigores de aspecto científico que permeiam a utilização das ferramentas jurídicas que estão, atualmente, à disposição. Para além disso, também se faz necessário perceber a importante ferramenta jurídica que é a Lei de Improbidade no combate à corrupção. Afinal, nem todo ato ímprobo vai ser um crime contra a administração pública, mas certamente todo crime de tal espécie será um ato ímprobo.

Como se sabe, no mundo jurídico ideal, cuja efetividade de leis precisa se firmar sem eventuais nulidades na prática, os fins não justificam os meios, especialmente se isso significar a supressão do Direito enquanto ciência e de direitos enquanto garantias de todo e qualquer cidadão, ainda que seja acompanhada da melhor das intenções. Afinal, à exceção daqueles que diretamente obtém vantagens originadas por atos ímprobos, todo cidadão é a favor do bom uso da coisa pública e, portanto, absolutamente contra a improbidade administrativa. Igualmente, ainda que não tenha consciência clara sobre isso, em virtude das infindáveis notícias de casos de corrupção e sensação de impunidade, todo cidadão é a favor de ter os seus direitos assegurados, dentre eles o direito de ser processado e julgado nos estritos ditames que a lei apresenta.

Talvez pela peculiaridade inerente à matéria, haja um nível delicado de atropelos dos seus preceitos. Mas enquanto tais atropelos existirem, a árdua tarefa de tentar afastar a improbidade administrativa continuará insatisfatória. Como em qualquer âmbito das ciências, antes de se tecer comentários ou formar opiniões acerca de determinado assunto, é imprescindível conhecê-lo nos seus conceitos, fundamentos e origens. Com a improbidade administrativa não poderia ser diferente, até mesmo dada a natureza peculiar que a Lei de Improbidade guarda: de um lado o aspecto cível, que abrange não só a aplicação do processo civil, mas o ressarcimento do dano ao Erário, por exemplo; e de outro o aspecto sancionatório, que acaba por tornar a matéria bastante próxima de preceitos penais na sua aplicação, trazendo para a discussão até mesmo o princípio da insignificância e o *in dubio pro reo*.

Aliás, pela prática forense percebe-se que, infelizmente, esta falta de tato com a peculiar matéria é o ponto de partida de todos os problemas que obstam uma efetividade maior no combate à improbidade, desde aspectos processuais até os realmente básicos que, com um mínimo de reflexão jurídica, não seriam causa de diminuição de sua efetividade ou de banalização do instrumento.

É sabido que o mau trato da coisa pública não é novidade. Corrupção e, portanto, improbidade, sempre existiram. Desde quando se consegue rememorar, há escândalos de corrupção no país e nem sempre a persecução penal é satisfatória por questões inerentes ao direito penal e processual penal. A pena privativa de liberdade pode até atender o interesse público primário, mas não o secundário. E é nesse ponto que a Lei 8.429/92 se mostra como ferramenta bastante eficaz para suprir tal falta, porém, nem sempre foi assim. O seu nascedouro se deu, justamente, porque os diplomas anteriores eram insuficientes.

A lei 3.164, de 1957 dispunha sobre o sequestro e perda, em favor da Fazenda Pública, dos bens adquiridos por servidor público por influência ou abuso do cargo, função pública ou de emprego em entidade autárquica, sem prejuízo do processamento pela via criminal. Em seguida, a Lei 3.502/58 veio para tratar do enriquecimento ilícito de servidor público por influência ou abuso do cargo, com praticamente a mesma sanção, qual seja a de sequestro e perda dos bens acrescidos ilicitamente.

Todavia, ambos os diplomas se mostraram ineficientes na recomposição da coisa pública, bem como da medida preventiva contra o aumento de casos de corrupção. Foi então que a Lei nº 8.429/92 a revogou e proporcionou aos legitimados uma ferramenta muito mais completa, eficiente e imprescindível para a preservação da boa administração do dinheiro público.

A discussão ora apresentada pretende contribuir com as reflexões acerca de como vem sendo utilizada a Lei de Improbidade Administrativa, com o escopo de fomentar o debate visando, sempre, à aplicação prática e adequada de seus institutos tendo como ponto de partida o que ela pretende proteger.

2. A banalização da lei de improbidade

Se é verdade que a Lei nº 8.429/92 em si é um instrumento fantástico, também é verdade que o seu manuseio correto, é medida imprescindível para maximizar a eficiência do seu objetivo, qual seja o combate à improbidade administrativa e, por via de consequência, à corrupção. Parece uma obviedade dizer isso, mas o que tem se visto na prática, especialmente a partir do clímax social causado pela Operação Lava-Jato, é justamente a necessidade de "brigar" até mesmo pelo óbvio.

Deixar de lado alguns cuidados traz uma série de problemas práticos tais como inflação processual no Poder Judiciário, nulidades convalidadas abrindo precedentes perigosos, penas impossíveis de se executar, duplicidade de ações originada pela falta de integração comunicativa entre os legitimados ativos e enriquecimento ilícito da própria Administração Pública como consequência de condenações desarrazoadas.

Ocasião emblemática da prova da banalização da lei de improbidade foi o "Caso Chatô".[1] Por mais que a lei seja bastante clara quanto ao sujeito passivo, que primordialmente vai ser aquele agente público comitente de ato ímprobo, na hipótese utilizada como exemplo isso passou ao largo.

Sabe-se que o particular, seja pessoa física ou jurídica, também pode ser sujeito passivo, mas jamais isoladamente. É imprescindível, para que se atraia a incidência da Lei de Improbidade, a participação de agente público na conduta ímproba, ainda que o beneficiário seja tão somente o particular.

Todavia, no caso citado, o Ministério Público Federal ajuizou ação de improbidade apenas contra os particulares, quais sejam: Guilherme Fon-

[1] Recurso Especial nº 1.405.748 – RJ (2013/0322955-7).

tes Filmes Ltda., Guilherme Machado Cardoso Fontes e Yolanda Machado Medina Coeli – responsáveis pela produção do filme "Chatô, o rei do Brasil". O objetivo? Responsabilizá-los pela suposta malversação de recursos públicos oriundos da renúncia fiscal concedida pelo Poder Público com base na Lei nº 8.213/93, e na Lei do Audiovisual, Lei nº 8.685/93, por conta da não apresentação no formato pactuado da obra e pela irregular prestação de contas.

As três supramencionadas foram as únicas pessoas colocadas no polo passivo da demanda que outro fim não teve senão o indeferimento da inicial, decisão esta que precisou ser confirmada pelo Tribunal Regional Federal da 2ª Região, sob o acertado e seguinte fundamento

> De fato, o artigo 3º da referida lei preconiza que suas disposições também se aplicam aos particulares que induzam, concorram ou se beneficiem do ato praticado pelo agente público. Todavia, não cogita da aplicação das sanções ali impostas exclusivamente ao particular, sem que tenha havido atuação de algum agente público. Desta forma, não há como vislumbrar a presença isolada do particular no pólo passivo de ação de improbidade administrativa, sem que o mesmo tenha auxiliado ou se beneficiado da prática do ato pelo agente público, já que, conforme o ordenamento jurídico em comento, os atos de improbidade somente podem ser praticados por agentes públicos, com ou sem cooperação de terceiros. (...) Os réus apontados na presente ação de improbidade são particulares que desenvolvem atividade empresarial e que, objetivando a realização de determinado projeto audiovisual, solicitaram o recebimento de verbas públicas à Administração, cuja concessão está prevista em lei. Ora, a elaboração de determinado filme por particular, ainda, que com ajuda financeira da Administração Pública, não pode ser interpretado como serviço realizado mediante delegação contratual ou legal do Poder Público a ser executado em razão de concessão.

Não satisfeito, o Ministério Público insistiu em seus recursos até que o Superior Tribunal de Justiça também confirmou o acerto da decisão do juiz singular do caso, porém não sem interessante discussão. A então Relatora entendeu que o parágrafo único do artigo primeiro[2] era a porta para

[2] Art. 1. Parágrafo único. Estão também sujeitos às penalidades desta lei os atos de improbidade praticados contra o patrimônio de entidade que receba subvenção, benefício ou incentivo, fiscal ou creditício, de órgão público bem como daquelas para cuja criação ou

tal possibilidade: por mais que os réus não fossem agentes públicos, tampouco estivessem agindo em conluio com qualquer agente público que fosse, de fato receberam benefício de órgão público.

No entanto, os demais votos foram seguros quanto à impossibilidade de figurar no polo passivo de ação de improbidade qualquer pessoa sem a presença de agente público no mesmo polo da demanda. Isso porque a Lei de Improbidade busca traçar limites para aquele que, por delegação, tem sob seu domínio, direta ou indiretamente, em maior ou menor responsabilidade, um pedaço da Administração Pública. O alvo da Lei de Improbidade é, portanto, quem personifica, de alguma forma, o Poder Público.

Para fechar o exemplo, o voto-vencedor confirmou a já antiga jurisprudência acerca do tema. No julgamento, portanto, foi necessário dizer o óbvio: que o conceito de agente público, por mais abrangente que seja, há décadas é o mesmo e bastante claro, qual seja, quem desempenha função estatal e enquanto a exercita.

Por mais que a lei de improbidade, no seu artigo 3º deixe bem claro que qualquer pessoa pode ser processada sob a égide de tal diploma, mas desde que (i), tenha induzido o agente público ao cometimento de ato ímprobo; (ii) haja concorrido com o agente público para a prática; ou, (iii) tenha se beneficiado por ato ímprobo praticado por agente público, alguns Tribunais ainda são obrigados a gastar o escasso tempo para consolidar essa obviedade.

Isso sem contar nos aspectos de discussão mais delicada, como, por exemplo, a presunção do *periculum in mora* para fins de decretação da indisponibilidade de bens sem a oitiva da parte contrária. Veja-se, decretar a indisponibilidade de bens de alguém presumindo o perigo da demora tão somente porque se trata da suspeita de ato ímprobo já é uma ideia grave. Para tanto, destaca-se a eloquente crítica de Amorim Neves[3]:

> Não consigo, do ponto de vista processual, aceitar a tese consagrada no Superior Tribunal de Justiça de periculum in mora presumido. Se o arresto

custeio o erário haja concorrido ou concorra com menos de cinquenta por cento do patrimônio ou da receita anual, limitando-se, nestes casos, a sanção patrimonial à repercussão do ilícito sobre a contribuição dos cofres públicos.

[3] Página 42. Manual de improbidade administrativa/Daniel Amorim Assumpção Neves, Rafael Carvalho Rezende Oliveira – 2ª ed., rev. Ampl. Rio de Janeiro: Forense; São Paulo: Método, 2014.):

> cautelar depende da prova desse requisito, como pode uma medida ainda mais severa prescindir de tal prova? O argumento de que a defesa do Erário justificaria tal presunção pode parecer simpática à população já esgotada diante de tanto mau trato da coisa pública, mas não se sustenta juridicamente. Se assim fosse, não só a medida cautelar de indisponibilidade de bens ora analisada se beneficiaria da presunção, mas todas as medidas cautelares que pudessem de alguma forma garantir uma efetiva reparação ao erário. (...) Por outro lado, o argumento de que a comprovação do periculum in mora se mostraria extremamente difícil no caso concreto e poderia inviabilizar a medida cautelar desconsidera por completo a excepcionalidade da medida.

Mais grave ainda é fazê-lo sem a oitiva da parte sobre a qual recai a medida cautelar. A soma de uma fumaça do bom direito não muito nítida, uma presunção de perigo da demora quase impossível e um bloqueio de bens em decisão surpresa certamente não traz bons resultados, nem para o réu, que por vezes sequer cometeu ato de improbidade, nem para Direito.

Não é necessário procurar muito para encontrar casos em que, nesse tipo de pedido pouco fundamentado e de deferimento açodado, valores impenhoráveis são bloqueados, contas conjuntas são bloqueadas, e é decretada a indisponibilidade de bens de agentes públicos que, realmente, não cometeram ato ímprobo algum, mas figuram no polo passivo da demanda apenas por questões políticas. Isso porque é bastante comum Brasil afora novos gestores de determinados cargos atribuírem a seu predecessor ato ímprobo, seja diretamente, ajuizando ação de improbidade, seja indiretamente, provocando o Ministério Público, por puro interesse político marginal. Exatamente por isso, também não é raro encontrar defesas preliminares com vasto conteúdo probatório acerca da inexistência de ato ímprobo como a execução completa de determinado convênio, ou até mesmo aprovação absoluta pelos órgãos de controle como os Tribunais de Contas. E dessa forma, passos inúteis são dados, movimenta-se a máquina pública para uma persecução natimorta, violam-se direitos sem justificativa plausível, e coloca-se em xeque a atuação dos legitimados e do próprio Judiciário, especialmente o de primeira instância.

Outra vulgarização diz respeito à aplicabilidade do artigo 11 da Lei de Improbidade. Este trata dos atos ímprobos que violam os princípios da

Administração Pública. Em um exercício não muito forçoso de lógica, é evidente que todo ato de improbidade necessariamente vai violar os princípios da Administração Pública. O questionamento que poderia surgir a partir disso seria acerca da necessidade de tal tipificação e da sua aplicabilidade. Ele se aplica cumulativamente com os atos tipificados nos dois artigos imediatamente anteriores? A resposta é negativa. Não só é negativa, mas pacífica na jurisprudência e doutrina. No entanto, ainda é objeto de bastante discussão, especialmente entre legitimados e réus.

Há quem defenda, na prática, a aplicabilidade cumulada e um bom exemplo disso, para melhor visualização do problema, é a Ação de Improbidade[4] proposta contra grandes personagens da operação Lava-Jato. Aos réus foram imputados atos de improbidade que configuram enriquecimento ilícito, dano ao Erário e que teriam também violado os princípios da Administração Pública. Quanto a esta última imputação, ela carece de fundamentação e inclusive aplicabilidade.

No caso, para ilustrar melhor, após Ministério Público Federal expor a conduta individualizada de Paulo Roberto Costa (um dos principais réus) e a classificar como atos que causaram dano ao Erário e ensejaram enriquecimento ilícito, limitou-se a afirmar:

> Também evidente que as condutas importaram em atos de improbidade por ofensa aos princípios administrativos (art. 11, Lei nº 8.429/92), notadamente os princípios da legalidade e da moralidade, e os deveres de honestidade, imparcialidade, legalidade e lealdade às instituições.

O destaque se faz necessário porquanto a fundamentação acerca dessa tipificação é exatamente a mesma para os demais réus na ação, ou seja, nos termos da melhor técnica processualística civil, não houve fundamentação.

A problemática cinge-se ao fato de que a aplicação do artigo 11 da Lei de Improbidade não é cumulativa, mas residual. Não se pode logicamente afirmar que o agente público tem a opção de não respeitar determinados princípios jurídicos, como os expressos na Constituição da República (legalidade, impessoalidade, moralidade, publicidade e eficiência). Aliás, um dos mais evidentes princípios da Administração Pública é o da legali-

[4] Distribuída por dependência aos autos de número 5006628-92.2015. A inicial foi recebida na totalidade pelo juízo da 2ª Vara Federal de Curitiba.

dade. Logo, qualquer ato de improbidade administrativa vai, necessariamente, infringir o princípio da legalidade. Isso significa que independente do ato ímprobo cometido deverá sempre ser aplicado cumulativamente o artigo 11? Não. Este existe para, caso o ato reputado como ímprobo não se enquadre em nenhuma das opções dos incisos dos artigos 9º e 10º, justamente para que a prática ímproba não fique sem punição alguma, recai a incidência do artigo 11º.

Na prática, significa que se o ato violador de princípio (art. 11º) resultar em enriquecimento ilícito (hipótese do art. 9º), este absorve aquele. A mesma fórmula se dá no caso de dano ao Erário.

Não que as hipóteses dos artigos 9° e 10° sejam taxativas, mas é que também pode haver atos de improbidade administrativa que simplesmente não comportem nem enriquecimento ilícito nem dano ao Erário. Negar publicidade a atos oficiais causa enriquecimento ilícito ou dano ao Erário? É possível que sim, mas em geral não. Omissão em prestar contas causa dano ao Erário ou enriquecimento ilícito? Não. O puro ato de não prestar contas quando há obrigação de fazê-lo não necessariamente comporta dano pecuniário à Administração ou aferição de benesse ao agente ímprobo. Porém, a omissão em prestar contas sempre vai ser um ato ímprobo por violar os princípios da Administração Pública? A resposta fica um pouco mais delicada. É que por mais que seja a previsão de um de seus incisos, nem sempre atrairá sua incidência e isso se deve pelo fato de que também na aplicação deste artigo é necessária a demonstração de dolo do agente. Ou seja, o dolo de frustrar a fiscalização sobre prestação de contas, consubstanciado na má-fé.

E isso levanta outra discussão, também bastante problemática e que diz respeito diretamente ao que é ato ímprobo para efeitos de aplicação da Lei nº 8.429/92.

Ainda utilizando como exemplo o tipo mais amplo e delicado, que é o do artigo 11°, há muito já decidiu o Superior Tribunal de Justiça que é imprescindível a configuração da má-fé do agente público para a incidência da norma, de modo que não é suficiente a mera prática de irregularidade administrativa, ou até mesmo incompetência do administrador.[5]

[5] AÇÃO DE IMOPROBIDADE ADMINISTRATIVA. AUSÊNCIA DE MÁ-FÉ DO ADMINISTRADOR PÚBLICO. (...) 3. No caso específico do art. 11, é necessária cautela na exegese das regras nele insertas, porquanto sua amplitude constitui risco para o intérprete, induzindo-o a acoimar

Mas isso não é exclusividade dos atos de improbidade que comportem violação aos princípios da Administração Pública. Não é toda ação ou omissão do administrador público que tem, à tiracolo, a natureza de ato ímprobo. Se assim fosse, qualquer ato de alguma forma contrário à legislação seria ato de improbidade, independente de natureza, gravidade ou, principalmente, a motivação que levou a cometer tal ato. Esse pensamento aproximaria sobremaneira a responsabilidade objetiva por tais infrações, o que não é cabível. Sobre a questão, se faz forçoso destacar trecho da obra de Pazzaglini Filho:

> Ilegalidade não é sinônimo de improbidade e a ocorrência daquela, por si só, não configura ato de improbidade administrativa. É imprescindível à sua tipificação que o ato ilegal tenha origem em conduta desonesta, ardilosa, denotativa de falta de probidade do agente público.
>
> Com efeito, as três categorias de improbidade administrativa têm idêntica natureza intrínseca, que fica nítida com a análise do étimo remoto da palavra improbidade.
>
> O vocábulo latino *improbitate*, como já assinalado, tem o significado de 'desonestidade' e a expressão *improbrus* administrator, quer dizer, administrador desonesto ou de má-fé.
>
> E essa desonestidade pressupõe a consciência da ilicitude da ação ou omissão praticada pelo administrador e sua prática ou abstenção, mesmo assim, por má-fé (dolo). [...]
>
> Assim, os atos administrativos ilegais que não se revestem de inequívoca gravidade, que não ostentam indícios de desonestidade ou má-fé, que constituem simples irregularidades anuláveis (e não atos nulos de pleno direito), que decorrem da inabilitação ou despreparo escusável do agente público, não configuram improbidade administrativa.

de ímprobas condutas meramente irregulares, suscetíveis de correção administrativa, posto ausente a má-fé do administrador público e preservada a moralidade administrativa. (...) 6. É cediço que a má-fé é premissa do ato ilegal e ímprobo. Consectariamente, a ilegalidade só adquire o status de improbidade quando a conduta antijurídica fere os princípios constitucionais da Administração Pública coadjuvados pela má-fé do administrador. A improbidade administrativa, mais que um ato ilegal, deve traduzir, necessariamente, a falta de boa-fé, a desonestidade, o que não restou comprovado nos autos pelas informações disponíveis no acórdão recorrido, calcadas, inclusive, nas conclusões da própria Comissão de Inquérito. (...) STJ. REsp 480.387/SP, Min. Luiz Fux, Primeira Turma, j. 16.03.2004, DJ 24.05.2004, p. 163.

Como se sabe, a má-fé jamais se presume, mas se comprova. E por mais que socialmente isso gere discussões, e mesmo que a inaptidão do agente público seja reprovável, ele não pode ser punido a título de improbidade administrativa por conta da mera incompetência no exercício de suas funções. E essa é uma falha bastante comum, nas infindáveis ações de improbidade que batem às portas do Poder Judiciário. O simples descumprimento (mera irregularidade administrativa) de ato é imputado como improbidade, mesmo se demonstrada a boa-fé do agente. É até corriqueiro, por exemplo, o gestor público, ao perceber que cometeu um ato irregular que pode vir a causar dano à Administração Pública, buscar contornar esse equívoco ainda na esfera administrativa a tempo, seja com acordos e parcelamentos de dívidas, prestando contas da forma como pode, ou justificando à autoridade fiscalizadora ato omissivo ou comissivo contra a lei.

A bem da verdade, há casos em que os tribunais entendem que a destinação diversa de valores recebidos a título de convênio, em se tratando de aplicação vinculada, não é mera irregularidade, mas sim ato de improbidade, mesmo que o desvio se dê em função da própria Administração. Todavia, não acarreta ressarcimento ao Erário se os valores foram utilizados em prol do próprio ente federativo.

Porém, a maioria segue o entendimento há muito já esposado pelo STJ, de que a má-fé deve ser efetivamente demonstrada. Ou seja, mesmo o desvio de finalidade de determinada verba pública somente pode ser punido a título de improbidade administrativa havendo prova de desonestidade no cometimento do ato, de modo que se o desvio de finalidade se deu em benefício da própria Administração Pública (e isso pode ocorrer por inúmeras razões), não haveria de se falar em ato ímprobo posto que nem o dolo, tampouco a má-fé podem ser presumidos. Até mesmo porque se os valores foram desviados em prol da Administração Pública, sem o cuidado no manejo da ação e de suas possíveis sanções, pode ocorrer o enriquecimento ilícito da própria Administração Pública, o que é igualmente vedado. Essa questão afeta inclusive gestores que foram condenados pelos Tribunais de Contas, posto que tais condenações têm força executiva. Por mais que as esferas sejam distintas, uma vez estando a sanção pecuniária em fase de execução, sanções idênticas não mais podem ser pleiteadas em ações de improbidade sob pena de, aí sim, *bis in idem.*[6]

Isso sem contar em casos nos quais, por mais que tenha existido o dolo, não houve má-fé no sentido de querer que aquele ato beneficiasse alguém ou prejudicasse a Administração ou, ainda, o ato não guarda gravidade suficiente para as punições da Lei de Improbidade, o que atrai a incidência de princípio emprestado diretamente do Direito Penal – o princípio da insignificância.

Há até algum tempo se discutia – e ainda se discute na primeira instância – que não existe bagatela quando o assunto é a *res publica.* E nesse ponto, pessoalmente concordo. Porém, o Superior Tribunal de Justiça solidificou o entendimento pela possibilidade. Para que seja possível tal aplicação, é necessário que o ato tido como ímprobo não seja administrativamente relevante, analisado, claro, o caso concreto.[7]

3. A inadequada utilização da ação de improbidade

Se por um lado, a aplicação açodada de dispositivos da Lei de Improbidade e o ajuizamento irresponsável de inúmeras ações de responsabilidade por supostos atos de improbidade administrativa resultam na banalização de tão caro instrumento no combate à corrupção; por outro, tem-se a sua utilização de forma deficiente e incompatível com o princípio da supremacia do interesse público. É preciso ter em mente a diferenciação entre o que é interesse público e interesse estatal.

Como já salientado em linhas pretéritas, apesar de haver uma espécie de superdimensionamento do Direito Penal no combate à corrupção, este nem sempre vai conter as medidas mais eficazes para o interesse público. Uma prisão ou utilização de monitoração eletrônica pode até ter o efeito social esperado (ou seja, o interesse público sob o aspecto social é resguardado), mas é possível dizer que tem o mesmo efeito para a máquina

[6] Precedentes. AC 200881030001761, Al. Terceira Turma, TRF-5, julgado em 30/10/2014, Rel. Desembargadora Federal Joana Carolina Lins Pereira; AC 00210181320084036100, Sp. Quarta Turma, TRF-3, julgado em 7/12/2017, Rel. Desembargador Andre Nabarrete.

[7] Precedentes. MS 21715/DF, Rel. Min. Herman Benjamin; REsp 1536895/RJ, Rel. Min. Napoleão Nunes Maia Filho, AgRg no REsp 968447/PR, Rel. Min. Napoleão Nunes Maia Filho, REsp 1186969/SP, rel. Min. Napoleão Nunes Maia Filho, MS 15917/DF, Rel. Min. Castro Meira, REsp 246746/MG, Rel. Min. Herman Benjamin, REsp 892818/RS, Rel. Min. Herman Benjamin, REsp 895530/PR, Rel. Min. Luiz Fux, todos do STJ).

administrativa (interesse estatal)? Dificilmente, e é nesta dificuldade que a ação por ato de improbidade se revela um potente instrumento no combate à corrupção. Como é de conhecimento geral, as suas penas são divididas em 4 espécies:

- Política (suspensão dos direitos políticos)
- Político-administrativa (perda da função pública)
- Administrativa (proibição de contratar com o Poder Público e receber benefícios ou incentivos fiscais ou creditícios)
- Civil (multa, ressarcimento integral do dano e perda dos bens ou valores acrescidos ilicitamente).

Por mais que algumas delas possam ser efeito secundário de uma persecução penal, a verdade é que nem sempre isso acontece por inúmeras razões e, de qualquer modo, as sanções aplicáveis por meio da ação de improbidade vão ser provavelmente muito mais sentidas pelo agente ímprobo negativamente, e melhor aproveitadas positivamente pelo Poder Público.

Porém, no esteio de uma ação de improbidade, elas são aplicadas mediante fórmula fixa – ressalvada a proporcionalidade de cada caso, os atos previstos no artigo 9º necessariamente vão possuir como penalidade aquelas previstas no inciso I do art. 12; os atos previstos no artigo 10º vão atrair as penas do inciso II; e residualmente os atos que violarem o artigo 11º vão atrair as penas do inciso III.

Portanto, feitas essas considerações, levando-se em conta o fato de que são esferas distintas e independentes, absolutamente nada impede que provas geradas em persecução penal sejam emprestadas a processo por ato de improbidade. As colaborações premiadas são o maior exemplo disso.

Agora questionamento interessante – e extremamente necessário, porque atualíssimo – diz respeito à admissibilidade transação dentro do seu cenário da ação de improbidade. Isso porque, realmente, as colaborações premiadas vêm sendo utilizadas como provas emprestadas para inúmeras ações de improbidade, porém com a extensão dos benefícios acordados. É dizer, dentro de uma colaboração premiada, cujo objetivo era transacionar dentro de uma investigação estritamente penal, são colocadas cláusulas que impedem os legitimados de perseguirem as sanções típicas das ações de improbidade, enquanto vigente o acordo. Há, até mesmo, em alguns casos cláusulas que afastam a simples possibilidade de ajuizamento de ação de improbidade contra o colaborador. Isso na prática tem causado problemas até mesmo entre Ministério Público e União dentro de ações em que a União, que é não só legitimada, mas personificação da titularidade dos direitos tutelados pela Lei de Improbidade, entende que o empréstimo de tais provas não significa o traslado dos efeitos da colaboração premiada a uma ação de improbidade em que se busca a aplicação das sanções pertinentes.

Reconhece-se que o Ministério Público, no âmbito penal, detém a titularidade da ação penal e, portanto, muito maior liberdade para transacionar como bem entende. Todavia, no esteio de ações de improbidade, este apenas figura como legitimado à sua propositura, e não titular. Até mesmo porque o Ministério Público tem a legitimidade original para defender o interesse público primário, mas não o secundário, por mais que dos efeitos daquele possam decorrer benefícios a este. Interesse primário, qual seja o interesse da coletividade, não se confunde com o secundário que é o interesse do Estado enquanto pessoa jurídica. É exatamente por isso que a própria Constituição da República veda ao Ministério Público a representação judicial de pessoas jurídicas públicas. Portanto, se os benefícios acordados dentro de uma ação penal dizem respeito diretamente ao interesse público secundário, é evidente que não pode surtir seus efeitos dentro de uma ação que visa punir ato ímprobo.

Tomemos como exemplo também os casos da Lava-Jato, porque mais palpáveis para análise geral. Nos autos de uma das ações de improbidade[8], há acirrada discussão entre legitimados – Ministério Público Federal e União – acerca da impossibilidade de se aproveitar os benefícios concedidos em ação penal. De um lado, o MP afirma que a União não pode apenas obter as vantagens das provas produzidas, mas que deve também se submeter às limitações resultantes da obtenção de tais provas, consistentes em delações premiadas.

Noutro giro e acertadamente, a União defende que tais acordos não têm o efeito de dar plena quitação dos absurdos prejuízos causados e valores devidos, de modo que os montantes descritos nas avenças devem ser considerados apenas como parte ou início de pagamento. Verdade seja dita, o próprio Ministério Público Federal reconheceu danos que chegam

[8] 5ª Vara Federal de Curitiba, Processo nº 5051170-64.2016.4.04.7000/PR.

a cerca de quarenta e dois bilhões de reais, com embasamento técnico do Tribunal de Contas da União e da Polícia Federal. Evidente que tal valor não chega nem perto do que já fora recuperado.

Se tais acordos foram feitos de forma isolada pelo Ministério Público, sem a participação da União, é evidente que não pode a União, como pessoa jurídica diretamente interessada nos valores, ser obrigada a deixar de buscá-los seja não pugnando por nenhuma pena ou simplesmente não ajuizando ação de improbidade quando entender cabível. Se tais valores são considerados dinheiro público, não pode o Ministério Público dispor deles simplesmente porque não é de sua titularidade, muito menos querer obrigar que o verdadeiro titular do crédito se abstenha de cuidar, como entende ser a melhor forma, da coisa pública. No entanto, não foi assim que se decidiu em primeira instância, nos referidos autos. No caso, entendeu o juízo que *"uma vez que o MPF trouxe os acordos de colaboração (...) e que já há ação de improbidade instaurada em face desses réus, ainda que com efeitos apenas declaratórios e como o ressarcimento pode ser pleiteado fora da vida da ação de improbidade, entendo que há falta de interesse de agir em relação a (...)"*.

Isso enfraquece a lei de improbidade e o faz por uma razão até mesmo muito mais simples do que toda a discussão de validade de negócio jurídico, interesse público primário e secundário, titular e legitimados. É que a própria lei de improbidade, no seu artigo 17, § 1º veda transações, acordo ou conciliações nas ações de improbidade. Este artigo havia sido revogado pela Medida Provisória 703/2015, mas a mesma perdeu a vigência.

O que acontece na prática é que, não obstante a plena vigência da expressa vedação, existe uma tentativa oblíqua de fazer valer os efeitos das colaborações premiadas no âmbito das ações de improbidade com fundamento na Convenção das Nações Unidas contra a Corrupção, promulgada pelo Decreto nº 5.687/2006, ou seja, anterior à Medida Provisória que entrou e saiu de vigência.

Por mais que referida convenção trate, no seu conceito de corrupção, também de atos de improbidade administrativa, a verdade é que ela não tem aplicabilidade imediata. Como se sabe, salvo os tratados e convenções internacionais sobre direitos humanos, que adentram no bloco constitucional, os demais precisam de trabalho legislativo para que tenham validade dentro do ordenamento brasileiro.

O fato de o Brasil ratificar determinados acordos não impõe a sua aplicabilidade imediata especialmente se contra expressa disposição de leis vigentes. Aliás, pela mera leitura do artigo 37 da referida Convenção, vê-se que o objetivo não é aplicá-la literal e imediatamente atropelando preceitos normativos vigentes. Na verdade, o objetivo é que os signatários tomem providências para fazê-lo dentro de seu próprio ordenamento. Senão, vejamos o texto do artigo 37:

> 1. Cada Estado Parte adotará as medidas apropriadas para restabelecer as pessoas que participem ou que tenham participado na prática dos delitos qualificados de acordo com a presente Convenção que proporcionem às autoridades competentes informação útil com fins investigativos e probatórios e as que lhes prestem ajuda efetiva e concreta que possa contribuir a privar os criminosos do produto do delito, assim como recuperar esse produto.
> 2. Cada Estado Parte considerará a possibilidade de prever, em casos apropriados, a mitigação de pena de toda pessoa acusada que preste cooperação substancial à investigação ou ao indiciamento dos delitos qualificados de acordo com a presente Convenção.
> 3. Cada Estado parte considerará a possibilidade de prever, em conformidade com os princípios fundamentais de sua legislação interna, a concessão de imunidade judicial a toda pessoa que preste cooperação substancial na investigação ou no indiciamento dos delitos qualificados de acordo com a presente Convenção.
> 4. A proteção dessas pessoas será, mutatis mutandis, a prevista no Artigo 32 da presente Convenção.
> 5. Quando as pessoas mencionadas no parágrafo 1 do presente Artigo se encontrem em um Estado Parte e possam prestar cooperação substancial às autoridades competentes de outro Estado Parte, os Estados Partes interessados poderão considerar a possibilidade de celebrar acordos ou tratados, em conformidade com sua legislação interna, a respeito da eventual concessão, por esse Estrado Parte, do trato previsto nos parágrafos 2 e 3 do presente Artigo.

Visualiza-se sempre a firmação de uma obrigação dos Estados-Parte em se comprometer a traçar parâmetros legais para o seu cumprimento, o que se depreende dos termos "adotará medidas apropriadas", "considerará a possibilidade de prever, em casos apropriados" ou "considerará a possibilidade de prever, em conformidade com os princípios fundamentais de sua legislação interna". E mesmo que não existisse essa faculdade na redação, o fato é que no regime constitucional vigente não permite a sua aplicação imediata.

De mais a mais, isso já está sendo feito. O projeto de lei de número 5.208/2016, ainda em tramitação, mas em regime de prioridade, busca alterar a Lei nº 12.846/2013 e a lei de improbidade justamente para regulamentar transações objetivando aprimorar o instituto da colaboração premiada.

Agora, se verificarmos o seu texto, é fácil perceber a inarredável preocupação com o interesse público secundário. No caso da ação de improbidade, altera-se o parágrafo primeiro do artigo 17, que veda a transação. O acordo de leniência com pessoas físicas e jurídicas entrará para a exceção à regra, desde que efetivamente contribuam com a investigação e processo judicial na esfera cível e sejam cumpridos outros requisitos previstos na própria lei de improbidade. O projeto visa permitir aos legitimados celebrarem acordos, mas sem a liberdade de negociação que existe na esfera penal justamente porque o contrário pode violar o próprio interesse público. Uma das imposições para a validade de qualquer transação a ser utilizada em ação de improbidade é o preenchimento cumulativo, ressalte-se, dos seguintes fatores:

- esteja assegurada a reparação do dano ou perda dos bens ou valores acrescidos ilicitamente ao patrimônio, quando verificada tal circunstância;
- o aceite do réu em ser submetido a pelo menos uma das sanções do artigo 12, a qual pode ser reduzida a depender da espécie do ato de improbidade;
- cessação completa do envolvimento do réu na infração;
- cooperação plena e permanente, com o comparecimento sob as expensas do réu sempre que solicitado, a todos os atos processuais;
- não descumprimento de acordo anterior por cinco anos seguidos; e,
- características pessoas do réu e circunstâncias do ato ímprobo demonstrem que o acordo é suficiente para a prevenção e repressão à improbidade administrativa.

Ou seja, não preenchido qualquer um de tais requisitos, impossível transacionar. Veja-se que mesmo com a mitigação das sanções do artigo

12, resta assegurada a reparação do dano e perda de bens ou valores acrescidos ilicitamente, justamente porque não se pode simplesmente dispor do interesse público secundário. Ademais, não é novidade alguma no âmbito das ações de improbidade a utilização da proporcionalidade para decidir quais as penas necessárias ao caso.

É bastante diferente afastar a pena de perda de direitos políticos do que simplesmente optar por não ressarcir o dano ao Erário ou ressarci-lo em percentual muito abaixo do que o pertinente.

Portanto, como se vê, a forma como se utiliza a lei de improbidade, descartando-se dispositivos e valores, por mais que à primeira vista pareça ajudar no combate à corrupção, na verdade enfraquece não só a própria lei, mas o combate, bem como as instituições.

4. Considerações finais

Como afirmado ao início, o presente texto buscou demonstrar, por meio de exemplos práticos, os erros e acertos cuja análise é imprescindível para fins de correção e evolução no que concerne à aplicação da Lei nº 8.429/92 para fins de combate à improbidade de modo muito mais efetivo.

A Lei de Improbidade Administrativa é um marco legislativo importante e, muitas vezes, utilizado de maneira irresponsável, seja em detrimento do agente público cujos direitos são violados com parcas fundamentações, seja em detrimento do Poder Público, com atos que ferem sobremaneira o objetivo e texto da norma. E nessa complexidade, a luta por uma Administração Pública melhor perde força.

A vulgarização desse instrumento com o excesso de sua utilização, muitas vezes como mero mecanismo de repercussão em competição eleitoral, é algo extremamente grave, corriqueiro e deve ser observado com bastante cuidado, especialmente após o advento da Lei da Ficha Limpa. Isso porque esta fez com que a mera decisão de órgão colegiado seja suficiente para que se tenha, imediatamente, a execução da inelegibilidade decorrente de improbidade administrativa, o que por mais que o objetivo seja salutar, tornou-se também arma de interferência no cenário político a cada pleito.

Não se justifica violar princípios processuais, constitucionais e o próprio texto da lei para a preservação do princípio da moralidade com a ideia falha de que "os fins justificariam os meios".

O combate à improbidade administrativa, tal qual o combate à criminalidade, deve ser feito, sim, de forma enérgica, mas sempre dentro da legalidade estrita porquanto se trata, ao fim e ao cabo, de Direito Sancionador, ambiente que não comporta ofensas às garantias subjetivas dos imputados. De igual forma, a supremacia do interesse público também deve ser observada, posição na qual o titular do direito detém prioridade.

A função dos órgãos julgadores em local elevado deve orientar-se pelo ideal que afasta objetivos imediatistas, de sanção a qualquer custo e julgamentos midiáticos, funcionando como repressor de medidas incabíveis e protetor dos instrumentos realmente legítimos. Fazer o bom combate à improbidade administrativa, um dos maiores males de que sofre o Brasil, lado a lado dos crimes contra a Administração Pública, é a única verdadeira maneira de combate.

Referências

BRASIL. Constituição (1988). Constituição da República Federativa do Brasil: promulgada em 5 de outubro de 1988.

BRASIL. Decreto nº 5.687 de 31 de janeiro de 2006. Promulga a Convenção das Nações Unidas contra a Corrupção, adotada pela Assembleia-Geral das Nações Unidas em 31 de outubro de 2003 e assinada pelo Brasil em 9 de dezembro de 2003.

BRASIL. Lei nº 3.164, de 1º de junho de 1957. Prevê quanto ao disposto no parágrafo 31, 2ª parte, do artigo 141, da Constituição Federal e dá outras providências. Revogada.

BRASIL. Lei nº 3.502, de 21 de dezembro de 1958. Regula o sequestro e o perdimento de bens nos casos de enriquecimento ilícito, por influência ou abuso do cargo ou função. Revogada.

BRASIL. Lei nº 8.429, de 02 de junho de 1992. Dispõe sobre as sanções aplicáveis aos agentes públicos nos casos de enriquecimento ilícito no exercício de mandato, cargo, emprego ou função na administração pública direta, indireta ou fundacional e dá outras providências.

BRASIL. Medida Provisória nº 703 de 18 de dezembro de 2015. Altera a Lei nº 12.846, de 1º de agosto e 2013, para dispor sobre acordos de leniência. Vigência encerrada.

BRASIL. Projeto de Lei nº 5208/2015. Altera a Lei nº 12846, de 1º de agosto de 2013, e a Lei nº 8.429, de 2 de julho de 1992 para dispor sobre condições para celebração de acordos de leniência com pessoas físicas e pessoas jurídicas, e dá outras providências. Em tramitação.

NEVES, Daniel Amorim Assumpção. OLIVEIRA, Rafael Carvalho Rezende. Manual de improbidade administrativa. 2ª ed. Rio de Janeiro: Forense; São Paulo: Método. Pág. 142. 2014.

PAZZAGLINI FILHO, Marino. Lei de improbidade administrativa comentada: aspectos constitucionais, administrativos, civis, criminais, processuais e de responsabilidade fiscal; legislação e jurisprudência atualizadas – 6ª ed. – São Paulo: Atlas, 2015.

3. O Escola sem Partido e a Doutrinação nas Escolas

Miguel Nagib[1]

O Movimento Escola sem Partido surgiu em 2004 como reação a duas práticas ilegais que se disseminaram por todo o sistema educacional: de um lado, a doutrinação e a propaganda ideológica, política e partidária nas escolas e universidades; de outro, a usurpação – pelas escolas e pelos professores – do direito dos pais dos alunos sobre a educação religiosa e moral dos seus filhos.

Desde a sua criação, o Escola sem Partido vem colecionando evidências dessas práticas abusivas, e hoje possui um significativo acervo de documentos (pesquisas, artigos, reportagens, depoimentos, gravações em áudio e vídeo, cópias de livros didáticos, eventos "acadêmicos", etc.) que demonstram, para além de qualquer dúvida, a existência de um problema sistêmico, cujas origens remontam a meados da década de 80 do século passado. Esse acervo está disponível nas páginas do movimento, na internet: www.escolasempartido.org; e no Facebook: @escolasempartidooficial.

O fato é que, de tão disseminada no tempo e no espaço, a doutrinação se naturalizou, a ponto de 80% dos professores da educação básica não se constrangerem de reconhecer que seu discurso em sala de aula é *"politi-*

[1] Procurador do Estado de São Paulo; ex-Assessor de Ministro no Supremo Tribunal Federal; fundador e coordenador do Movimento Escola sem Partido.

camente engajado"; e de 61% dos pais acharem que é *"normal"* o professor fazer proselitismo ideológico em sala de aula.[2]

Não obstante, e como será demonstrado, o uso ideológico, político e partidário das escolas e universidades viola gravemente a Constituição Federal e outras leis do país, causando enormes prejuízos aos estudantes, às famílias e à sociedade.

Os estudantes são lesados quando professores militantes e ativistas se aproveitam de sua audiência cativa para tentar transformá-los em réplicas ideológicas de si mesmos; quando são cooptados e usados como massa de manobra a serviço dos interesses de sindicatos, movimentos e partidos; quando são ridicularizados, estigmatizados e perseguidos por possuírem ou expressarem crenças ou convicções religiosas, morais, políticas e partidárias diferentes das dos professores; quando estes lhes sonegam ou distorcem informações importantes para sua formação intelectual e para o conhecimento da verdade; quando o tempo precioso do aprendizado é desperdiçado com a pregação ideológica e a propaganda político-partidária mais ou menos disfarçada.

As famílias são lesadas quando a autoridade moral dos pais é solapada por professores que se julgam no direito de dizer aos filhos dos outros o que é certo e o que é errado em matéria de moral. Instigados por esses professores, muitos jovens passam a questionar e rejeitar o direcionamento estabelecido por seus pais no campo da religião, da moral e dos costumes, ensejando o surgimento de graves conflitos no seio das famílias.

E a sociedade é lesada quando recebe, em troca dos impostos que paga, uma educação conhecida mundialmente por sua péssima qualidade; quando é obrigada a suportar o fardo de uma força de trabalho despreparada; quando sofre as consequências de greves abusivas, seletivamente organizadas e deflagradas para prejudicar adversários políticos dos sindicatos de professores; quando custeia o projeto de poder dos partidos que aparelharam o sistema de ensino.

> *Já em meados dos anos 1980* – escreve o Prof. Diniz Filho, da Universidade Federal do Paraná[3] – *estava criada uma corrente de transmissão de idéias que se*

[2] Cf. pesquisa CNT/Sensus, cujos resultados foram publicados pela revista Veja (edição nº 2074, de 20.08.2008).

[3] Diniz Filho, L. L. Por uma crítica da geografia crítica. Ponta Grossa: Editora da UEPG, 2013, p. 133-134.

fecha em si mesma e que continua a funcionar nos dias atuais. Os egressos do ensino médio chegam à universidade com sua visão de mundo já formada dentro dos parâmetros do pensamento crítico[4]*, os quais são reafirmados e complementados pela graduação, na qual há limites bem estreitos para a pluralidade de pensamento. Uma vez devolvidos ao ensino fundamental e médio para trabalhar como professores das mais diversas disciplinas, o circuito se fecha e a corrente continua fluindo. Uma corrente muito difícil de quebrar.*

Difícil por quê? Por uma série de motivos. Primeiro, porque não existe um comando centralizado, de natureza político-administrativa, cujas diretrizes sejam seguidas por obedientes professores. Se existisse tal comando, bastaria substituí-lo, e o problema estaria resolvido. Mas não é assim que funciona. Governo e burocracia do ensino podem até ajudar – e ajudam, de fato, estimulando, facilitando ou sendo coniventes com a doutrinação –, mas o agente do processo é o professor. Não existe doutrinação sem o professor doutrinador.

Segundo, porque a quase totalidade do trabalho de inculcação e cooptação se desenvolve entre quatro paredes e a portas fechadas, o que inviabiliza qualquer controle hierárquico efetivo.

Terceiro, porque as vítimas desses abusos na educação básica – indivíduos imaturos, em processo de formação – normalmente não se reconhecem como vítimas; e, quando se reconhecem, geralmente se calam para não sofrer perseguições.

Quarto, porque o professor militante – também ele vítima da doutrinação – aprendeu e acredita que, como não existe neutralidade, ele não tem o dever profissional de se esforçar para ser neutro, de modo que sua missão é essa mesmo: despertar, com seu discurso politicamente engajado, o chamado *"pensamento crítico"* dos alunos, entendendo-se por *"crítico"* o pensamento que resulta da assimilação acrítica daquele discurso.

Quinto, porque, como já se disse, 61% dos pais, conhecendo por experiência própria a realidade das escolas, acham *"normal"* que os professores dos seus filhos promovam esses discursos em sala de aula; e, quando não

[4] O autor se refere ao pensamento orientado pelas *"teorias sociais críticas do capitalismo, as quais cindem a sociedade em 'dominantes' e 'dominados' e qualificam como meramente ideológicas todas as vertentes de pensamento que lhe são adversárias."*

acham, também se calam, a pedido dos próprios filhos, para não expô-los a retaliações da escola, dos professores e dos colegas.

E, sexto, porque impera no meio acadêmico a mais completa e proposital ignorância sobre os limites éticos e jurídicos da atividade docente, ignorância que deriva em parte da criminosa inexistência de uma disciplina obrigatória de ética do magistério nos cursos de formação de professores.

Que limites são esses? No plano da ética, os deveres que emanam do reconhecimento da vulnerabilidade do estudante como parte mais fraca na relação de aprendizado, uma relação de poder absolutamente desigual que se desenvolve, em ambiente normalmente fechado, entre um adulto e um grupo de indivíduos imaturos e inexperientes, intelectual e emocionalmente vulneráveis, diretamente submetidos à sua autoridade e à sua influência. No plano da lei, as obrigações que decorrem, primordialmente, da Constituição Federal – princípio da neutralidade política, ideológica e religiosa do Estado; liberdade de consciência e de crença; direito à intimidade; liberdade de aprender e de ensinar e pluralismo de ideias – e da Convenção Americana sobre Direitos Humanos (CADH), que assegura o direito dos pais a que seus filhos recebam a educação religiosa e moral que esteja de acordo com suas próprias convicções.

Ou seja, a atividade docente é limitada, de um lado, pelos direitos dos estudantes e seus pais; e, de outro, pelo direito de todos os brasileiros a que a máquina do Estado não seja colocada a serviço desse ou daquele governo, partido, ideologia ou religião. No dia a dia da sala de aula, são esses limites que definem o espaço reservado ao exercício da liberdade de ensinar por parte do professor. E é contra o *abuso* dessa liberdade que se insurge o Movimento Escola sem Partido.

Mas que solução ele propõe? O que pode ser feito para coibir essas práticas covardes, antiéticas e abusivas, que se desenvolvem no segredo das salas de aula e têm como vítimas indivíduos vulneráveis, em processo de formação?

Nada mais simples: basta informar e educar os alunos sobre o direito que eles *já têm* de não ser doutrinados por seus professores; basta informar e educar os professores sobre os limites éticos e jurídicos da atividade docente.

O programa Escola sem Partido

É apenas esse o objetivo do Programa Escola sem Partido: informar estudantes e professores sobre direitos e deveres que já existem. O projeto faz isso da forma menos invasiva e onerosa que se poderia imaginar: ele torna obrigatória a afixação nas salas de aula do ensino fundamental e médio, de um cartaz com os seguintes Deveres do Professor:

> 1 – O Professor não se aproveitará da audiência cativa dos alunos para promover os seus próprios interesses, opiniões, concepções ou preferências ideológicas, religiosas, morais, políticas e partidárias.
>
> 2 – O Professor não favorecerá nem prejudicará ou constrangerá os alunos em razão de suas convicções políticas, ideológicas, morais ou religiosas, ou da falta delas.
>
> 3 – O Professor não fará propaganda político-partidária em sala de aula nem incitará seus alunos a participar de manifestações, atos públicos e passeatas.
>
> 4 – Ao tratar de questões políticas, sócio-culturais e econômicas, o professor apresentará aos alunos, de forma justa – isto é, com a mesma profundidade e seriedade –, as principais versões, teorias, opiniões e perspectivas concorrentes a respeito da matéria.
>
> 5 – O Professor respeitará o direito dos pais dos alunos a que seus filhos recebam a educação religiosa e moral que esteja de acordo com suas próprias convicções.
>
> 6 – O Professor não permitirá que os direitos assegurados nos itens anteriores sejam violados pela ação de estudantes ou terceiros, dentro da sala de aula.

Vale repetir: esses deveres *já existem*; eles decorrem da Constituição Federal, da Convenção Americana sobre Direitos Humanos e outras leis vigentes no país, como veremos a seguir. Cuida-se apenas de levá-los ao conhecimento dos estudantes.

Fundamentos constitucionais e legais do programa Escola sem Partido

Do ponto de vista jurídico, a observação mais relevante a ser feita sobre o Programa Escola sem Partido é essa mesma na qual acabamos de insistir: a proposta não cria nenhum direito ou obrigação que já não exista hoje, por força de preceitos, princípios e garantias constitucionais e legais em vigor no país. A única exceção é a regra que torna obrigatória a afixação dos cartazes com os Deveres do Professor nas salas de aula e nas salas dos professores

Para demonstrar essa afirmação, apresentamos na tabela abaixo a correspondência entre as regras dos anteprojetos de lei estadual e municipal do Escola sem Partido (do lado esquerdo) e os dispositivos constitucionais ou de lei federal que elas simplesmente repetem ou que lhes servem de fundamento (as normas comuns aos dois anteprojetos estão grafadas em azul; as notas explicativas, em itálico):

Art. 1º. Esta Lei institui, no âmbito do **sistema estadual** de ensino, com fundamento nos artigos 23, inciso I, 24, inciso XV, e 227, *caput*, da Constituição Federal, o "Programa Escola sem Partido", em consonância com os seguintes princípios: Art. 1º. Esta Lei institui, no âmbito do **sistema municipal** de ensino, com fundamento nos artigos 23, inciso I, 30, incisos I e II, e 227, *caput*, da Constituição Federal, o "Programa Escola sem Partido", em consonância com os seguintes princípios:	**CF, arts. 23, I; 24, XV; 30, I e II; e 227, *caput*** Art. 23. É competência comum da União, dos Estados, do Distrito Federal e dos Municípios: I – zelar pela guarda da Constituição, das leis e das instituições democráticas e conservar o patrimônio público; Art. 24. Compete à União, aos Estados e ao Distrito Federal legislar concorrentemente sobre: XV – proteção à infância e à juventude; Art. 30. Compete aos Municípios: I – legislar sobre assuntos de interesse local; II – suplementar a legislação federal e a estadual no que couber;
	CF, art. 227, *caput* Art. 227. É dever da família, da sociedade e do Estado assegurar à criança, ao adolescente e ao jovem, com absoluta prioridade, o direito à vida, à saúde, à alimentação, à educação, ao lazer, à profissionalização, à cultura, à dignidade, ao respeito, à liberdade e à convivência familiar e comunitária, além de colocá-los a salvo de toda forma de negligência, discriminação, exploração, violência, crueldade e opressão.

I – dignidade da pessoa humana; • *Mera repetição de princípio constitucional.*	**CF, art. 1º, III** Art. 1º A República Federativa do Brasil, formada pela união indissolúvel dos Estados e Municípios e do Distrito Federal, constitui-se em Estado Democrático de Direito e tem como fundamentos: III – a dignidade da pessoa humana;
II – neutralidade política, ideológica e religiosa do Estado; • *Mera repetição de princípios constitucionais. Os princípios republicano e democrático; o pluralismo político, a isonomia (igualdade de todos perante a lei), a laicidade e a impessoalidade impedem que a máquina do Estado seja usada para favorecer ou prejudicar esse ou aquele grupo ou corrente política, ideológica ou religiosa. De acordo com a CF, o Poder Público deve manter uma posição de neutralidade em relação a todos esses grupos e correntes.*	**CF, arts. 1º, V; 5º, *caput*; 19, I; 34, VII, 'a'; e 37, *caput*** Art. 1º (...) V – o pluralismo político. Art. 5º Todos são iguais perante a lei, sem distinção de qualquer natureza, (...): Art. 19. É vedado à União, aos Estados, ao Distrito Federal e aos Municípios: I – estabelecer cultos religiosos ou igrejas, subvencioná-los, embaraçar-lhes o funcionamento ou manter com eles ou seus representantes relações de dependência ou aliança, ressalvada, na forma da lei, a colaboração de interesse público; Art. 34. A União não intervirá nos Estados nem no Distrito Federal, exceto para: VII – assegurar a observância dos seguintes princípios constitucionais: a) forma republicana, sistema representativo e regime democrático; Art. 37. A administração pública direta e indireta de qualquer dos Poderes da União, dos Estados, do Distrito Federal e dos Municípios obedecerá aos princípios de legalidade, impessoalidade, moralidade, publicidade e eficiência e, também, ao seguinte: (...)

III – pluralismo de ideias e de concepções pedagógicas; • *Mera repetição de princípio constitucional.*	**CF, art. 206, III** Art. 206. O ensino será ministrado com base nos seguintes princípios: III – pluralismo de ideias e de concepções pedagógicas, e coexistência de instituições públicas e privadas de ensino;
IV – liberdade de aprender, ensinar, pesquisar e divulgar o pensamento, a arte e o saber; • *Mera repetição de princípio constitucional.*	**CF, art. 206, II** Art. 206. O ensino será ministrado com base nos seguintes princípios: II – liberdade de aprender, ensinar, pesquisar e divulgar o pensamento, a arte e o saber;
V – liberdade de consciência e de crença; • *Mera repetição de garantia constitucional.*	**CF, art. 5º, VI e VIII** Art. 5º (...) VI – é inviolável a liberdade de consciência e de crença, sendo assegurado o livre exercício dos cultos religiosos e garantida, na forma da lei, a proteção aos locais de culto e a suas liturgias; VIII – ninguém será privado de direitos por motivo de crençareligiosa ou de convicção filosófica ou política, salvo se as invocar para eximir-se de obrigação legal a todos imposta e recusar-se a cumprir prestação alternativa, fixada em lei;
VI – proteção integral da criança e do adolescente; • *Mera repetição de princípio constitucional albergado também no Estatuto da Criança e do Adolescente.*	**CF, art. 227, *caput*** Art. 227. É dever da família, da sociedade e do Estado assegurar à criança, ao adolescente e ao jovem, com absoluta prioridade, o direito à vida, à saúde, à alimentação, à educação, ao lazer, à profissionalização, à cultura, à dignidade, ao respeito, à liberdade e à convivência familiar e comunitária, além de colocá-los a salvo de toda forma de negligência, discriminação, exploração, violência, crueldade e opressão.

	ECA, art. 3º Art. 3º A criança e o adolescente gozam de todos os direitos fundamentais inerentes à pessoa humana, sem prejuízo da proteção integral de que trata esta Lei, assegurando-se-lhes, por lei ou por outros meios, todas as oportunidades e facilidades, a fim de lhes facultar o desenvolvimento físico, mental, moral, espiritual e social, em condições de liberdade e de dignidade.
VII – direito do estudante de ser informado sobre os próprios direitos, visando ao exercício da cidadania; • *Mera repetição de princípio constitucional. Conhecer os próprios direitos e deveres é indispensável para que se possa exercê-los e cumpri-los. Nisso consiste a essência do conceito de cidadania.*	**CF, art. 1º, II** Art. 1º A República Federativa do Brasil, formada pela união indissolúvel dos Estados e Municípios e do Distrito Federal, constitui-se em Estado Democrático de Direito e tem como fundamentos: II – a cidadania;
VIII – direito dos pais sobre a educação religiosa e moral dos seus filhos, assegurado pela Convenção Americana sobre Direitos Humanos. • *Mera referência ao art. 12, 4, da CADH, tratado internacional sobre direitos humanos que tem força de lei no Brasil.*	**CADH, art. 12, 4** Artigo 12. Liberdade de consciência e de religião 4. Os pais, e quando for o caso os tutores, têm direito a que seus filhos ou pupilos recebam a educação religiosa e moral que esteja acorde com suas próprias convicções.
Art. 2º. O Poder Público não se imiscuirá no processo de amadurecimento sexual dos alunos nem permitirá qualquer forma de dogmatismo ou proselitismo na abordagem das questões de gênero.	**CF, arts. 1º, III; 5º, VI e X; 206, II e III** Art. 1º A República Federativa do Brasil, formada pela união indissolúvel dos Estados e Municípios e do Distrito Federal, constitui-se em Estado Democrático de Direito e tem como fundamentos:

• *O amadurecimento sexual é um processo vivenciado de formas muito diferentes de indivíduo para indivíduo. Não cabe ao Poder Público antecipar etapas, estabelecer padrões de comportamento, naturalizar ou estigmatizar atitudes no campo da sexualidade. Se o fizer, estará violando o princípio da dignidade da pessoa humana e o direito à intimidade dos alunos.* • *Por outro lado, a sexualidade humana é objeto de regulação estrita por parte da religião e da moral, de modo que tanto as convicções morais dos alunos, como o direito assegurado aos pais pela CADH devem ser respeitados.* • *A vedação ao dogmatismo e ao proselitismo – no tratamento de qualquer temática, mas especialmente, na abordagem das questões de gênero – é decorrência direta do pluralismo de ideias e da liberdade de aprender asseguradas pelo artigo 206 da CF.*	III – a dignidade da pessoa humana; Art. 5º (...) VI – é inviolável a liberdade de consciência e de crença, sendo assegurado o livre exercício dos cultos religiosos e garantida, na forma da lei, a proteção aos locais de culto e a suas liturgias; X – são invioláveis a intimidade, a vida privada, a honra e a imagem das pessoas, assegurado o direito a indenização pelo dano material ou moral decorrente de sua violação; Art. 206. O ensino será ministrado com base nos seguintes princípios: II – liberdade de aprender, ensinar, pesquisar e divulgar o pensamento, a arte e o saber; III – pluralismo de ideias e de concepções pedagógicas, e coexistência de instituições públicas e privadas de ensino; **CADH, art. 12, 4** Artigo 12. Liberdade de consciência e de religião 4. Os pais, e quando for o caso os tutores, têm direito a que seus filhos ou pupilos recebam a educação religiosa e moral que esteja acorde com suas próprias convicções. **ECA, arts. 15 e 17** Art. 15. A criança e o adolescente têm direito à liberdade, ao respeito e à dignidade como pessoas humanas em processo de desenvolvimento e como sujeitos de direitos civis, humanos e sociais garantidos na Constituição e nas leis. Art. 17. O direito ao respeito consiste na inviolabilidade da integridade física, psíquica e moral da criança e do adolescente, abrangendo a preservação da imagem, da identidade, da autonomia, dos valores, idéias e crenças, dos espaços e objetos pessoais.

Art. 3º. No exercício de suas funções, o professor: I – não se aproveitará da audiência cativa dos alunos para promover os seus próprios interesses, opiniões, concepções ou preferências ideológicas, religiosas, morais, políticas e partidárias; • *Se a liberdade de consciência e de crença é inviolável, como diz a CF, o professor não pode se aproveitar da presença obrigatória dos alunos em sala de aula para submetê-los a uma pregação ideológica, religiosa, moral, política ou partidária.* • *Em todo caso, o princípio da impessoalidade impede o agente de público de promover seus próprios interesses, preferências, simpatias ou antipatias no exercício da função. O artigo 117, V, da Lei 8.112/90, que dispõe sobre o regime jurídico dos servidores públicos civis da União, das autarquias e das fundações públicas federais, é regra tradicional do direito administrativo brasileiro, presente na legislação de muitos Estados e Municípios.*	**CF, arts. 5º, VI; e 37, *caput*** Art. 5º (...) VI – é inviolável a liberdade de consciência e de crença, (...) Art. 37. A administração pública direta e indireta de qualquer dos Poderes da União, dos Estados, do Distrito Federal e dos Municípios obedecerá aos princípios de legalidade, impessoalidade, moralidade, publicidade e eficiência e, também, ao seguinte: (...) **Lei nº 8.112/90** Art. 117. Ao servidor é proibido: V – promover manifestação de apreço ou desapreço no recinto da repartição;
II – não favorecerá nem prejudicará ou constrangerá os alunos em razão de suas convicções políticas, ideológicas, morais ou religiosas, ou da falta delas; • *Por força da isonomia (igualdade de todos perante a lei); da garantia de que ninguém será privado de direitos por motivo de crença religiosa ou de convicção filosófica ou política; e, novamente, do princípio da impessoalidade, o professor deve abster-se de favorecer, prejudicar ou*	**CF, arts. 5º, *caput*, e inciso VIII; e 37, *caput*** Art. 5º Todos são iguais perante a lei, sem distinção de qualquer natureza, (...): VIII – ninguém será privado de direitos por motivo de crença religiosa ou de convicção filosófica ou política, salvo se as invocar para eximir-se de obrigação legal a todos imposta e recusar-se a cumprir prestação alternativa, fixada em lei;

constranger os alunos em razão de suas crenças e convicções políticas, ideológicas, morais ou religiosas.	Art. 37. A administração pública direta e indireta de qualquer dos Poderes da União, dos Estados, do Distrito Federal e dos Municípios obedecerá aos princípios de legalidade, impessoalidade, moralidade, publicidade e eficiência e, também, ao seguinte: (...)
III – não fará propaganda político-partidária em sala de aula nem incitará seus alunos a participar de manifestações, atos públicos e passeatas; • *A proibição da propaganda político-partidária em sala de aula é decorrência direta do princípio constitucional da impessoalidade e da liberdade de consciência e de crença dos alunos, uma vez que estes são obrigados a escutar o discurso dos professores.* • *Por outro lado, valer-se o professor da autoridade que lhe é conferida pela função e do seu poder de influência sobre os alunos, para constrangê-los, direta ou indiretamente, a participar de manifestações, atos públicos e passeatas configura uma forma inequívoca de exploração da criança ou adolescente, ato incompatível com o princípio da proteção integral desses indivíduos.*	**CF, art. 5º, VI; 37, *caput*; e 227, *caput*** Art. 227. É dever da família, da sociedade e do Estado assegurar à criança, ao adolescente e ao jovem, com absoluta prioridade, o direito à vida, à saúde, à alimentação, à educação, ao lazer, à profissionalização, à cultura, à dignidade, ao respeito, à liberdade e à convivência familiar e comunitária, além de colocá-los a salvo de toda forma de negligência, discriminação, exploração, violência, crueldade e opressão. **ECA, art. 5º** Art. 5º Nenhuma criança ou adolescente será objeto de qualquer forma de negligência, discriminação, exploração, violência, crueldade e opressão, punido na forma da lei qualquer atentado, por ação ou omissão, aos seus direitos fundamentais.
IV – ao tratar de questões políticas, socioculturais e econômicas, apresentará aos alunos, de forma justa, as principais versões, teorias, opiniões e perspectivas concorrentes a respeito da matéria;	**CF, art. 206, II e III** Art. 206. O ensino será ministrado com base nos seguintes princípios: II – liberdade de aprender, ensinar, pesquisar e divulgar o pensamento, a arte e o saber;

• *A liberdade de aprender e o pluralismo de ideias garantem ao estudante o direito de receber dos seus professores um panorama abrangente e, tanto quanto possível, justo (honesto, equilibrado, imparcial) das questões políticas, socioculturais e econômicas que lhe são apresentadas. O estudante tem direito a que o seu conhecimento da realidade não seja manipulado por seus professores.* • *A liberdade de ensinar – que não se confunde com a liberdade de expressão – não permite que o professor omita informações relevantes sobre questões que façam parte da sua disciplina ou as apresente de forma tendenciosa ou distorcida, com o objetivo de influenciar o pensamento dos alunos. O professor é livre para manifestar suas opiniões sobre temas controvertidos da sua disciplina, mas não para tentar impô-las aos alunos.*	III – pluralismo de ideias e de concepções pedagógicas, e coexistência de instituições públicas e privadas de ensino;
V – respeitará o direito dos pais dos alunos a que seus filhos recebam a educação religiosa e moral que esteja de acordo com as suas próprias convicções; • *Repetição quase literal do disposto no artigo 12, 4, da CADH.* • *O mesmo direito é assegurado pelo artigo 22, par. único, do ECA.* • *Por fim, se a família desfruta de "especial proteção do Estado", o Poder Público, em todos os níveis, tem o dever de impedir que autoridade dos pais, no campo da religião e da moral, seja desrespeitada dentro das escolas. Afinal, não se protege a família debilitando a autoridade dos pais sobre os filhos.*	**CF, art. 226, *caput*** Art. 226. A família, base da sociedade, tem especial proteção do Estado. **CADH, art. 12, 4** Artigo 12. Liberdade de consciência e de religião 4. Os pais, e quando for o caso os tutores, têm direito a que seus filhos ou pupilos recebam a educação religiosa e moral que esteja acorde com suas próprias convicções. **ECA, art. 22, par. único** Art. 22. (...) Parágrafo único. A mãe e o pai, ou os responsáveis, têm direitos iguais e deveres e responsabilidades compartilhados no cuidado e na educação da criança, devendo ser resguardado o direito de transmissão familiar de suas crenças e culturas, assegurados os direitos da criança estabelecidos nesta Lei.

VI – não permitirá que os direitos assegurados nos itens anteriores sejam violados pela ação de estudantes ou terceiros, dentro da sala de aula. • *O inciso VI é mera decorrência dos anteriores: o professor, como única autoridade dentro da sala de aula, tem o dever de impedir que estudantes ou terceiros façam aquilo que ele mesmo não pode fazer.*	
Art. 4º. As instituições de educação básica afixarão nas salas de aula e nas salas dos professores cartazes com o conteúdo previsto no anexo desta Lei, com, no mínimo, 420 milímetros de largura por 594 milímetros de altura, e fonte com tamanho compatível com as dimensões adotadas. Parágrafo único. Nas instituições de educação infantil, os cartazes referidos no *caput* deste artigo serão afixados somente nas salas dos professores. • *Esta é a única obrigação efetivamente criada pelos anteprojetos de lei: a obrigação das instituições de ensino de afixar, nas salas de aula e nas salas dos professores, um cartaz com os seis deveres do professor, que correspondem aos seis incisos do artigo 3º. A afixação dos cartazes com os Deveres do Professor é uma forma de zelar pela guarda da Constituição, das leis e do patrimônio público e de prevenir a ocorrência de violação de direitos das crianças e adolescentes que frequentam as escolas do Estado e do Município, como prescrevem os artigos 23, I, da CF, e 70 do ECA.* • *As medidas do cartaz correspondem a uma folha de papel A2.*	**CF, art. 23, I** Art. 23. É competência comum da União, dos Estados, do Distrito Federal e dos Municípios: I – zelar pela guarda da Constituição, das leis e das instituições democráticas e conservar o patrimônio público; **ECA, art. 70** Art. 70. É dever de todos prevenir a ocorrência de ameaça ou violação dos direitos da criança e do adolescente.

Art. 5º. As escolas particulares que atendem a orientação confessional e ideologia específicas poderão veicular e promover os conteúdos de cunho religioso, moral e ideológico autorizados contratualmente pelos pais ou responsáveis pelos estudantes. • *A existência de escolas particulares confessionais está prevista na Lei de Diretrizes e Bases da Educação. A liberdade contratual é garantida pela CF e pelo Código Civil. O dispositivo em questão apenas explicita que as escolas particulares são livres para promover os conteúdos religiosos, ideológicos e morais autorizados contratualmente pelos pais ou responsáveis pelos estudantes.*	**LDB, art. 20, III** Art. 20. As instituições privadas de ensino se enquadrarão nas seguintes categorias: III – confessionais, assim entendidas as que são instituídas por grupos de pessoas físicas ou por uma ou mais pessoas jurídicas que atendem a orientação confessional e ideologia específicas e ao disposto no inciso anterior;
Art. 6º [do anteprojeto de lei estadual]. O disposto nesta Lei aplica-se, no que couber: I – às políticas e planos educacionais; II – aos conteúdos curriculares; III – aos projetos pedagógicos das escolas; IV – aos materiais didáticos e paradidáticos; V – às avaliações para o ingresso no ensino superior; VI – às provas de concurso para o ingresso na carreira docente; VII – às instituições de ensino superior, respeitado o disposto no art. 207 da Constituição Federal. Art. 6º [do anteprojeto de lei municipal]. O disposto nesta Lei aplica-se, no que couber:	Os preceitos, princípios e garantias constitucionais e legais referidos no projeto aplicam-se a todos os domínios da educação.

I – às políticas e planos educacionais; II – aos conteúdos curriculares; III – aos projetos pedagógicos das escolas; IV – aos materiais didáticos e paradidáticos; V – às provas de concurso para o ingresso na carreira docente.	
Art. 7º. Esta Lei entra em vigor após decorrido 1 (um) ano da data de sua publicação oficial. • *Na prática, esse dispositivo se refere apenas ao artigo 4º, tendo em vista que todas as outras regras dos anteprojetos já estão em pleno vigor.*	

Constitucionalidade do Programa Escola sem Partido

Como se percebe do simples cotejo entre as normas dos anteprojetos de lei estadual e municipal e os dispositivos da Constituição e da legislação federal acima transcritos, o Programa Escola sem Partido apenas repete, explicita e especifica preceitos, princípios e garantias constitucionais e legais em vigor no país, só inovando no ordenamento jurídico ao tornar obrigatória a afixação de cartazes nas salas de aula e nas salas dos professores.

Ora, nada impede que preceitos da Lei Maior sejam reproduzidos na legislação infraconstitucional da União, dos Estados e dos Municípios – o que acontece, aliás, com bastante frequência. Seria perfeitamente legítimo, portanto, se uma lei estadual ou municipal, com o objetivo de promover o respeito a determinados princípios constitucionais dentro do ambiente escolar, se limitasse a repeti-los em seu texto, tornando obrigatória a afixação nas salas de aula de cartazes com o seguinte conteúdo:

> 1 – A liberdade de consciência e de crença é inviolável (CF, art. 5º, VI).
>
> 2 – O direito à intimidade é inviolável (CF, art. 5º, X).
>
> 3 – Ninguém pode ser privado de direitos por motivo de crença religiosa ou convicção política ou filosófica (CF, art. 5º, VIII).
>
> 4 – O ensino se baseia na liberdade de aprender e de ensinar e no pluralismo de ideias (CF, art. 206, II e III);
>
> 5 – Todos são iguais perante a lei (CF, art. 5º, *caput*).
>
> 6 – A impessoalidade é um dos princípios da administração pública (CF, art. 37, *caput*).
>
> 7 – A criança, o adolescente e o jovem devem ser colocados a salvo de qualquer forma de exploração (CF, art. 227, *caput*).
>
> 8 – A família tem especial proteção do Estado (CF, art. 226, *caput*).

Ninguém se atreveria a pôr em dúvida a constitucionalidade (formal ou material) de uma lei estadual ou municipal com esse teor. Evidentemente, porém, essa lei estaria fadada a não alcançar o objetivo a que se propõe, de promover o respeito aos referidos preceitos constitucionais dentro das escolas e prevenir a ocorrência de violação dos direitos subjetivos que delas se originam.

Com efeito, esperar que um estudante brasileiro do ensino fundamental e médio seja capaz de deduzir daqueles princípios e garantias as regras de conduta que devem ser observadas por seus professores em sala de aula é esperar por um milagre.

Para fazer com que a Constituição seja efetivamente compreendida e respeitada dentro das escolas é preciso ir além da simples e estéril reprodução literal dos princípios; é preciso traduzi-los para uma linguagem menos abstrata; contextualizá-los para a realidade da sala de aula; explicá-los, sem ampliar ou reduzir o seu alcance, a fim de que os alunos – e também os professores – sejam capazes de entender o que eles significam, concretamente, no seu dia a dia dentro da escola. Tem-se, desse modo, que,

- se a liberdade de consciência e de crença é inviolável (CF, art. 5º, VI), *o Professor não pode se aproveitar da audiência cativa dos alunos para promover os seus próprios interesses, opiniões, concepções ou preferências ideológicas, religiosas, morais, políticas e partidárias;*

- se o direito à intimidade é inviolável (CF, art. 5º, X), *o Poder Público não pode se imiscuir no processo de amadurecimento sexual dos alunos;*
- se ninguém pode ser privado de direitos por motivo de crença religiosa ou convicção política ou filosófica (CF, art. 5º, VIII), *o Professor não pode prejudicar ou constranger os alunos em razão de suas convicções políticas, ideológicas, morais ou religiosas, ou da falta delas;*
- se o ensino se baseia na liberdade de aprender e de ensinar e no pluralismo de ideias (CF, art. 206, II e III), *o Poder Público não pode permitir nenhuma forma de dogmatismo ou proselitismo na abordagem das questões de gênero; e o Professor, ao tratar de questões políticas, socioculturais e econômicas, deve apresentar aos alunos, de forma justa – isto é, com a mesma profundidade e seriedade –, as principais versões, teorias, opiniões e perspectivas concorrentes a respeito da matéria;*
- se todos são iguais perante a lei (CF, art. 5º, *caput*) e a impessoalidade é um dos princípios da administração pública (CF, art. 37, *caput*), *o Professor não pode favorecer os alunos em razão de suas convicções políticas, ideológicas, morais ou religiosas; nem fazer propaganda político-partidária em sala de aula;*
- se a criança, o adolescente e o jovem devem ser colocados a salvo de qualquer forma de exploração (CF, art. 227, *caput*), *o Professor não pode incitar seus alunos a participar de manifestações, atos públicos e passeatas;*
- se a família tem especial proteção do Estado (CF, art. 226, *caput*), *o Professor deve respeitar o direito dos pais dos alunos a que seus filhos recebam a educação religiosa e moral que esteja de acordo com suas próprias convicções,* como determina, de resto, o artigo 12, 4, da CADH.

Como se vê, as regras de conduta previstas no Programa Escola sem Partido são meros desdobramentos lógicos dos preceitos constitucionais que lhes servem de fundamento. Ao aprovar essas regras, o legislador estadual ou municipal não exerce atividade criadora de direito; não introduz no ordenamento jurídico nenhuma obrigação que já não exista; ele apenas explicita alguns dos efeitos que aqueles preceitos constitucionais *já produzempor si mesmos,* independentemente de qualquer intervenção do legislador ordinário.

De fato, onde existe pluralismo de ideias não pode haver dogmatismo; onde existe impessoalidade não pode haver propaganda político-partidária; onde existe liberdade de consciência e de crença não pode haver proselitismo (religioso ou ideológico); onde existe liberdade de aprender não pode haver manipulação de informações; onde existe o dever de proteção à família não pode haver ataque ou menoscabo à autoridade dos pais sobre os filhos.

Assim, não há como fugir à conclusão de que a proposta em exame não só não viola a Constituição, como visa a garantir que ela seja respeitada dentro das escolas pertencentes aos sistemas de ensino dos Estados e dos Municípios.

Examinamos a seguir algumas possíveis objeções à constitucionalidade formal dos anteprojetos de lei.

Competência dos estados e municípios para dispor sobre a matéria

À vista do que se expôs até aqui, podemos afirmar que o Programa Escola sem Partido apenas repete aquilo que já consta da Constituição Federal, da Convenção Americana sobre Direitos Humanos e do Estatuto da Criança e do Adolescente, servindo-se por vezes de outras palavras (para expressar o mesmo conteúdo) com o único propósito de fazer com que o sentido das normas seja efetivamente compreendido pelos seus destinatários. O objetivo final é assegurar o respeito à Constituição e à leis mencionadas dentro das escolas.

Ora, compete a todos os entes federados fazer com que a Constituição e as leis do país sejam respeitadas em suas respectivas esferas político-administrativas. É o que estabelece, expressamente, o artigo 23, inciso I, da Constituição Federal:

> *Art. 23. É competência comum da União, dos Estados, do Distrito Federal e dos Municípios:*
>
> *I – zelar pela guarda da Constituição, das leis e das instituições democráticas e conservar o patrimônio público;*

Portanto, se os deveres previstos no Programa Escola sem Partido já existem; e se eles decorrem da Constituição Federal, da CADH e do ECA, cabe aos Estados e Municípios adotar as medidas que julgarem adequadas para fazer com que sejam respeitados dentro das escolas pertencentes aos seus respectivos sistemas de ensinos.

Uma vez que a violação desses deveres configura *ato ilícito*,afirmar que Estados e Municípios não têm competência para dispor sobre a matéria é o mesmo que negar a esses entes da federação o direito e o dever de tentar coibir a prática de atos ilícitos no âmbito dos seus respectivos sistemas educacionais. Atos ilícitos, não custa ressaltar, cuja prática pode acarretar *prejuízos ao patrimônio público*, tendo em vista que os Estados e Municípios são responsáveis pelos danos eventualmente causados por seus agentes, como dispõe o artigo 37, § 6º, da Constituição:

> *§ 6º As pessoas jurídicas de direito público e as de direito privado prestadoras de serviços públicos responderão pelos danos que seus agentes, nessa qualidade, causarem a terceiros, assegurado o direito de regresso contra o responsável nos casos de dolo ou culpa.*

Assim, a competência dos Estados e Municípios para dispor sobre a matéria também se justifica em face do dever de conservação do patrimônio público.

Cabe notar ainda que a doutrinação ideológica e a propaganda política e partidária nas escolas e universidades constituem uma fraude e uma ameaça inequívocas ao regime democrático, na medida em que se valem do sistema público de ensino para desequilibrar o jogo político em favor de determinados competidores. Escusado dizer que a notória intensificação da propaganda político-partidária dentro das instituições de ensino nos meses que antecedem as eleições passa inteiramente ao largo do radar da Justiça Eleitoral. Assim, ao aprovar o Programa Escola sem Partido, Estados e Municípios atuam decididamente no sentido de *zelar pela guarda das instituições democráticas*, como prescreve o artigo 23, I, da Constituição.

Zelar pela guarda da Constituição e das leis dentro das escolas significa proteger os *direitos subjetivos* que delas emanam para os estudantes, isto é, as crianças e adolescentes que constituem a principal clientela da educação básica.

Trata-se, no caso, do direito subjetivo dos alunos à liberdade de consciência e de crença; à intimidade; à liberdade de aprender; ao pluralismo de ideias; à isonomia e à impessoalidade, enquanto usuários de um serviço público; à proteção integral; à dignidade e à inviolabilidade psíquica e moral.

Ora, é competência da União, dos Estados e do Distrito Federal legislar concorrentemente sobre *proteção à infância e à juventude* (CF, art. 24, XV), sendo certo que essa competência também é compartilhada com os Municípios (CF, art. 30, I e II).

Isto porque, segundo o artigo 227, *caput*, da Constituição, é dever do *Estado* – vale dizer, da União, dos Estados, do Distrito Federal e dos Municípios – assegurar à criança, ao adolescente e ao jovem, com absoluta prioridade, o direito à dignidade, ao respeito e à liberdade, além de colocá-los a salvo de toda forma de exploração.

Sintetizando o mandamento constitucional, o artigo 70 do ECA estabelece:

> *Art. 70. É dever de todos prevenir a ocorrência de ameaça ou violação dos direitos da criança e do adolescente.*

É dessa prevenção que se cuida nos anteprojetos de lei em análise. Sem inovar no ordenamento jurídico – exceto, como já se observou, na parte em que torna obrigatória a afixação de cartazes nas salas de aula e nas salas dos professores –, o Programa Escola sem Partido visa a proteger os direitos da criança e o adolescente dos notórios abusos que vêm sendo praticados dentro das escolas brasileiras.

Ao contrário do que pode parecer à primeira vista, os anteprojetos de lei do Escola sem Partido não contém disciplina sobre educação. Eles não tratam, com efeito, de qualquer das matérias versadas na Lei de Diretrizes e Bases: organização da educação nacional; níveis e modalidades de educação e ensino; composição e duração dos níveis escolares; finalidades da educação; definição de conteúdos curriculares; carga horária mínima anual; sistemas de progressão, requisitos para o exercício da docência, regras para a valorização dos profissionais da educação etc. Nada disso. Seu objetivo é conferir efetividade a princípios constitucionais aplicáveis indistintamente a todos os domínios da administração pública – os princípios republicano e democrático; a impessoalidade, isonomia, pluralismo político, laicidade, cidadania e proteção integral da criança e do adolescente –; e prevenir a violação de direitos fundamentais dos usuários dos serviços educacionais prestados pelas escolas, direitos que se originam de normas constitucionais e legais cuja vigência e eficácia são inquestionáveis.

Assim, ao aprovar o Programa Escola sem Partido, Estados e Municípios não estão exercendo a competência legislativa concorrente prevista no artigo 24, IX, da Constituição (legislar sobre educação), nem usurpando a competência privativa da União para legislar sobre diretrizes e bases da educação nacional (CF, art. 22, XXIV), que são competências para inovar no ordenamento jurídico.

Em suma, a competência dos Estados e Municípios para dispor sobre a matéria contida no Programa Escola sem Partido assenta nos artigos 23, I, 24, XV, e 227, *caput*, da Constituição Federal.

Quanto ao artigo 5º – segundo o qual *"As escolas particulares que atendem a orientação confessional e ideologia específicas poderão veicular e promover os conteúdos de cunho religioso, moral e ideológico autorizados contratualmente pelos pais ou responsáveis pelos estudantes."* –, não há cogitar de invasão da competência privativa da União para legislar sobre direito civil (CF, art. 22, I). A toda evidência, o dispositivo apenas explicita, para evitar mal-entendidos, que a lei não limita, nem poderia limitar, a liberdade dos pais e das instituições de que trata o art. 20, III, da LDB (*"escolas particulares que atendem a orientação confessional e ideologia específicas"*) de ajustarem contratualmente os conteúdos de cunho religioso, moral e ideológico que serão transmitidos aos alunos. Trata-se de norma meramente expletiva, de viés consumerista, que enfatiza a importância do contrato de prestação de serviços, com o objetivo de prevenir a ocorrência de conflitos.

No tocante ao artigo 4º – que torna obrigatória a afixação de cartazes nas salas de aula e nas salas dos professores –, a competência legislativa do Estado e do Município é manifesta, tanto à luz do disposto nos artigos 24, XV, 25, *caput*, e § 1º, e 30, I e II, quanto à luz dos artigos 23, I, e 227, *caput*, da Constituição. Como já observamos, a medida prevista no artigo 4º é apenas uma forma de zelar pela guarda da Constituição, das leis e do patrimônio público; e de prevenir a ocorrência de violação de direitos das crianças e adolescentes que frequentam as escolas pertencentes aos sistemas estaduais e municipais de ensino (ECA, art. 70).

Inexistência de vício de iniciativa

As matérias sujeitas à iniciativa privativa do Chefe do Poder Executivo estão previstas, taxativamente (*numerus clausus*), no artigo 61, § 1º, da Constituição Federal. Esse dispositivo – de aplicação obrigatória a Estados e Municípios, segundo a pacífica jurisprudência do STF – estabelece que são de iniciativa privativa do Presidente da República (e, consequentemente, dos Governadores e Prefeitos) as leis que:

"I – fixem ou modifiquem os efetivos das Forças Armadas;

II – disponham sobre:

a) criação de cargos, funções ou empregos públicos na administração direta e autárquica ou aumento de sua remuneração;

b) organização administrativa e judiciária, matéria tributária e orçamentária, serviços públicos e pessoal da administração dos Territórios;

c) servidores públicos da União e Territórios, seu regime jurídico, provimento de cargos, estabilidade e aposentadoria;

d) organização do Ministério Público e da Defensoria Pública da União, bem como normas gerais para a organização do Ministério Público e da Defensoria Pública dos Estados, do Distrito Federal e dos Territórios;

e) criação e extinção de Ministérios e órgãos da administração pública, observado o disposto no art. 84, VI;

f) militares das Forças Armadas, seu regime jurídico, provimento de cargos, promoções, estabilidade, remuneração, reforma e transferência para a reserva."

Ora, o Programa Escola sem Partido evidentemente não trata das matérias referidas no inciso I e nas alíneas "a", "b", "d", "e" e "f" do inciso II.

Quanto à alínea "c" do inciso II, é também manifesto que ela não incide no caso em exame, uma vez que as normas veiculadas nos anteprojetos não dizem respeito aos servidores públicos e seu regime jurídico, e sim a princípios que regem a administração pública e a direitos subjetivos dos usuários dos serviços prestados pelas escolas.

Cuida-se, como já se observou, de normas de hierarquia constitucional destinadas a regular as relações dos professores com os usuários de serviços prestados pelos Estados e Municípios por seu intermédio; e não de regras funcionais destinadas a regular as relações jurídicas desses servidores com a administração pública.

Seja como for, o Programa Escola sem Partido não cria para os professores, enquanto servidores públicos, nenhuma obrigação que eles já não tenham por força da Constituição Federal, da CADH, e do ECA. Na verdade, ele apenas explicita deveres que correspondem a direitos que os estudantes e seus pais ou responsáveis já possuem.

O objetivo da proposta é prevenir a violação desses direitos, informando os alunos sobre a existência dos deveres que lhes correspondem. A iniciativa das leis que visem à proteção dos direitos da criança e do adolescente também não está reservada ao Chefe do Poder Executivo.

Inexistência de proibição de aumento de despesa

Persiste em algumas casas legislativas do país a crença de que projeto de lei de iniciativa parlamentar não pode acarretar aumento de despesa. Esse anacrônico entendimento tem sua origem no art. 57, II, da Emenda Constitucional 1/69, que previa a seguinte disciplina:

> *Art. 57. É da competência exclusiva do Presidente da República a iniciativa das leis que:*
>
> *II – criem cargos, funções ou empregos públicos ou aumentem vencimentos ou a despesa pública;*

A Constituição de 1988, todavia, não repetiu essa regra, limitando-se a estabelecer que:

> *Art. 63. Não será admitido aumento da despesa prevista:*
>
> *I – nos projetos de iniciativa exclusiva do Presidente da República, ressalvado o disposto no art. 166, § 3º e § 4º;*

O que se proíbe nesse dispositivo é que, *"nos projetos de iniciativa exclusiva do Presidente da República"*, as emendas apresentadas pelo legislativo acarretem aumento de despesa.

Não existe, portanto, na Constituição de 1988, nenhuma proibição a que projeto de lei de iniciativa parlamentar – que trate, portanto, de matéria não prevista no artigo 61, § 1º, da Lei Maior – possa acarretar aumento de despesa.

Nesse sentido se orienta a pacífica jurisprudência do Supremo Tribunal Federal, como se vê dos precedentes cujas ementas se transcrevem:

> *AÇÃO DIRETA DE INCONSTITUCIONALIDADE. ARTIGOS 1º, 2º E 3º DA LEI Nº 50, DE 25 DE MAIO DE 2.004, DO ESTADO DO AMAZONAS. TESTE DE MATERNIDADE E PATERNIDADE. REALIZAÇÃO GRATUITA. EFETIVAÇÃO DO DIREITO À ASSISTÊNCIA JUDICIÁRIA. LEI DE INICIATIVA PARLAMENTAR QUE CRIA DESPESA PARA O ESTADO-MEMBRO. ALEGAÇÃO DE INCONSTITUCIONALIDADE FORMAL NÃO ACOLHIDA. (...)*
>
> *1. Ao contrário do afirmado pelo requerente, a lei atacada não cria ou estrutura qualquer órgão da Administração Pública local. Não procede a alegação de que qualquer projeto de lei que crie despesa só poderá ser proposto pelo Chefe do Executivo. As hipóteses de limitação da iniciativa parlamentar estão previstas, em numerus clausus, no artigo 61 da Constituição do Brasil – matérias relativas ao funcionamento da*

Administração Pública, notadamente no que se refere a servidores e órgãos do Poder Executivo. Precedentes. (...)

(ADI 3394, Rel. Min. Eros Grau, DJe de 24.08.2007)

* * *

Ação direta de inconstitucionalidade. Lei Complementar nº 11.530, de 21 de setembro de 2000, do Estado do Rio Grande do Sul. Inclusão do Município de Santo Antônio da Patrulha na Região Metropolitana de Porto Alegre. Vício de iniciativa. Inexistência. Improcedência do pedido.

1. (...)

2. O impedimento constitucional à atividade parlamentar que resulte em aumento de despesa (art. 63, I, CF/88) só se aplica aos casos de iniciativa legislativa reservada. Ademais, conforme esclarece a Assembleia Legislativa, a inclusão de município na região metropolitana não gera aumento de despesa para o Estado, uma vez que "a dotação orçamentária está vinculada à própria região metropolitana, independentemente do número de municípios que a integrem, sendo irrelevante, portanto, a inclusão posterior de Município da região em comento".

(ADI 2803, Rel. Min. Dias Toffoli, DJe de 19.12.2014)

* * *

Recurso extraordinário com agravo. Repercussão geral. 2. Ação Direta de Inconstitucionalidade estadual. Lei 5.616/2013, do Município do Rio de Janeiro. Instalação de câmeras de monitoramento em escolas e cercanias. 3. Inconstitucionalidade formal. Vício de iniciativa. Competência privativa do Poder Executivo municipal. Não ocorrência. Não usurpa a competência privativa do chefe do Poder Executivo lei que, embora crie despesa para a Administração Pública, não trata da sua estrutura ou da atribuição de seus órgãos nem do regime jurídico de servidores públicos. 4. Repercussão geral reconhecida com reafirmação da jurisprudência desta Corte. 5. Recurso extraordinário provido.

(ARE 878.911, Rel. Min. Gilmar Mendes, DJe de 11,10.2016).

Vale citar a respeito da matéria o estudo de José Maurício Conti:[5]

Não se pode aceitar, por conseguinte, em face do texto constitucional vigente, a tese de que são de iniciativa reservada do Chefe do Poder Executivo as leis que disponham sobre 'aumento de despesa', conforme entendimento construído sob a égide do orde-

[5] Conti, José Maurício, "Iniciativa legislativa em matéria financeira", *in* Orçamentos públicos e direito financeiro; Editora Revista dos Tribunais.

namento jurídico já não mais em vigor, sustentado em disposição constitucional hoje inexistente.

(...)

Ademais, como já explicitado, a iniciativa reservada é hipótese excepcional, só admissível em face de texto constitucional explícito, e não há dispositivo constitucional ou legal em vigor que reserve ao Chefe do Poder Executivo a iniciativa legislativa em caso de aumento de despesa.

Não sendo cabível interpretação ampliativa na hipótese, e não havendo também argumentos consistentes para tal interpretação, como se demonstrou, é forçoso reconhecer ser concorrente a iniciativa em projetos de lei que aumentem a despesa, ou seja, trata-se de iniciativa legislativa geral. (...)

Não há vedação expressa à iniciativa legislativa para tais hipóteses, o que por si só impede reconhecer ser ela privativa do Chefe do Poder Executivo. Acrescente-se que restringir a iniciativa legislativa nestes casos ao Chefe do Poder Executivo implica transferir-lhe a quase totalidade do poder de iniciar o processo legislativo, tornando, na prática, a exceção, que é a iniciativa reservada, em regra; e a regra, que é a iniciativa geral, em exceção.

Mesmo que eventuais projetos de lei que instituam programas, ações governamentais e políticas públicas em geral não tenha como conter previsão dos exatos recursos disponíveis, até pela inviabilidade prática de fazê-lo, uma vez que nem sempre se terá a exata dimensão deles, isto não altera o aspecto subjetivo da iniciativa legislativa. Continuará sendo geral, admitindo-se a multiplicidade de órgãos e pessoas que possam exercê-la.

Não existe, portanto, inconstitucionalidade formal na regra que prevê a afixação de cartazes nas salas de aula das escolas públicas pertencentes aos sistemas estadual e municipal de ensino.

Constitucionalidade material

Afastadas as principais objeções à constitucionalidade formal dos projetos de lei estadual e municipal de iniciativa parlamentar que instituem o Programa Escola sem Partido no âmbito dos seus respectivos sistemas de ensino, cabe demonstrar que suas normas não contrariam materialmente nenhum dispositivo da Constituição Federal.

Para isso, nada é mais simples e apropriado do que o argumento *ad absurdum*: para se considerar que os deveres previstos no projeto são inconstitucionais, é necessário supor que a Constituição Federal garante aos professores:

- o direito de se aproveitar da audiência cativa dos alunos para promover os seus próprios interesses, opiniões, concepções ou preferências ideológicas, religiosas, morais, políticas e partidárias;
- o direito de favorecer, prejudicar ou constranger os alunos em razão de suas convicções políticas, ideológicas, morais ou religiosas, ou da falta delas;
- o direito de fazer propaganda político-partidária em sala de aula, e incitar os alunos a participar de manifestações, atos públicos e passeatas;
- o direito de omitir ou distorcer teorias, opiniões e pontos de vista discordantes dos seus;
- o direito de transmitir aos filhos dos outros as suas próprias convicções religiosas e morais; e
- o direito de permitir que estudantes ou terceiros também exerçam, dentro da sala de aula, os direitos assegurados nos itens anteriores.

A monstruosidade dessa suposição fala por si. Com efeito, se esses direitos fossem garantidos pela Constituição Federal,

- a liberdade de consciência e de crença dos alunos, *seria letra morta;*
- a neutralidade política, ideológica e religiosa do Estado, *seria letra morta;*
- a liberdade de aprender dos alunos, *seria letra morta;*
- a garantia do pluralismo de ideias, *seria letra morta;*
- o direito dos pais dos alunos sobre a educação religiosa e moral dos seus filhos, *seria letra morta.*

Ou seja, se o Programa Escola sem Partido fosse materialmente inconstitucional, os professores teriam o direito de exercer um poder tirânico em sala de aula, e tanto os estudantes como seus pais seriam obrigados a se submeter, como vêm de fato se submetendo por pura falta de conhecimento jurídico; por ignorar a existência dos deveres previstos nos anteprojetos de lei. É esse *déficit* inaceitável de cidadania que o Programa Escola sem Partido pretende eliminar.

Evidentemente, os anteprojetos só poderiam ser acusados de impor uma *restrição desproporcional* aos direitos dos professores – como pretendem alguns –, se os professores *tivessem* aqueles direitos. Mas é claro que eles não os têm, nunca tiveram e jamais poderão vir a tê-los.

Vale tecer algumas considerações sobre o artigo 12, 4, da CADH – repetido, quase literalmente, nos anteprojetos de lei –, uma vez que a vigência e o alcance desse dispositivo têm sido questionadas por setores militantes do Ministério Público Federal, com base no Protocolo Adicional à Convenção Americana sobre Direitos Humanos, promulgado pelo Decreto nº 3.321/99.

Trata-se no citado dispositivo de regra cuja existência deriva necessariamente dos artigos 226, *caput*, e 229 da Constituição:

> *Art. 226. A família, base da sociedade, tem especial proteção do Estado.*
>
> *Art. 229. Os pais têm o dever de uma assistir, criar e educar os filhos menores, e os filhos maiores têm o dever de ajudar e amparar os pais na velhice, carência ou enfermidade.*

Como já se observou, se a família desfruta de *especial proteção* do Estado, a lei não poderia deixar de reconhecer e assegurar aos pais o direito *natural* de dirigir a educação religiosa e moral dos seus filhos. Por outro lado, o dever dos pais de *criar e educar* os filhos menores, implica necessariamente o direito de fazê-lo de acordo com suas próprias convicções religiosas e morais. Ou seja: haveria uma patente inconstitucionalidade *por omissão* se o artigo 12, 4, da CADH, não existisse.

Com efeito, sem essa prerrogativa dos pais a família não sobreviveria. Se os pais ensinam aos seus filhos que *"isso é pecado"*, mas na escola eles aprendem com seus professores que *"pecado não existe"* – ou vice-versa –, qual a chance de os filhos respeitarem seus pais? E, se não os respeitam, qual a chance de haver alguma harmonia no seio da família? Argumenta-se que as crianças já sofrem influências das amizades, dos meios de comunicação, etc. Não há dúvida. Mas será desejável aumentar ainda mais as fontes de turbulência familiar? Em todo caso, as amizades e os meios de comunicação não são obrigatórios, mas a escola é. Por isso, só ela está em condições reais de disputar com os pais a autoridade religiosa e moral sobre seus filhos.

Além disso, como observa Armindo Moreira,[6]

> *Um aluno, até seus 15 anos, terá tido, no mínimo, 20 professores. Entre esses, é natural que surjam: religiosos e ateus; fanáticos, moderados e indiferentes – para com*

[6] *Professor não é educador*, 3ª ed., p. 8, Cascavel-PR, 2012.

Deus e para com a Pátria; preguiçosos e trabalhadores; competentes e incompetentes; castos, desregrados e homossexuais; sóbrios e viciados; disciplinados e revoltados. Será que um ser humano pode ser educado[7] *por uma turma tão contrastante e contraditória em hábitos e convicções? É evidente que não! (...) Se os professores quiserem influir na formação moral e cívica dos alunos, terão de o fazer com suas virtudes e com seus defeitos – e na consciência do educando ficará um feixe de contradições, um caos.*

É, portanto, na defesa da sanidade e da integridade psíquica e moral dos filhos que a legislação, sabiamente, reserva aos pais o direito de dirigir-lhes a educação religiosa e moral. Nesse sentido também estabelece o artigo 22, parágrafo único, do ECA, uma lei protetiva dos direitos da criança e do adolescente:

Parágrafo único. A mãe e o pai, ou os responsáveis, têm direitos iguais e deveres e responsabilidades compartilhados no cuidado e na educação da criança, devendo ser resguardado o direito de transmissão familiar de suas crenças e culturas, assegurados os direitos da criança estabelecidos nesta Lei.

Cumpre ter em vista, por fim, que são os pais, e não os professores ou os funcionários do MEC e das secretarias de educação, que terão de arcar com as consequências jurídicas do mau comportamento dos seus filhos menores. Eles é que pagarão a conta dos prejuízos que seus filhos vierem a causar. Portanto, além de natural e justo, é lógico que seja deles, e de mais ninguém, o direito de dizer aos seus filhos o que é certo e o que é errado em matéria de religião e de moral. *Meus filhos, minhas regras.*

É óbvio que não se trata de um direito absoluto. É óbvio que o direito dos pais deve ser exercido em conformidade com a lei e no melhor interesse dos filhos. Mas também é óbvio que a regra do artigo 12, 4, da CADH, existe principalmente no interesse dos filhos, e só pode ser afastada em situações comprovadamente lesivas à sua segurança e bem-estar.

Pois bem. É apenas isso o que estabelece o mencionado Protocolo Adicional à Convenção Americana sobre Direitos Humanos, ao prescrever no artigo 13, itens 2 e 3, que:

[7] Para Armindo Moreira, educar é *"promover, na pessoa, sentimentos e hábitos que lhe permitam adaptar-se e ser feliz no meio em que há de viver"*; e instruir é *"proporcionar conhecimentos e habilidades que permitam à pessoa ganhar seu pão e seu conforto com facilidade"*.

> *2. Os Estados Partes neste Protocolo convêm em que a educação deverá orientar-se para o pleno desenvolvimento da personalidade humana e do sentido de sua dignidade e deverá fortalecer o respeito pelos direitos humanos, pelo pluralismo ideológico, pelas liberdades fundamentais, pela justiça e pela paz. Convêm, também, em que a educação deve capacitar todas as pessoas para participar efetivamente de uma sociedade democrática e pluralista, conseguir uma subsistência digna, favorecer a compreensão, a tolerância e a amizade entre todas as nações e todos os grupos raciais, étnicos ou religiosos e promover as atividades em prol da manutenção da paz.*
>
> 3. (...)
>
> *De acordo com a legislação interna dos Estados-Partes, os pais terão direito a escolher o tipo de educação que deverá ser ministrada aos seus filhos, desde que esteja de acordo com os princípios enunciados acima.*

Basta ler o dispositivo para concluir que ele não revoga o artigo 12, 4, da CADH – nem poderia fazê-lo sem ofender manifestamente os artigos 226, *caput*, e 229, da Constituição Federal. Vale dizer: o Protocolo Adicional não transferiu ao Estado, e muito menos à sua burocracia, o direito dos pais sobre a educação religiosa e moral dos seus filhos. A regra geral continua a ser aquela que garante aos pais o direito a que seus filhos *recebam* a educação religiosa e moral que esteja de acordo com suas próprias convicções. O Estado só pode intervir em situações particulares, caso haja indícios concretos de que o tipo de educação escolhida pelos pais é incompatível com os objetivos enunciados no item 2.

De todo modo, o princípio constitucional da laicidade já seria suficiente para impedir que instituições públicas de ensino sejam usadas para promover valores, comportamentos e atitudes objetivamente *hostis* à moralidade dessa ou daquela religião. É que, como se sabe, as religiões não se constituem apenas de narrativas, ritos e dogmas; elas também possuem a sua *moralidade*. A moralidade cristã, por exemplo, é indissociável da religião cristã. Portanto, se o Estado deve ser neutro em relação a todas as religiões, como impõe o princípio da laicidade, não podem os professores se aproveitar dos seus cargos para atacar, de forma direta ou indireta, os valores e os sentimentos morais associados a determinada tradição religiosa, por mais que eles se choquem com suas próprias convicções ou as convicções dos governantes de turno.

Quanto ao artigo 4º dos anteprojetos, não há nada na Constituição Federal que impeça uma lei estadual ou municipal de tornar obrigatória a afixação de cartazes nas salas de aula das escolas pertencentes ao sistema de ensino do próprio Estado e do próprio Município. A finalidade do cartaz é demarcar, no espaço compartilhado da sala de aula, os limites jurídicos da atividade docente, assegurando que os estudantes do ensino fundamental e médio possam se certificar, a cada momento e nas mais variadas circunstâncias, dos direitos que a Constituição, a CADH e o ECA lhes garantem. Conhecer os próprios direitos é questão de estrita cidadania.

O artigo 5º, como já se observou, se limita a explicitar a liberdade contratual das escolas particulares e dos usuários dos serviços que elas prestam: a Constituição Federal não impede os pais de compartilhar com as escolas particulares seu direito sobre a educação religiosa e moral dos seus filhos.

Por fim, o artigo 6º apenas declara que os preceitos, princípios e garantias constitucionais e legais referidos no projeto são aplicáveis a outros domínios da educação, compreendidos na competência dos Estados e dos Municípios.

Conclui-se, portanto, que o Programa Escola sem Partido não padece de nenhuma inconstitucionalidade material.

Inverdades e equívocos sobre o programa Escola sem Partido

Diante da patente dificuldade em articular argumentos jurídicos contrários à proposta do Movimento Escola sem Partido, seus adversários vêm utilizando para atacá-la a conhecida *"falácia do espantalho"*: distorcem seu conteúdo para tentar convencer os desavisados de que ela é incompatível com a Lei Maior. Examinamos a seguir algumas dessas inverdades.

Afirma-se que a proposta impede o professor de falar sobre política. Se fosse verdade, os anteprojetos seriam inconstitucionais, por cerceamento à liberdade de aprender e de ensinar. Mas é falso. O artigo 3º, IV, é expresso: *"ao tratar de questões* políticas, *socioculturais e econômicas, o professor apresentará aos alunos..."*.

Afirma-se que a proposta impede o professor de ensinar a teoria da evolução. Se fosse verdade, haveria inconstitucionalidade por cerceamento à liberdade de aprender e de ensinar. Mas é falso. O professor tem o dever de ensinar a teoria da evolução; só não pode fazê-lo de forma dogmática, como se infere do artigo 3º, IV, dos anteprojetos de lei; nem aproveitar-se do tema para ridicularizar a crença dos alunos no relato bíblico da criação, como prescreve o inciso II do mesmo dispositivo.

Afirma-se que a proposta impede o professor de abordar as questões de gênero. Se fosse verdade, a liberdade de aprender dos alunos estaria sendo cerceada. Mas é falso. O que a proposta não permite é que seja adotada qualquer forma de dogmatismo ou proselitismo na abordagem das questões de gênero. Ou seja: ao tratar dessas questões, o professor deve observar a regra do artigo 3º, IV, dos anteprojetos: *"apresentar aos alunos, de forma justa – isto é, com a mesma profundidade e seriedade – as principais versões, teorias, opiniões e perspectivas concorrentes a respeito da matéria"*.

Em resumo, o Programa não interdita nem poderia interditar o ensino científico de nenhum conteúdo, cabendo às autoridades competentes a tarefa de definir, em conformidade com a legislação aplicável, aquilo que deve ser ensinado nas escolas.

Afirma-se que a proposta impede o professor de opinar sobre as questões que constituem o objeto da sua disciplina. Se fosse verdade, a liberdade de ensinar do professor estaria sendo cerceada. Mas é falso. O Programa não impede o professor de dar sua opinião, mas apenas de tentar impô-la como verdade aos alunos, omitindo ou desqualificando outras opiniões relevantes.

Afirma-se que a proposta representa uma intervenção estatal na educação. Falso. O ensino obrigatório é que representa uma gigantesca intervenção estatal na vida dos indivíduos e suas famílias. O Programa Escola sem Partido apenas explicita os marcos jurídicos dessa intervenção, com o objetivo de impedir o abuso de poder por parte dos agentes do Estado, e de proteger os direitos da parte mais fraca, como determina o art. 70 do ECA: *"É dever de todos prevenir a ocorrência de ameaça ou violação dos direitos da criança e do adolescente."*

Afirma-se que os casos de doutrinação são isolados, e que por isso a medida seria desnecessária. Nada mais falso. As evidências do caráter sistêmico do problema são abundantes e irrefutáveis. São fatos notórios que ninguém mais tem direito de ignorar. Mas ainda que não fossem; ainda que existissem meros indícios de que as escolas poderiam estar sendo usadas para fins de doutrinação ideológica e de propaganda política e partidária; ainda assim, o poder público teria o dever de agir *preventivamente* com o objetivo de impedir a ocorrência de ameaça ou violação dos direitos fundamentais da criança e do adolescente, conforme os artigos 227, *caput*, da CF, e 70 do ECA.

Afirma-se que a proposta ignora o fato de que *"não existe neutralidade na ciência"*. Trata-se, aqui, de mera tentativa de mistificação, que confunde miseravelmente o plano do *ser* com o do *dever ser*. O *fato* de a perfeita neutralidade na ciência ser um ideal inatingível não exime o professor do *dever* a todos imposto de cumprir a Constituição, respeitando a liberdade de consciência e de crença dos alunos, o pluralismo de ideias, a impessoalidade, o direito dos pais sobre a educação religiosa e moral dos seus filhos etc. Usar esse argumento para justificar a doutrinação é como tentar justificar o roubo pela existência da cobiça.

Afirma-se que os deveres previstos nos anteprojetos são vagos, criando situação de insegurança jurídica para os professores. Não é verdade. O caráter ilícito das condutas descritas na proposta é inequívoco. Mais que isso: a percepção de que se está diante de práticas abusivas é intuitiva. Seria obviamente impossível e incompatível com a exigência de abstração das regras jurídicas em geral, enumerar de forma pormenorizada as infinitas ações capazes de afrontar os princípios e garantias constitucionais que embasam o Programa. Em caso de dúvida sobre a licitude de determinada abordagem em sala de aula, o professor deve agir com redobrada prudência para não acabar violando os direitos dos seus alunos. Afinal, prudência é o mínimo que se espera dos profissionais que têm sob sua guarda e autoridade indivíduos vulneráveis em processo de formação. Em todo caso, nada impede um professor de gravar suas aulas para se precaver contra acusações infundadas.[8]

Afirma-se que a proposta impõe uma *censura* ao professor. Mas isso também é falso. Não pode haver censura onde não existe liberdade de expressão; e não existe liberdade de expressão no exercício da atividade docente. Se existisse, o professor não seria obrigado (como é) a transmitir

[8] Um arquivo MP3 com uma taxa de compressão 128Kbs (qualidade próxima à de um CD) ocupa aproximadamente 0,92Mb/min. Logo, um HD externo de 1Tb (com custo aproximado de R$ 250,00) tem capacidade para arquivar mais de 21 mil aulas de 50 minutos.

aos alunos o conteúdo da sua disciplina; poderia passar o tempo todo de todas as aulas em silêncio ou discorrendo sobre os mais variados assuntos. Nisso consiste, afinal, a liberdade de expressão: no direito de dizer qualquer coisa sobre qualquer assunto. Se os professores tivessem esse direito, a liberdade de consciência e de crença dos alunos, cuja presença em sala de aula é obrigatória, seria letra morta. Nada impediria um professor cristão de usar suas aulas para catequizar os alunos, nem um professor marxista de tentar persuadi-los de que a religião é ópio do povo. Por isso, o que a Constituição assegura aos professores é a liberdade de ensinar (ou *de cátedra*). Essa liberdade, porém, evidentemente não confere ao professor o direito de praticar as condutas vedadas no Programa Escola sem Partido.

> *Em uma sala de aula* – ensinava Max Weber –, *a palavra é do professor, e os estudantes estão condenados ao silêncio. Impõem as circunstâncias que os alunos sejam obrigados a seguir os cursos de um professor, tendo em vista a futura carreira; e que ninguém dos presentes a uma sala de aula possa criticar o mestre. É imperdoável a um professor valer-se dessa situação para buscar incutir em seus discípulos as suas próprias concepções políticas, em vez de lhes ser útil, como é de seu dever, através da transmissão de conhecimento e de experiência científica*

Ensino religioso

Por fim, o Programa Escola sem Partido nada tem a ver com o ensino religioso, de que trata o artigo 210, § 1º, da Constituição, segundo o qual *"o ensino religioso, de matrícula facultativa, constituirá disciplina dos horários normais das escolas públicas de ensino fundamental"*. O que se explicita na proposta é a proibição de que, fora dessa hipótese – em que, repita-se, a matrícula é facultativa –, o professor se aproveite da presença obrigatória dos alunos em sala de aula para promover suas próprias concepções, opiniões ou preferências religiosas. A proposta ressalva, porém (e não poderia deixar de fazê-lo), o direito das escolas *particulares* confessionais de promover os conteúdos religiosos, morais e ideológicos autorizados contratualmente pelos pais ou responsáveis pelos estudantes.

Conclusão

Como pensamos haver demonstrado, o Programa Escola sem Partido não é inconstitucional. Inconstitucional é o uso ideológico, político e partidário do sistema de ensino; inconstitucionais, além de covardes e antiéticas, são as práticas que ele pretende coibir.

Nota do coordenador:

Cumpre informar que o autor esteve presente no 1º Encontro de Combate à Improbidade, realizado nos dias 24 e 25 de agosto de 2017 pelo Centro Acadêmico Oswaldo Aranha – CAOA, no Tribunal de Contas do Estado do Amazonas em Manaus, e sua esclarecedora palestra, que menciona a Lei de improbidade administrativa, está disponível no Youtube, pelo https://www.youtube.com/watch?v=IsqqHmTI0UE ou através do QR Code

Posteriormente, mas antes do fechamento da primeira edição deste livro, a associação Escola Sem Partido obteve vitória no TRF-1, e em seguida no STF. A decisão que proibiu nota zero nas redações do ENEM que “desrespeitam os direitos humanos”, na edição de 2017, foi mantida pelo Supremo Tribunal Federal.

4. A Improbidade Administrativa e a Realidade Brasileira: do Modelo Ineficiente à Cultura do Espetáculo

Jorge Ulisses Jacoby Fernandes

O modelo jurídico brasileiro está pautado em um complexo sistema de relações institucionais que supera a simples análise das bases jurídicas e constitucionais que o fundam para entendê-lo. Também não adiantaria conhecer e analisar as mais de 5 milhões de normas editadas. Para além do direito positivado, é preciso ampliar o olhar para aspectos sociais e culturais para entender como funciona o ordenamento jurídico brasileiro.

A forma como se lida no Brasil com a independência dos poderes constituídos e com os reflexos sociais das ações exige uma análise ampla, inclusive sob o ponto de vista discursivo. É necessário avaliar, assim, como os tribunais e os julgadores respondem aos clamores populares e se relacionam com o que se chama popularmente de opinião pública.Em um ambiente democrático, a participação popular é fundamental para a prevalência dos interesses de todos. Afinal, conforme inscrito no próprio texto constitucional brasileiro vigente, todo o poder emana do povo. Não por outro motivo, destaca-se sempre o valor do controle social, sendo este, inclusive, entendido como o primeiro e o mais valioso de todos os controles realizados sobre a atuação estatal.

O controle social é aquele que remove o cidadão de sua letargia e o traz para o interior da discussão política na Administração Pública. É aquele que promove a participação dos usuários do serviço público na avaliação deste e a reflete na tomada de decisões dos gestores. Esse tipo de controle é capaz de produzir profundas modificações políticas e sociais. Sob esse ângulo, é possível entender que a opinião pública possui grande valor nos rumos que o Estado deve seguir.

No Brasil, porém, os espectros são mais diversos, e nenhuma leitura deve ser feita de maneira unidimensional. Por muitas situações, confunde-se no sistema a opinião pública com a opinião publicada. Isto é, observa-se que nem sempre o que a população efetivamente pensa de um fato é refletido nos meios de comunicação.

Não é raro acompanharmos a massificação de alguns assuntos pela imprensa brasileira em busca apenas de visibilidade para o fato e ganhos comerciais. Sem o compromisso com a fidedignidade dos fatos ou com o direito à intimidade, devassam-se vidas e reputações, expondo atores sociais ao prévio julgamento público, sem, ao menos, dar-lhe o direito à defesa ou à apresentação de sua versão dos fatos. É uma violação a cláusulas pétreas e garantias previstas, inclusive, no art. 5º da Constituição.

Esquece-se, com tais atos, que os meios de comunicação, como empresas que são, possuem interesses particulares, sejam eles comerciais, financeiros ou até políticos, e usarão os instrumentos que possuem para serem ouvidos. Muitas vezes, o discurso reproduzido pelos meios de imprensa refletem o interesse do empresário, distanciando-se do interesse da própria sociedade.

Assim, um segundo aspecto salta aos olhos: observa-se, por diversas ocasiões, que o Legislativo atua por pressão, dissociado dos interesses mais urgentes da sociedade e buscando uma reposta conveniente àqueles assuntos em voga e que logo serão superados pela nova manchete da semana.

Um claro exemplo de tal situação se deu com a edição da Lei nº 12.737/2012, que ficou popularmente conhecida como Lei Carolina Dieckman, voltada para a punição de crimes digitais. A observação paira no fato de que foi necessária a ocorrência de um crime com alguém famoso para que os alto falantes da imprensa abordassem o tema e movimentasse os nossos legisladores.

A pressão provocada no Legislativo motiva as ações. Embora essa ideia possa soar como uma descrição de um modelo ideal de participação popular, o que se enxerga, de fato, são ações por conveniência. O que prevalece, assim, é a opinião publicada. É aquilo que os meios de comunicação têm interesse em expor. Se estiver de acordo com o que a população efetivamente anseia, vantagem para todos. Caso contrário, a opinião publicada será levada em consideração pelos parlamentares em detrimento da opinião pública.

Diante de todo esse cenário, pergunta-se: por que, no Brasil, a improbidade tem tratamento diferente? Essa indagação somente pode ser respondida ao se observar o sistema judiciário.

A limitação dos tribunais e a impunidade

A Lei nº 8.429, de 02 de junho de 1992, popularmente conhecida como Lei de Improbidade Administrativa, estabeleceu os atos praticados pelos agentes públicos considerados como improbidade administrativa e as sanções decorrentes dessas práticas. Além de elencar os atos, a norma estabelece o procedimento administrativo e judicial para o processamento das acusações de improbidade administrativa.

A norma, inclusive, é cautelosa ao tratar dos casos de denúncia contra agente públicos por atos de improbidade:

> Art. 19. Constitui crime a representação por ato de improbidade contra agente público ou terceiro beneficiário, quando o autor da denúncia o sabe inocente.
>
> Pena: detenção de seis a dez meses e multa.
>
> Parágrafo único. Além da sanção penal, o denunciante está sujeito a indenizar o denunciado pelos danos materiais, morais ou à imagem que houver provocado.[1]

À primeira vista, pode-se inferir que o problema da improbidade administrativa no Brasil não está em um possível vácuo normativo. Efetivamente, há leis descrevendo e estabelecendo as penas cabíveis para aqueles que cometem tais atos. E onde estão, então, as razões para os atos de improbidade que diuturnamente acontecem?

Uma hipótese que pode ser levantada sobre o tema trata da possível sensação de impunidade que acompanha os relatos sobre atos de improbidade. E essa sensação está diretamente ligada à morosidade do Judiciário em apreciar as ações que versam sobre a matéria.

[1] BRASIL. Lei nº 8.429, de 02 de junho de 1992. Dispõe sobre as sanções aplicáveis aos agentes públicos nos casos de enriquecimento ilícito no exercício de mandato, cargo, emprego ou função na administração pública direta, indireta ou fundacional e dá outras providências. Disponível em: <http://www.planalto.gov.br/Ccivil_03/leis/L8429.htm>. Acesso em: 20 jan. 2018.

A morosidade do Judiciário é um problema sistêmico. No Brasil, acumula-se nas varas uma enormidade de ações, exigindo dos magistrados um trabalho hercúleo para conseguir julgar todos aqueles processos existentes e dar uma resposta à sociedade. Em muitos casos notórios, inclusive, a demora no julgamento leva o crime a ser atingido pela prescrição e o acusado a não ser condenado em razão do decurso do tempo e do fim da pretensão punitiva estatal.

O Judiciário brasileiro, porém, não está alheio a tal situação. O Conselho Nacional de Justiça, por exemplo, divulgou estudo em que destaca que o Poder Judiciário brasileiro finalizou o ano de 2016 com 79,7 milhões de processos em tramitação. E os relatos são surpreendentes:

> Em 2016, cada juiz brasileiro solucionou 1,749 mil processos, mais de sete por dia. O número de casos sentenciados registrou a mais alta variação da série histórica. No último ano, o número de sentença e decisões cresceu 11,4%. Em 2016, magistrados e servidores conseguiram a marca de 30,8 milhões de casos julgados. A taxa de congestionamento, que mede o percentual de processos em tramitação que não baixou durante 2016, permanece alta, com percentual de 73%. Isso quer dizer que foram solucionados apenas 27% de todos os processos. A taxa de congestionamento líquida, que desconsidera casos suspensos, sobrestados ou em arquivo provisório aguardando alguma situação jurídica futura, também se mantém alta, em 69,3%.[2]

Com a entrada em vigor do Código de Processo Civil – CPC de 2015, o instrumento de Incidente de Resolução de Demandas Repetitivas trouxe uma tentativa de reduzir o alto grau de processos, juntando-os para julgamento único. Os tribunais começaram a se adequar a essa nova sistemática e já começaram a julgar os primeiros incidentes.

Houve também uma ampla publicação de dados sobre a produtividade dos juízes e o estabelecimento de metas para julgamentos, além da realização de novos concursos para atender às demandas existentes. Todas essas ações foram importantes, mas não suficientes para resolver o problema da morosidade do Judiciário. É uma situação endêmica e que também pode ser observada sob a ótica profissional.

[2] Justiça em Números 2017. **Portal CNJ**. Disponível em: <http://www.cnj.jus.br/files/conteudo/arquivo/2017/09/e5b5789fe59c137d43506b2e4ec4ed67.pdf>. Acesso em: 20 jan. 2018.

O juiz e as suas funções

O número de processos que o juiz brasileiro tem que enfrentar é enorme, como citado acima. E essa divisão é feita ainda de maneira desigual, conforme relatos do CNJ:

> Em 2016, a carga de trabalho de um juiz de primeira instância (7.192 processos) foi quase o dobro de um colega da segunda instância (3.384). A discrepância se repetiu em relação aos servidores – 583 processos para cada servidor do primeiro grau e 263, para aqueles da segunda instância. A disparidade entre o volume de processos que cabe a cada uma das instâncias do Judiciário é praticamente a mesma desde que os números começaram a ser aferidos, em 2009.[3]

Essa produtividade, inclusive, chega a ser surpreendente, caso se considere que, no Brasil, os magistrados precisam, muitas vezes, ocupar funções administrativas e de assessoramento, o que é incompatível com a independência da função judicial. Não deveria o juiz, a despeito de resolver questões administrativas, deixar de exercer a sua típica função de julgar. Além de representar um desvio cabal da função a qual deveria desempenhar, representa um custo exorbitante ao Estado. Paga-se caro para o cumprimento de funções administrativas e não judicantes.

Em suma, o Judiciário devota um terço de sua força de trabalho a questões administrativas. Insiste em comprar seu próprio computador, seu papel, construir com suas próprias equipes seus edifícios. E cada tribunal tem sua própria e desnecessária equipe administrativa. Pouco importa que em um local existam cinco ou oito tribunais; cada um tem sua própria estrutura.

Essas "funções adicionais" impactam ainda mais a capacidade de julgar dos magistrados. Embora se reconheça que a produtividade é relevante em relação às condições em que atuam, há de se entender que, retirando de suas atribuições as atividades que não se relacionam exclusivamente com a atividade de julgar, poderia ser possível ampliar a produtividade do Judiciário.

A questão do sistema judicial não se reflete apenas no sentimento de impunidade. Causando ainda uma sensação de vazio representativo, de

[3] Justiça em Números 2017. **Portal CNJ**. Disponível em: <http://www.cnj.jus.br/files/conteudo/arquivo/2017/09/e5b5789fe59c137d43506b2e4ec4ed67.pdf>. Acesso em: 20 jan. 2018.

questionamentos sobre o sistema democrático. Uma vez que aqueles maus gestores que notoriamente dilapidaram o patrimônio público não são condenados em razão da prescrição de seus crimes, esvazia-se o sentimento de esperança, tão caro para o desenvolvimento do Estado.

Retomando a análise dos aspectos da improbidade administrativa, é fundamental que observemos outros pontos que compõem esse instituto, em especial os aspectos conceituais dos atos descritos.

Punição da violação de um princípio e a reserva legal

O princípio da reserva legal é um princípio basilar do Direito Sancionador, trazendo em si uma garantia à liberdade individual. Tanto na Constituição de 1988 quanto no próprio Código Penal, pode-se encontrar a seguinte formulação: "Não há crime sem lei anterior que o defina; não há pena sem prévia cominação legal".

Se um ato não for descrito claramente como um ilícito, não será possível condenar alguém. E o ato deve ser clarificado no texto legal, sob pena de tornar a subsunção ao tipo penal questionável.

A Lei de Improbidade, porém, estabeleceu a seguinte situação:

> Art. 11. Constitui ato de improbidade administrativa que atenta contra os princípios da administração pública qualquer ação ou omissão que viole os deveres de honestidade, imparcialidade, legalidade, e lealdade às instituições, e notadamente:
>
> I – praticar ato visando fim proibido em lei ou regulamento ou diverso daquele previsto, na regra de competência;
>
> II – retardar ou deixar de praticar, indevidamente, ato de ofício;
>
> III – revelar fato ou circunstância de que tem ciência em razão das atribuições e que deva permanecer em segredo;
>
> IV – negar publicidade aos atos oficiais;
>
> V – frustrar a licitude de concurso público;
>
> VI – deixar de prestar contas quando esteja obrigado a fazê-lo;
>
> VII – revelar ou permitir que chegue ao conhecimento de terceiro, antes da respectiva divulgação oficial, teor de medida política ou econômica capaz de afetar o preço de mercadoria, bem ou serviço.
>
> VIII – descumprir as normas relativas à celebração, fiscalização e aprovação de contas de parcerias firmadas pela administração pública com entidades privadas.

IX – deixar de cumprir a exigência de requisitos de acessibilidade previstos na legislação.[4]

A Lei de Improbidade, assim, estabeleceu punições à violação de princípios, o que é uma ação errônea. Erro, inclusive, sob o ponto de vista filosófico. O Direito levou séculos para conquistar o patamar de ciência e segregar-se da moral e, depois de toda evolução, confunde-se moral e improbidade e se quer punir violação a princípios.

Para fins de honestidade intelectual, destaca-se trecho do livro Lei Anticorrupção, em que o tema já havia sido abordado:

> A exigência de tipificação detalhada e rigorosamente precisa já fez, por exemplo, o Superior Tribunal de Justiça considerar que, sem dolo, a violação da lei ou princípios não pode caracterizar a improbidade. A Lei de Improbidade também visou tutelar elevados valores, mas frustrou esperanças quando inseriu e penalizou a violação de princípios, isoladamente, sem violação da legalidade e sem dano. Normas com caráter penal devem ter prévia e precisa tipificação em lei. Pretender proteger, por exemplo, a moralidade administrativa, sem estabelecer claramente quais atos são imorais, implica abandonar o direito e a segurança jurídica e retornar dois séculos da civilização ocidental, quando não se distinguia a moral do direito.[5]

Fica, assim, uma lacuna normativa que urge em ser preenchida. A punição baseada em princípios abre espaço a questionamentos jurídicos, inclusive em sede de matérias constitucionais, abrindo espaço para recursos até o Supremo Tribunal Federal.

Como se não bastasse a dificuldade ordinária do Judiciário com a grande quantidade de processos existentes, ainda se abre à interpretação

[4] BRASIL. Lei nº 8.429, de 02 de junho de 1992. Dispõe sobre as sanções aplicáveis aos agentes públicos nos casos de enriquecimento ilícito no exercício de mandato, cargo, emprego ou função na administração pública direta, indireta ou fundacional e dá outras providências. Disponível em: <http://www.planalto.gov.br/Ccivil_03/leis/L8429.htm>. Acesso em: 20 jan. 2018.

[5] JACOBY FERNANDES, Jorge Ulisses; Costa, Karina Amorim Sampaio. Breves comentários à lei da responsabilização administrativa e civil de pessoas jurídicas pela prática de atos contra a administração pública, nacional ou estrangeira. In: NASCIMENTO, Melillo Dinis do (Org.). *Lei Anticorrupção Empresarial – Aspectos críticos à Lei nº 12.846/2013.* 1ª ed. Belo Horizonte: Fórum, 2014.

do juiz a possibilidade de reconhecer a violação ou não de um princípio e o posterior questionamento em grau de recurso. Mais tempo de tramitação do processo e maior insegurança jurídica ao acusado. Essa situação, assim, amplia ainda mais a sensação de impunidade em razão de um defeito legislativo.

Espetacularização do processo e afastamento da justiça

Deslocando o olhar dos aspectos materiais da administração do Judiciário e observando-se o aspecto pessoal do magistrado, cumpre realizar algumas ponderações que podem, também, impedir o desenvolvimento das punições dos atos de improbidade. Para adentrar no tema, cabe citar um texto importante e elucidativo de Rubens Casara, denominado "Processo Penal do Espetáculo". Assim o autor esclarece:

> Em meio aos vários espetáculos que se acumulam na atual quadra histórica, estão em cartaz os "julgamentos penais", em que entram em cena, principalmente, dois valores: a verdade e a liberdade. O fascínio pelo crime, em um jogo de repulsa e identificação, a fé nas penas, apresentadas como remédio para os mais variados problemas sociais (por mais que todas as pesquisas sérias sobre o tema apontem para a ineficácia da "pena" na prevenção de delitos e na ressocialização de criminosos), somados a um certo sadismo (na medida em aplicar uma "pena" é, em apertada síntese, impor um sofrimento) fazem do julgamento penal um objeto privilegiado de entretenimento.[6]

No âmbito do processo penal do espetáculo, muitos acusadores se afastaram da realidade dos fatos e utilizaram a lei para a promoção pessoal. O processo virou mero instrumento de autopromoção, dissociado da sua real função para o Estado Democrático de Direito.

> O enredo do "julgamento penal" é uma falsificação da realidade, uma representação social distante da complexidade do fato posto à apreciação do Poder Judiciário. Em apertada síntese, o fato é descontextualizado, redefinido, adquire tons sensacionalistas e passa a ser apresentado, em uma perspectiva maniqueísta, como uma luta entre o bem e o mal, entre os moci-

[6] Casara. Rubens. *Processo Penal do Espetáculo.* Disponível em: <http://jacobyfernandesreolon.adv.br/noticias/processo-penal-do-espetaculo/>. Acesso em 20 jan. 2018.

> nhos e os bandidos. O caso penal passa a ser tratado como uma mercadoria que deve ser atrativa para ser consumida. A consequência mais gritante desse fenômeno passa a ser a vulnerabilidade a que fica sujeito o vilão escolhido para o espetáculo.[7]

O afastamento da realidade fática e da justiça dos fatos apenas promove mais injustiça. Em consequência, puxa a atenção do espectador para os casos de improbidade que, muitas vezes, não atingem os resultados almejados, pois, de fato, ilícitos não houve. Mesmo anunciado as possíveis ações deletérias descritas pelos acusadores, a análise fria dos fatos pelos magistrados demonstra que todo o espetáculo construído não se sustenta à luz das provas produzidas, absolvendo o acusado.

Nesse momento, porém, para o cidadão comum, aquele que não tem acesso aos fatos, sobra a sensação de impunidade, uma vez que não consegue, por leigo que é, absorver os argumentos para a absolvição. Mais fácil é aderir aos argumentos da acusação espetacularizada e da imprensa sensacionalista que da realidade fática.

Por fim, cabe aqui destacar que o Judiciário pune os atos de administração somente na forma dolosa. Sobre o tema, manifestou-se o Superior Tribunal de Justiça – STJ:

> É inadmissível a responsabilidade objetiva na aplicação da Lei nº 8.429/ /1992, exigindo-se a presença de dolo nos casos dos arts. 9º e 11 (que coíbem o enriquecimento ilícito e o atentado aos princípios administrativos, respectivamente) e ao menos de culpa nos termos do art. 10, que censura os atos de improbidade por dano ao Erário.[8]

Mesmo com a clara manifestação da Corte, aqueles que operam o processo sob o ponto de vista do espetáculo simplesmente ignoram a jurisprudência, tentando criar o que seria uma responsabilidade objetiva para a improbidade. Esquece-se que a intenção da conduta do agente é fun-

[7] *Ibidem.*

[8] BRASIL. Superior Tribunal de Justiça. Improbidade Administrativa I. Jurisprudência em Teses. Ed. 38. Disponível em: <http://www.stj.jus.br/internet_docs/jurisprudencia/jurisprudenciaemteses/Jurisprud%C3%AAncia%20em%20teses%2038%20-%20Improb%20Administrativa%20I.pdf>. Acesso em: 20 jan. 2018.

damental para a caracterização da improbidade, observando-se apenas os efeitos ocorridos. Tal conceito se demonstra ilógico.

Um apelo ao Legislativo

Após todo esse percurso, fica claro que a noção de improbidade administrativa no sistema brasileiro é reflexo de uma série de problemas que poderiam ser resolvidos com o auxílio do Legislativo brasileiro. É fundamental que os legisladores estejam atentos a todos os pontos levantados neste texto a fim de produzir normas mais eficientes e que se relacionem com a realidade fática do Judiciário.

Não adianta ter essa infinidade de normas, se pouca ou nenhuma efetividade estas apresentem para a realidade. Para os legisladores, mais importante que estarem atentos ao tema da semana é que se ultrapasse o discurso demagógico e se passe a produzir em prol de mudanças estruturais no sistema judicial e na Administração Pública como um todo.

Há movimentos do Legislativo, por exemplo, na busca pela valorização de meios alternativos para a resolução de conflitos, a fim de desafogar o Judiciário. Esse é apenas um caminho, mas muito pequeno. Há um universo de aperfeiçoamentos que podem ser implantados na Administração Pública a fim de tornar mais ágeis os julgamentos e afastar a sensação de impunidade que paira em nossa sociedade.

Referências:

Fernandes Jacoby, Jorge Ulisses. *A Improbidade Administrativa e a Realidade Brasileira: do Modelo Ineficiente à Cultura do Espetáculo*. In: Aufiero, Aniello; Lins Santos, James Henrique (Coord.). Do Combate à Improbidade Administrativa: Considerações sobre a Lei 8.429/92 e afins. 2ª Ed., Manaus: Almedina, 2019. pp. 80x-99y.

5. Terceirização e Responsabilidade da Administração Pública com a Reforma Trabalhista

Carlos Abener de Oliveira Rodrigues Filho

Introdução

As recentes alterações na legislação trabalhista, tanto na CLT, como na legislação especial sobre terceirização na prestação de serviços, interligadas aos recentes julgamentos proferidos no Supremo Tribunal Federal sobre o tema da responsabilidade do Estado ante as obrigações trabalhistas de suas empresas prestadoras de serviços, notadamente o recente julgamento do RE 760.931, publicado em 11/09/2014, criaram uma nova realidade no tocante aos contratos de terceirização de mão de obra realizados pela Administração Pública através da Lei de Licitações, o que merece breve análise com vistas aos riscos de quebra dos princípios da moralidade e impessoalidade administrativas e de infração às legislações penais sobre corrupção.

1. Terceirização como Fenômeno Socioeconômico

Podemos apresentar a terceirização de serviços como a transferência de serviços, obras, tarefas e atividades para a execução por outras pessoas jurídicas ou físicas, os terceiros. Trata-se de uma tendência econômica de reorganização da produção capitalista[1].

[1] Gomes Neto, Indalécio; Brito, Rider Nogueira de. *A terceirização no Brasil*. Curitiba: Íthala, 2012. p. 42.

É um fenômeno socioeconômico em que as empresas particulares e entidades públicas deixam de admitir diretamente funcionários e servidores para contratar empresas terceiras para efetuar os serviços de que necessita, muitas vezes atinentes à própria atividade-fim da empresa.

Esta forma de organização da produção de bens e serviços ganhou impulso na década de 90, ante a promessa de diminuição de custos com a transferência de serviços específicos a empresas especializadas, com evidentes ganhos de escala, principalmente no tocante a atividades-meio.

O desenvolvimento das novas tecnologias aprofunda cada vez mais a tendência de especialização das atividades produtivas, em todos os ramos, fazendo crer que a terceirização na prestação de serviços é instrumento salutar de administração empresarial.

Por outro lado, é certo, também, que a liquidez nas relações sociais dos dias de hoje facilita essa separação entre prestadores de serviço de uma mesma empresa, propiciando a diferenciação nas atividades uma verdadeira segregação na prestação de serviços, isso quando não submetidas ao teletrabalho, ainda mais dissociante.

É nesse ambiente de transição, em que a legislação autoriza e incentiva uma maior utilização da terceirização como instrumento de administração das atividades econômicas, sem que ainda possamos medir os impactos desta às relações pessoais de trabalho, que devemos analisar os efeitos e consequências jurídicas da terceirização, no tocante à responsabilidade da Administração Pública e do administrador na terceirização de seus serviços.

2. A Terceirização na Jurisprudência e na Legislação Trabalhista Reformada

Considerando os riscos da precarização da mão de obra, principalmente no Brasil, em que a fiscalização das condições de trabalho e do cumprimento da legislação trabalhista são ainda muito aquém do ideal, a jurisprudência, desde o início, trabalhou no sentido de estender a responsabilidade pelas obrigações trabalhistas e previdenciárias aos tomadores de serviços, com vistas a evitar que os descumprimentos da legislação própria fossem negligenciados, tanto pelo prestador como pelo tomador de serviços, considerando o grande risco de insolvência das empresas prestadoras de serviços, principalmente no final do contrato de prestação de serviços[2], onde muitas vezes são dispensados todos os trabalhadores da empresa terceirizada sem que sejam pagos os valores devidos.

A edição da Súmula n. 331 do Tribunal Superior do Trabalho, redigida com vistas à preservação do cumprimento da legislação trabalhista e tentando estabelecer limites à prática da terceirização, estabeleceu uma divisão em terceirização lícita e ilícita, sendo que a primeira ficaria restrita a atividades estranhas à atividade-fim das empresas, nominadamente as atividades: de vigilância, conservação e limpeza; como atividades licitamente passíveis de terceirização, pelo que isentas das consequências impostas pelo Enunciado às terceirizações ilícitas, como o reconhecimento do vínculo empregatício diretamente para com o tomador, a que estão sujeitas as terceirizações ilícitas, quais sejam, as atinentes à atividade-fim da empresa.

Restringindo nossa discussão à responsabilidade da Administração Pública, ante o tema proposto, a jurisprudência consolidada e sumulada pelo TST isentava a Administração Pública do reconhecimento do vínculo direto, até mesmo em função dos impedimentos e requisitos constitucionais à assunção de cargo público, mas determinava o Enunciado 331 a responsabilidade subsidiária da Administração pelas verbas devidas pela empresa prestadora de serviços a seus trabalhadores.

Considerando este entendimento jurisprudencial, o legislador, quando a edição da Lei de Licitações, buscou a irresponsabilidade da Administração Pública perante as dívidas de seus terceiros contratados, quanto aos encargos trabalhistas, fiscais e comerciais, nos termos do art. 71, resguardando somente a responsabilidade pelas dívidas previdenciárias, na forma do §2º do mesmo art. 71 da Lei nº 8.666/93.

Houve grande discussão jurisprudencial e doutrinária sobre a compatibilidade do art. 71 da Lei de Licitações com os princípios constitucionais. Uma vez estabelecida a constitucionalidade do artigo, houve alteração no texto da Súmula n. 331 do TST, declarando-se o entendimento de que a Administração não poderia ser responsabilizada de plano pelas obrigações trabalhistas de seus prestadores de serviços, mas que esta poderia ser responsabilizada, uma vez comprovada a concorrência de culpa da Admi-

[2] GUNTHER, Luis Eduardo. *O fenômeno jurídico da Terceirização: aspectos atuais e relevantes no Brasil.* In Terceirização de serviços e direitos sociais trabalhistas. Garcia, Gustavo Filipe (coordenador). São Paulo: LTR, 2017.

nistração nos ilícitos, mantendo-se, nestes termos, sua responsabilidade subsidiária.

A decisão do Supremo Tribunal Federal no RE 760.931, DJE de 11/09/2017, reabriu a discussão sobre a responsabilidade subsidiária na terceirização, já sob as luzes da Reforma trabalhista aprovada em julho de 2017, Lei nº 13.467/17 e das alterações na legislação sobre contrato temporário e terceirização trazida pela Lei nº 13.429, de 31 de março de 2017:

> **RECURSO EXTRAORDINÁRIO REPRESENTATIVO DE CONTROVÉRSIA COM REPERCUSSÃO GERAL. DIREITO CONSTITUCIONAL. DIREITO DO TRABALHO. TERCEIRIZAÇÃO NO ÂMBITO DA ADMINISTRAÇÃO PÚBLICA. SÚMULA 331, IV E V, DO TST. CONSTITUCIONALIDADE DO ART. 71, § 1º, DA LEI Nº 8.666/93. TERCEIRIZAÇÃO COMO MECANISMO ESSENCIAL PARA A PRESERVAÇÃO DE POSTOS DE TRABALHO E ATENDIMENTO DAS DEMANDAS DOS CIDADÃOS. HISTÓRICO CIENTÍFICO. LITERATURA: ECONOMIA E ADMINISTRAÇÃO. INEXISTÊNCIA DE PRECARIZAÇÃO DO TRABALHO HUMANO. RESPEITO ÀS ESCOLHAS LEGÍTIMAS DO LEGISLADOR. PRECEDENTE: ADC 16. EFEITOS VINCULANTES. RECURSO PARCIALMENTE CONHECIDO E PROVIDO. FIXAÇÃO DE TESE PARA APLICAÇÃO EM CASOS SEMELHANTES.**
>
> 1. A dicotomia entre "atividade-fim" e "atividade-meio" é imprecisa, artificial e ignora a dinâmica da economia moderna, caracterizada pela especialização e divisão de tarefas com vistas à maior eficiência possível, de modo que frequentemente o produto ou serviço final comercializado por uma entidade comercial é fabricado ou prestado por agente distinto, sendo também comum a mutação constante do objeto social das empresas para atender a necessidades da sociedade, como revelam as mais valiosas empresas do mundo. É que a doutrina no campo econômico é uníssona no sentido de que as "Firmas mudaram o escopo de suas atividades, tipicamente reconcentrando em seus negócios principais e terceirizando muitas das atividades que previamente consideravam como centrais" (ROBERTS, John. The Modern Firm: Organizational Design for Performance and Growth. Oxford: Oxford University Press, 2007).
>
> 2. A cisão de atividades entre pessoas jurídicas distintas não revela qualquer intuito fraudulento, consubstanciando estratégia, garantida pelos artigos 1º, IV, e 170 da Constituição brasileira, de configuração das empresas, incorporada à Administração Pública por imperativo de eficiência (art. 37, caput, CRFB), para fazer frente às exigências dos consumidores e cidadãos

em geral, justamente porque a perda de eficiência representa ameaça à sobrevivência da empresa e ao emprego dos trabalhadores.

3. Histórico científico: Ronald H. Coase, "The Nature of The Firm", Economica (new series), Vol. 4, Issue 16, p. 386-405, 1937. O objetivo de uma organização empresarial é o de reproduzir a distribuição de fatores sob competição atomística dentro da firma, apenas fazendo sentido a Ementa e Acórdão produção de um bem ou serviço internamente em sua estrutura quando os custos disso não ultrapassarem os custos de obtenção perante terceiros no mercado, estes denominados "custos de transação", método segundo o qual firma e sociedade desfrutam de maior produção e menor desperdício.

4. A Teoria da Administração qualifica a terceirização (outsourcing) como modelo organizacional de desintegração vertical, destinado ao alcance de ganhos de performance por meio da transferência para outros do fornecimento de bens e serviços anteriormente providos pela própria firma, a fim de que esta se concentre somente naquelas atividades em que pode gerar o maior valor, adotando a função de "arquiteto vertical" ou "organizador da cadeia de valor".

5. A terceirização apresenta os seguintes benefícios: (i) aprimoramento de tarefas pelo aprendizado especializado; (ii) economias de escala e de escopo; (iii) redução da complexidade organizacional; (iv) redução de problemas de cálculo e atribuição, facilitando a provisão de incentivos mais fortes a empregados; (v) precificação mais precisa de custos e maior transparência; (vi) estímulo à competição de fornecedores externos; (vii) maior facilidade de adaptação a necessidades de modificações estruturais; (viii) eliminação de problemas de possíveis excessos de produção; (ix) maior eficiência pelo fim de subsídios cruzados entre departamentos com desempenhos diferentes; (x) redução dos custos iniciais de entrada no mercado, facilitando o surgimento de novos concorrentes; (xi) superação de eventuais limitações de acesso a tecnologias ou matérias-primas; (xii) menor alavancagem operacional, diminuindo a exposição da companhia a riscos e oscilações de balanço, pela redução de seus custos fixos; (xiii) maior flexibilidade para adaptação ao mercado; (xiii) não comprometimento de recursos que poderiam ser utilizados em setores estratégicos; (xiv) diminuição da possibilidade de falhas de um setor se comunicarem a outros; e (xv) melhor adaptação a diferentes requerimentos de administração, know-how e estrutura, para setores e atividades distintas.

6. A Administração Pública, pautada pelo dever de eficiência (art. 37, caput, da Constituição), deve empregar as soluções de mercado adequadas à prestação de serviços de excelência à população com os recursos disponíveis, mormente quando demonstrado, pela teoria e pela prática internacional, que a terceirização não importa precarização às condições dos trabalhadores.

7. O art. 71, § 1º, da Lei nº 8.666/93, ao definir que a inadimplência do contratado, com referência aos encargos trabalhistas, não transfere à Administração Pública a responsabilidade por seu pagamento, representa legítima escolha do legislador, máxime porque a Lei nº 9.032/95 incluiu no dispositivo exceção à regra de não responsabilização com referência a encargos trabalhistas.

8. Constitucionalidade do art. 71, § 1º, da Lei nº 8.666/93 já reconhecida por esta Corte em caráter erga omnes e vinculante: ADC 16, Relator(a): Min. CEZAR PELUSO, Tribunal Pleno, julgado em 24/11/2010.

9. Recurso Extraordinário parcialmente conhecido e, na parte admitida, julgado procedente para fixar a seguinte tese para casos semelhantes: "O inadimplemento dos encargos trabalhistas dos empregados do contratado não transfere automaticamente ao Poder Público contratante a responsabilidade pelo seu pagamento, seja em caráter solidário ou subsidiário, nos termos do art. 71, § 1º, da Lei nº 8.666/93". (STF – RE: 760.931 DF, Relator: Min. ROSA WEBER, Data de Julgamento: 01/03/2016, Pleno, DJE 11/09/2017)

Em breve comentário à decisão paradigmática, temos que há uma clara denúncia da separação entre a terceirização de atividade-meio e de atividade-fim. Entende a decisão ser benéfica a terceirização das atividades empresariais, chamando de imprecisa, artificial e ignorante a dicotomia antes eleita pelo TST.

A decisão vem ancorada pelos termos do art. 9º da Lei nº 13.429/2017, que autoriza o contrato de trabalho temporário a versar sobre o desenvolvimento de atividades-meio e atividades-fim a serem executadas na empresa tomadora de serviços.

A Lei nº 13.467/17 também redefiniu o conceito de terceirização, como sendo a transferência feita pela contratante da execução de quaisquer de suas atividades, inclusive sua atividade principal, à pessoa jurídica de direito privado prestadora de serviços que possua capacidade econômica compatível com a sua execução, alterando os termos do art. 4º-A da Lei nº 6.019/74.

Assim, temos que a legislação trabalhista após a aprovação das reformas, logo seguida de decisão do STF, aponta para a extinção da dicotomia atividade-meio e atividade-fim.

Quanto à possibilidade de precarização das relações de trabalho, com suas inerentes mazelas, temos que o acórdão se reporta a teorias administrativas e a experiência internacional. Caberá à experimentação a conclusão quanto aos efeitos benéficos ou deletérios da prática no ambiente nacional, agora autorizada em quase todos as atividades.

Aparentemente contraditório a esse entendimento foi a aprovação da Lei nº 13.475, de 28 de agosto de 2017, nova Lei do Aeronauta, que especificamente determina a vedação à terceirização da atividade do condutor da aeronave. Em seu art. 20, a norma estabelece que a função remunerada dos tripulantes a bordo de aeronave deverá, obrigatoriamente, ser formalizada por meio de contrato de trabalho firmado diretamente com o operador da aeronave e que o tripulante de voo ou de cabine só poderá exercer função remunerada a bordo de aeronave de um operador ao qual não esteja diretamente vinculado por contrato de trabalho quando o serviço aéreo não constituir atividade-fim, e desde que por prazo não superior a 30 dias consecutivos, contado da data de início da prestação dos serviços.

Essa nova legislação, aprovada logo após a que deliberou pela possibilidade de terceirização em todas as atividades dá argumentos àqueles que acreditam que há restrições a serem analisadas caso a caso no tocante à transferência de atividade-fim das empresas e principalmente da Administração Pública, considerando a importância da atividade com vistas à população.

3. Da Corresponsabilidade da Administração

Ainda que entendamos como paradigmático o acórdão proferido no RE 760.931, a sua conclusão quanto aos limites da responsabilidade da Administração Pública não inovam os entendimentos anteriores no sentido de que resiste a responsabilidade subsidiária uma vez comprovada a culpa da Administração.

Assim, nos mesmos termos da Súmula nº 331, V, os entes integrantes da Administração Pública direta e indireta respondem subsidiariamente, nas mesmas condições do item IV, caso evidenciada a sua conduta culposa no cumprimento das obrigações da Lei nº 8.666, de 21.06.1993, especialmente na fiscalização do cumprimento das obrigações contratuais e legais da prestadora de serviço como empregadora. A aludida responsabilidade não decorre de mero inadimplemento das obrigações trabalhistas assumidas pela empresa regularmente contratada e sim da concorrência de culpa da Administração, seja em *eligendo* seja em *vigilando*.

Resta preservada a vigência do art. 71 da citada Lei de Licitações que afasta a corresponsabilização da Administração pelas dívidas de suas empresas prestadoras de serviços, mas também resta preservada a cláusula geral de responsabilidade civil que determina a responsabilidade da Administração uma vez comprovada a sua conduta culposa na fiscalização do cumprimento das obrigações da prestadora de serviços.

Permanece, portanto a doutrina da culpa *in vigilando* e *in eligendo*[3], na medida em que a legislação licitatória determina uma série de requisitos e obrigações à Administração no tocante à escolha e fiscalização do cumprimento do contrato das empresas terceirizadas. Senão vejamos:

A Lei nº 8.666/93, em seu art. 29, estabelece a prova da regularidade relativa à Seguridade Social e ao FGTS como requisito de habilitação para o processo licitatório.

A Lei nº 8.666/93, seu art. 55, XIII, estabelece como cláusula necessária a obrigação do contratado de manter, durante toda a execução do contrato, todas as condições de habilitação e qualificação do processo licitatório.

A Lei nº 8.666/93, em seu art. 67, determina que prestação do serviço será acompanhada e fiscalizada por representante da Administração especialmente designado, que anotará em registro próprio todas as ocorrências relacionadas à execução do contrato.

A Lei nº 8.666/93, em seu art. 70, determina que o contratado é responsável pelos danos causados, não excluindo ou reduzindo essa responsabilidade a fiscalização ou o acompanhamento pelo órgão interessado.

[3] Ainda, por ser beneficiário da atividade laborativa desenvolvida pelo empregado terceirizado, o tomador responde pela **culpa** *in vigilando* e *in eligendo*, quanto aos direitos inadimplidos que remontem à vigência do contrato de trabalho. É que a ele cabe zelar pela contratação de empresa idônea, e fiscalizar o cumprimento das suas obrigações, pelo que incidente a responsabilidade da tomadora, (TST RR 18144120105030017) nos termos do **art. 186, 927 e 932,III do Código Civil**.

Assim, a Lei de Licitações determina: a fiscalização in loco da prestação de serviço por parte da Administração pública; o dever legal de verificar o pagamento correto dos encargos previdenciários e fundiários; bem como a fiscalização de qualquer dano aos trabalhadores.

Posto isto e considerando os ditames do Código de Processo Civil no tocante à distribuição dos ônus probatórios, caberia à Administração Pública, detentora dos documentos e paciente legal das obrigações de fiscalização, o ônus de comprovar em juízo o fiel cumprimento de seu dever de fiscalização, sob pena de ser considerada culpada pelas irregularidades trabalhistas eventualmente constatadas em juízo. Não de forma automática, mas pela comprovação ante o conjunto probatório, ainda que mediante inversão.

Esse entendimento se coaduna com os entendimentos do STF, bem como com o art. 5º-A da Lei nº 6.019/74, com redação dada pela Lei nº 13.429/17, que determina o contratante de empresas de serviços a terceiros é subsidiariamente responsável pelas obrigações trabalhistas referentes ao período em que ocorrer a prestação de serviços[4].

Assim, temos que a legislação da reformada findou por dar tratamento legal específico à responsabilidade subsidiária das empresas tomadoras de serviços, tornando desnecessária a analogia ao art. 455 da CLT[5], estabelecendo a responsabilidade subsidiária dos tomadores de serviço, inclusive da Administração Pública, comprovada sua culpa.

Poderíamos entender, inclusive, afastada a aplicabilidade do art. 71 da Lei de Licitações, uma vez que aquela lei se refere de forma genérica aos contratos realizados pela Administração Pública, ali incluídas as compras de equipamentos e serviços de consumo, sendo especial a legislação renovada no tocante à contratação de trabalhadores por meio de empresa terceirizada. Mas isto é uma outra discussão.

[4] A Constituição Federal, em seu art. 37, parágrafo 6, determina que as pessoas jurídicas de direito público e as de direito privado prestadoras de serviços públicos responderão pelos danos que seus agentes, nessa qualidade, causarem a terceiros, assegurado o direito de regresso contra o responsável nos casos de dolo ou culpa.

[5] O art. 455 da CLT determina que nos contratos de subempreitada responderá o subempreiteiro pelas obrigações derivadas do contrato de trabalho que celebrar, cabendo, todavia, aos empregados, o direito de reclamação contra o empreiteiro principal pelo inadimplemento daquelas obrigações por parte do primeiro.

4. Da Irresponsabilidade e da Corrupção

Importante estabelecer os critérios e limites para a responsabilidade dos entes públicos em caso de infrações à legislação trabalhista uma vez que a irresponsabilidade do ente público traria graves prejuízos à sociedade.

A falta de responsabilidade da Administração Pública no tocante às questões trabalhistas e previdenciárias implicaria na falta de fiscalização da prestação de serviços pela Administração, o que possibilitaria com que os contratos fossem cumpridos com graves violações às normas trabalhistas, com possibilidade de graves prejuízos aos trabalhadores e à comunidade.

Esta irresponsabilidade do Estado poderia incentivar a conivência das autoridades tomadoras do contrato, em verdadeiro *dumping* social[6], com o barateamento dos valores licitatórios, às expensas dos trabalhadores, sem que estes tivessem sequer a garantia do recebimento de salários, com pagamentos vultosos a empresas que podem desaparecer sem aviso.

Uma vez estabelecido o entendimento dominante de responsabilidade subsidiária da Administração Pública pela culpa no descumprimento da legislação trabalhista e estabelecidos os termos da Lei de Licitações que estabelecem os requisitos, deveres e obrigações da Administração perante o contrato de suas empresas prestadoras de serviços, convém indagar da aplicação do art. 10º da Lei de improbidade Administrativa aos casos em que isso se verifique, ante o texto, incluído pela Lei nº 13.019, de 2014, com a redação dada pela Lei nº 13.204, de 2015, que estabelece como improbidade: XIX – agir negligentemente na celebração, fiscalização e análise das prestações de contas de parcerias firmadas pela administração pública com entidades privadas.

Entendemos que a modificação na Lei de Improbidade passou a contemplar como fato punível o descumprimento do dever do administrador público de corretamente fiscalizar a consecução dos contratos firmados,

[6] A própria definição do Acordo Geral sobre Tarifas e Comércio da OMC (GATT), também faz referência à sua natureza internacional, dizendo que "As partes contratantes reconhecem que o *dumping* que introduz produtos de um país no comércio de outro país, por valor abaixo do normal, deve ser condenado se causa ou ameaça causar prejuízo material a uma indústria estabelecida no território de uma parte contratante, ou se retarda, sensivelmente, o estabelecimento de uma indústria nacional".

nos termos da Lei de Licitações, sendo o prejuízo comprovado em sede de processo trabalhista.

Portanto, uma vez constatada, em processo trabalhista, a negligência grave do administrador público na fiscalização do correto cumprimento dos contratos de prestação de serviços firmados com empresas terceirizadas, caberia o envio de ofício ao Ministério Público competente para a apuração da prática do crime de improbidade administrativa, com as penas que lhe são determinadas.

Entendemos que, uma vez que a terceirização prática que vem cada vez mais se desenvolvendo na Administração pública, principalmente ante os entendimentos apontados de sua natureza benigna, é necessário que haja um contraponto no tocante à punibilidade dos administradores que deixem de cumprir os seus deveres de fiscalização, causando tanto prejuízos ao erário, como aos trabalhadores que lhe prestam serviços, também em detrimento da contratação de empresas que cumprem a legislação trabalhistas, previdenciária e fundiária de forma correta, a grandes custos.

Conclusões

Em direito nada é automático. Tudo depende de ponderação e análise, valor e norma. Talvez a terceirização seja um movimento inexorável, considerando as teorias da Administração de empresas, mas suas consequências jurídicas, seja na proteção aos trabalhadores, seja quanto ao nível de *Compliance* que se exige da Administração Pública, devem ser detidamente analisadas para que tudo seja interpretado de forma a resguardar os princípios constitucionais, tanto da livre iniciativa, como o da valorização do trabalho, como o da moralidade e legalidade administrativas.

Assim, temos que as inovações da Lei de Improbidade Administrativa são oportunas de forma a contrapor com um maior grau de responsabilidade o administrador, uma vez que poderá responder por improbidade administrativa em caso de malversação do contrato de terceirização, que é incentivado por outras legislações a utilizar como instrumento salutar para o gerenciamento das atividades públicas.

A terceirização é salutar se feita de forma lícita. A ilicitude na fiscalização dos seus contratos, de forma a causar prejuízos de tamanha monta que se transformem em passivo judicial trabalhista, como temos em tantos exemplos, devem ser investigados como negligência na fiscalização de contrato público a tipificar improbidade administrativa do agente público.

Cabe, portanto, ao juízo trabalhista, oficiar aos órgãos de investigação criminal para a apuração de ilícitos no desenvolvimento dos contratos firmados, uma vez constatadas irregularidades na instrução processual, contribuindo assim diretamente para um combate mais efetivo à improbidade administrativa e à defesa do patrimônio público, ao mesmo tempo que traz maior punibilidade aos infratores da legislação trabalhista.

6. Questões Polêmicas sobre Improbidade Administrativa

Diego D'Avilla

Introdução

Iniciarei com dois comentários aparentemente descontextualizados, que, contudo, talvez contenham o mais importante de todo o texto e as únicas proposições universalizáveis para fora da Improbidade ou do Direito.

O primeiro, quem escreve. Poderia dizer: sou um liberal ou sou um advogado. Elencar qualquer adjetivo pessoal. O conteúdo em si do que for dito não importa, mas importa que seja expresso, pois denunciará possíveis conflitos de interesse, possíveis inclinações, possíveis propensões.

Todos temos interesses, conscientes ou não. Ter isto em mente é fundamental para qualquer pretensão racional: há um fator humano que tem que ser conhecido e considerado, pois distorcerá qualquer análise.

Quem busca a razão não pode se dar ao luxo da confiança. Não porque outras pessoas não sejam bem-intencionadas, o que é muito mais frequente em artigos "científicos" do que se imagina, mas porque todos têm interesses, inclusive o próprio leitor.

Isso é a raiz do método, saber que nenhuma afirmação ou autor jamais contará com a presunção de veracidade. Por mais augusto e iluminado que seja, pode e deve ser chamado a provar suas conclusões, fazendo, se preciso, o caminho todo para isso ou então não se trata de uma afirmação racional.

A questão é bastante simples. Todas as vezes que o Direito (ou qualquer outra coisa) é realizado sem a observância do escrutínio formal ele não é uma manifestação racional. Pode ser uma fé, uma crença, uma impressão, um sentimento, mas não um argumento racional. Dentro de uma comunidade jurídica, isso significa que se está usando a força, não o Direito.

Tal concepção, tão corriqueira em todos os campos científico, é solenemente ignorada no estudo e, principalmente, na prática do Direito. Algo bastante preocupante, poisa Ciência Jurídica é o conhecimento soberano de organização social e exercício do poder. Qualquer erro no Direito significa que no mundo real direitos serão violados e pessoas irão sofrer.

Um desses métodos ou formalismos, é a condição inafastável para que se possa avaliar se uma afirmação é produto da Razão, a Lógica. Importa destacar que a Lógica não tem a serventia de dizer se uma concepção é ou não correta, mas somente de informar se um argumento é válido ou inválido, ou seja, racional ou irracional e, dentre os racionais, aqueles que são coerentes (sólidos) ou incoerentes (frágeis).

Pode não parecer muito, porém, é esta a primeira fronteira de qualquer Ciência. Se o argumento é irracional pode-se sustentá-lo como uma crença, uma mitologia, um gosto, um desejo, mas não como um raciocínio. Uma rápida análise demonstra como esta técnica é ao mesmo tempo constritiva e poderosa.

À título de exemplo, o que foi acima dito sobre a "inexistência de autoridade" no conhecimento, seria um aviso de cuidado com um Sofisma denominado Apelo à Autoridade (*Argumentandum Ad Vericundiam*) que se caracteriza pela tentativa de impor algo como correto simplesmente pelo fato de que alguém ilustre o disse. Ou ainda, quando se disse que ninguém goza de "presunção de veracidade", está sendo feito uma alerta sobre um sofisma conhecido como Petição de Princípio (*Petitio Principii*), cuja característica é a colocação como certo algo que deveria ser demonstrado.

Isso vai significar que toda menção é um Apelo à Autoridade? Ou que não existem postulados? Não, em definitivo. Trata-se mais do uso e da finalidade do que dogmas estabelecidos, ou seja, inclusive para se utilizar da própria Razão, obrigatoriamente, você deve seguir o Método Racional.

Soa familiar? Deveria, ao menos para nós que vivemos após a Idade Média. Ao se optar por outro caminho que não a Razão nega-se *apenas* o Iluminismo, nada menos. Ao que sei, a melhor síntese do Iluminismo foi feita por Kant, em um artigo de jornal, no qual o autor respondia "O que são as luzes?", cito:

> Esclarecimento [<Aufklärung>] *é a saída do homem de sua menoridade, da qual ele próprio é culpado.* A *menoridade* é a incapacidade de fazer uso de seu entendimento sem a direção de outro indivíduo. O *homem é o próprio culpado* dessa menoridade se a causa dela não se encontra na falta de entendimento, mas na falta de decisão e coragem de *servir-se de si mesmo* sem a direção de outrem. *Sapereaude!* Tem coragem de fazer uso de teu *próprio* entendimento, tal é o lema do esclarecimento [<Aufklärung>].
>
> A preguiça e a covardia são as causas pelas quais uma tão grande parte dos homens, depois que a natureza de há muito os libertou de uma direção estranha (*naturaliter maiorennes*), continuem, no entanto de bom grado menores durante toda a vida. São também as causas que explicam por que é tão fácil que os outros se constituam em tutores deles. É tão cômodo ser menor. Se tenho um livro que faz as vezes de meu entendimento, um diretor espiritual que por mim tem consciência, um médico que por mim decide a respeito de minha dieta, etc., então não preciso esforçar-me eu mesmo. Não tenho necessidade de pensar, quando posso simplesmente pagar; outros se encarregarão em meu lugar dos negócios desagradáveis.
>
> (Immanuel Kant, 5 de dezembro de 1783, carta à Revista Büsching)

Muito bem, duas páginas falando da importância da utilização do cérebro, mas o que isso importa? Por que deveríamos nos preocupar com a Razão, além da intenção de estar correto ou não causar sofrimento a outros seres humanos?

Eis o segundo comentário introdutório. Agora não sobre mim, mas sobre Demônios. Um em especial: Leviatã. O príncipe das trevas utilizado por Thomas Hobbes para nominar uma de suas obras.

A referência a esta criatura tem fins que ultrapassam a história da filosofia, mas servem para gravar a imagem que será abordada doravante. Dentre diversas representações desse monstro, uma delas retrata o Leviatã como uma espécie de verme ou minhoca gigante, desprovida de quaisquer órgãos, exceto a boca. Uma bocarra feroz e cheia de dentes, pronta para destroçar tudo aquilo que dela se aproxime. Não existem ouvidos, não existem olhos, apenas dentes.

Pare uns segundos e reflita sobre isso, sobre essa representação. Um ser de proporções gigantes cuja única finalidade da existência é devorar. Um colosso que sempre está faminto e não faz distinções sobre o que devora.

Esta é a ideia de Leviatã que nos interessa. É este o monstro que é apresentado como essencial para paz humana por Hobbes em um dos marcos iniciais do Contratualismo e que traz ao ocidente a ideia de que o Poder é limitado. Ainda que o Estado seja um mal necessário e que precise ter dentes, não pode tudo. Leviatã não tem Poder ilimitado e, o que é mais, ele como um bom cão de guarda, deve ser adestrado e controlado.

Em síntese, o apreço às Ciências Jurídicas e à Razão é originado não por simples deleite, mas porque elas são as únicas armas que o povo e os cidadãos têm contra o Estado. Tratar sobre o Direito é tratar, após o Constitucionalismo, da natureza e das condições de Poder. As Ordens Jurídicas, como demonstraremos, sujeitam o poder ao Direito e, por isso, o limitam não apenas pelo conteúdo de suas normas, mas por sua técnica.

Partindo desses dois postulados tentaremos apresentar um rápido vislumbre da maneira como uma tese largamente utilizada pelo Superior Tribunal de Justiça pode ser considerada um simples ato de força, uma imposição baseada numa crença ou convicção, mas que, como tantas outras concepções tomadas como certas, não pode ser justificada à luz da Ciência do Direito.

1. Improbidade administrativa

O que é a Improbidade Administrativa? A resposta simples é que se trata do conjunto de proibições expostas nos artigos 9º, 10, 10-A e 11 da Lei 8.429/92, mais precisamente, no *caput* desses dispositivos, tendo em vista que, a despeito das dezenas de incisos, não seria impreciso afirmar que isto tudo é meramente exemplificativo. Contudo, isso nada explica, se muito, narra.

Poder-se-ia também dizer que se trata do delito cometido por aqueles que, com um afã devasso, causam danos ao Erário Público, enriquecem de forma ilícita ou violam os Princípios Administrativos. Melhor, mas ainda assim, sequer é uma definição jurídica, se muito sociológica. Da mesma maneira que o é o conceito de que um crime é uma ação que viola os valores sociais previamente estabelecidos.

Porém, não somos Historiadores, tampouco Sociólogos. Em que pese toda importância dessas ciências, suas conclusões servem ao Direito da mesma maneira que o Direito serve a elas: meras informações, sem qualquer utilidade para além de servir de objeto de estudo (como também o são os fenômenos jurídicos para um Historiador ou um Sociólogo).

Assim sendo, o que é, então, para o Direito, a Improbidade Administrativa? A resposta curta: ninguém sabe. Não há uma definição jurídica do que seria um Ato de Improbidade Administrativa. Ao estabelecê-la, a Constituição da República faz uma menção, sem, contudo, defini-la, como também ocorre com a Lei 1.079/50 e a Lei 8.429/92.

Isso, ao contrário do que se possa imaginar, não é um erro, mas um feliz acerto. Trata-se de uma das coleiras à fome de Leviatã: é a Ciência do Direito a quem cabe a definição dos institutos jurídicos que serão utilizados nas ordens jurídicas e não o contrário. É a Razão quem limita o Poder e não o Poder quem limita a Razão.

Tal perspectiva, também conhecida como Estado Constitucional ou, com uma maior precisão, Estado de Direito, é visceralmente contraproducente à aplicação do Direito, uma vez que limita, desde o início, a criação, a interpretação e a execução das normas. Inconveniente? Com certeza, da mesma maneira como são inconvenientes todas as regras e todos os direitos.

Por isso, não faz nenhum sentido qualquer agente estatal reclamar dos inconvenientes causados pelos direitos, pois, a existência do próprio Estado de Direito pressupõe que somente é válido aquele poder que é constitucional e somente é constitucional aquele poder que é limitado. Críticas a isso não passam de roncos do estômago de Leviatã.

No plano doutrinário, arriscaria dizer que não há sequer proximidade sobre uma definição pacífica do que é um Ato de Improbidade, ainda falta muito para que haja concordância acerca de um Conceito Analítico do Ato de Improbidade Administrativa.

À par disso, não é dado à Ciência do Direito o mesmo luxo de outras ciências. Não é admitido ao Direito gozar de indefinições ou de simples narrativas fenomênicas. O Direito sempre tem que dar uma resposta.

De tal maneira, ainda que não se possa dizer ao certo o que é cientificamente um Ato de Improbidade Administrativa, pode-se dizer ao menos o que ele pode e o que ele não pode ser.

Por exemplo, um primeiro passo seria reconhecer no Ato de Improbidade Administrativa as características que os definem como uma espécie de Delito. Dessa maneira, ter-se-á alguma similitude com outros delitos, como o Crime, a Falta Disciplinar, a Conduta Antiética, etc. ou seja, trata-se de alguma espécie de atuação contra uma Proibição. Isso é descoberto pelo fato de que a sua prática autoriza uma Sanção.

Dito de outro modo: uma Sanção é a autorização da prática de uma conduta que, sem esta autorização, seria ela mesma entendida como um Delito, pois viola a esfera de Direitos alheios. Não existem Sanções sem Delitos, de maneira que, a existência de uma Sanção para um Ato de Improbidade significa dizer que ele é um Delito.

Pode parecer pouco, mas não o é. O fato de ser uma proibição significa que a sua prática poderá desencadear uma redução dos Direitos daquele que o fizer e, sendo assim, é uma exceção ao ordenamento jurídico, uma vez que os direitos e seu gozo são a regra.

O caráter excepcional do Ato de Improbidade Administrativa nos indica que há uma regra, os Atos Probos, bem como toda interpretação esta deverá ser, necessariamente, restritiva.

Isso não é, como se imagina normalmente, uma regra hermenêutica, mas sim uma imposição lógica, cuja inversão resulta na Falácia do Acidente (*Dicto Simpliciter*). Noutros termos: confundir a incidência da Regra e da Exceção é, além de antijurídico, irracional.

Outra conclusão é que, por ser uma exceção, jamais poderá ser pressuposta, dado que, enquanto a regra é, na falta de uma norma que a restrinja, pressuposta e aplicada expansivamente, uma exceção sempre deve ser expressa. Num outro patamar: o Ato de Improbidade é algo distinto da mera ilegalidade, pois, todo delito é uma espécie de ato ilícito, mas nem todo ato ilícito é um delito.

Recapitulando, ainda que não tenhamos um conceito analítico, apenas pela Teoria Geral do Direito (e um pouco de Razão ou Lógica Formal) já podemos dizer que o Ato de Improbidade Administrativa é um Delito que deverá ser previamente tipificado e que sua constatação resulta em uma Sanção o que traz, em nosso ordenamento jurídico, uma importante consequência, a culpabilidade ou, de forma mais precisa, a necessidade de um elemento subjetivo.

Parece claro, não? Sim, o é. Exceto para os Tribunais e para parte da doutrina que, somente após alguns anos e algumas centenas de condenações, finalmente descobriu que o ato ímprobo não era o mesmo que um ato ilícito e que era necessário, de acordo com a Ciência do Direito, a Lei 8.429/92, a Constituição da República e os Tratados de Direitos Humanos, a existência de algum elemento subjetivo, ainda que genérico.

Um avanço, certamente, mas que, como todo erro em Ciências Jurídicas, antes de ser alcançado resultou na violação de Direitos Fundamentais e Direitos Humanos de centenas de pessoas. Aqueles Direitos cuja proteção é, apenas, a razão de existir da República Federativa do Brasil e de todo e qualquer Estado que não seja totalitário.

Paremos por aqui. Não que a Teoria Geral do Direito e a Teoria Geral do Estado não possam destrinchar ainda mais esses institutos, mas sim porque isso deverá ser feito num local apropriado e também porque, além dos conceitos extremamente básicos acima expostos e que, sequer demandam qualquer aprofundamento na matéria, algumas questões polêmicas dependem apenas do conhecimento do art. 1º da Constituição da República para que seja demonstrado não apenas os posicionamentos apresentados, mas também como, apenas com o conhecimento desse artigo se possa identificar o tratamento que é dado pela República Federativa do Brasil aos seus cidadãos.

2. A ordem jurídica estabelecida (nitidamente violada, mas, ainda assim, é a estabelecida)

Conforme mencionado acima, alguns dos episódios mais polêmicos sobre Improbidade Administrativa podem ser entendidos por um leigo, basta dotá-lo da capacidade de utilização da Razão, a Lógica Formal, e lhe seja dado algum conhecimento fundamental e elementar do ordenamento jurídico. Sim, isso é o suficiente para demonstrar a gravidade de algumas decisões consolidas em nossos Tribunais.

Claro, poder-se-ia fazer uma demonstração mais longa, contudo, para expor quão preocupante é a situação, far-se-á apenas com um único dispositivo, o art. 1º da Constituição da República:

> Art. 1º A República Federativa do Brasil, formada pela união indissolúvel dos Estados e Municípios e do Distrito Federal, constitui-se em Estado Democrático de Direito e tem como fundamentos:
>
> I – a soberania;
>
> II – a cidadania;
>
> III – a dignidade da pessoa humana;
>
> IV – os valores sociais do trabalho e da livre iniciativa;
>
> V – o pluralismo político.
>
> Parágrafo único. Todo o poder emana do povo, que o exerce por meio de representantes eleitos ou diretamente, nos termos desta Constituição.

Em primeiro lugar, cabe destacar aquilo que não está escrito, mas é parte do ordenamento, um instituto denominado Estado Constitucional, o qual, é de existência clara em decorrência do fato de estarmos tratando de uma Constituição.

Para além disso, tem-se no *caput* do art. 1º os seguintes institutos: República, Federação, Estado Democrático e Estado de Direito. Nos incisos, cidadania, dignidade da pessoa humana e pluralismo político. Enquanto que no parágrafo único tem-se a subsunção ao princípio democrático pelo sistema direto e representativo e um reforço ao Estado Constitucional.

E o que isso significa? Em primeiro lugar, este dispositivo (em conjunto com os artigos 2º, 3º e 4º) estabelece os axiomas da Ordem Jurídica da República Federativa do Brasil. A delimitação não apenas de todo conteúdo possível no Direito brasileiro, presente ou futuro, mas também quais são as regras do ordenamento jurídico. Todos os dispositivos para além ou terão um conteúdo de especificação e redundância do já exposto ou serão exceções à regra estabelecida pelos quatro primeiros artigos da Constituição.

A leitura do artigo 1º já é suficiente para dar alguns indicativos do tipo Estado que está autorizado a existir: um Estado Liberal. Conclusão alcançada de várias formas, por exemplo, a indutiva, estabelecida pela presença de três subtipos do Estado Liberal: o Estado de Direito, o Estado Democrático e o Estado Constitucional.

Esse entendimento é reforçado ainda nos incisos pelo estabelecimento de alguns institutos que também somente podem existir no Estado Liberal, a saber, a cidadania, a dignidade da pessoa humana e o pluralismo político. É claro que tal conclusão é reforçada por outras normas constitucionais, como o a existência de Direitos Fundamentais ou as proibições de distinções do art. 19, porém, atenhamo-nos somente a estas.

Destaco: a afirmação feita é de que a República Federativa do Brasil é um Estado Liberal. Isso significa ao mesmo tempo negar que seja um Estado Social ou, como é mais comum, um terceiro gênero, denominado Estado Democrático de Direito.

Tal distinção é basilar e entre nós deve ser enfrentada, pois além de se tratar de um erro grosseiro tem consequências profundas em todo ordenamento jurídico e, o que é pior, já há algumas décadas tem se aceitado conceitos ideológicos na doutrina, os quais não encontram qualquer lastro nas Ciências Jurídicas ou mesmo são passíveis de serem considerados como uma possibilidade racional.

A irracionalidade com a qual lidamos com o Direito encontra no Estado Democrático de Direito um exemplo bastante elucidativo. Em termos curtos, simplesmente tal espécie não existe na Teoria Geral do Estado, que divide os Estados em duas grandes famílias Estados Formais (Liberais) e Estados Materiais (Totalitários).

No caso, sequer se exige um conhecimento além do mínimo da razão, pois, seus defensores e teóricos propõe que este instituto seja um Estado voltado simultaneamente e em igual proporção[1] à defesa das Liberdades Individuais e do Bem Comum, o que é conceitualmente contraditório.

Certo é que não existem Estados puros, de modo que sempre haverá uma regra e uma exceção, porém, isso não significa uma alforria à irracionalidade. O que há são relações entre as regras e as exceções, e não a existência de duas regras antagônicas de mesmo valor, pois se o fosse, se excluiriam mutuamente.

Não importa o quanto este "instituto" possa vir a ser benéfico, quisto, agradável ou defendido, a razão não valida os argumentos por meio de critérios que não sejam os lógicos. Tratando-se, portanto, de uma questão de correção e não de uma questão de conveniência.

Pois bem, temos um Estado Liberal. O que isso vai significar? Significará que há uma preocupação bastante profunda e inafastável com o respeito e garantia dos Direitos e Liberdades Individuais e, tendo isto sido exposto como fundamento da Ordem Jurídica, é a regra do Ordenamento, o que significa dizer que, salvo as exceções expressas na própria Constituição da República, a regra da legislação e a atuação do Estado sempre terá como primazia a proteção dos Direitos Individuais.

Tal entendimento é reforçado por outros institutos presentes no *caput*, como a República, instituto do qual nasce a ideia de Responsabilidade Pública, em decorrência do fato que tem como sua principal característica, a responsabilidade e guarda dos próprios cidadãos, e não mais dos governantes como é o caso da Monarquia, pelos Direitos Fundamentais. Isso possibilita que todos, inclusive os governantes, sejam punidos, pois, nesse aspecto, toda atuação é feita em nome, por e para os cidadãos.

[1] Violando assim regras da Lógica Formal, a saber o Princípio de Identidade, o Princípio de Contradição e o Princípio de Exclusão do Terceiro Termo

De tal maneira, vê-se que a razão de existir de qualquer Direito Sancionador numa República é a proteção e promoção dos Direitos Individuais, pois são estes, o substrato de todo o Interesse Público. Em que pese ser este instituto abordado eminentemente na Teoria Geral do Estado, sua importância permeia todo o Direito, conforme explica Ricardo Torres[2]:

> Ao lado da garantia do princípio da igualdade, **o respeito aos direitos individuais e políticos é o fim último da ideia de república.** Como visto, a noção de república sempre gravitou em torno de alguma forma de controle ou restrição do exercício do poder, como um meio de preservar a liberdade individual, ainda que esta expressão, àquela altura, não tivesse o mesmo sentido e as mesmas consequências atuais. De toda sorte, o movimento iluminista injetou na ideia de república um conteúdo marcadamente humanista, que continua a ser sua viga mestra.
>
> **Ao mesmo tempo que são o grande alvo de todo o ideal republicano, a garantia dos direitos individuais e políticos é também pressuposto de sua existência e desenvolvimento. Isso porque, sem uma garantia mínima desses direitos, é impossível aos homens manifestarem sua vontade, deliberarem, elegerem representantes ou controlarem a atuação destes.** Os direitos individuais da liberdade, abrangidos aí os direitos políticos, são indispensáveis para que haja, de fato, soberania popular. (grifei)

Por sua vez, é o mesmo sentido no qual se estabelecem os postulados do Estado de Direito e do Estado Democrático, veja-se o Estado de Direito[3]:

> Os elementos do Estado de Direito seriam, para Lucas Verdu, os seguintes: 1) a primazia da lei em sentido formal); 2) um sistema hierárquico de normas que proporciona a segurança jurídica; 3) a legalidade da administração, com o estabelecimento de um sistema de recursos em favor dos possíveis atingidos por seus atos; 4) separação de poderes (passível de diferentes formas de interpretação); **5) reconhecimento e garantia dos direitos fundamentais incorporados à ordem constitucional** e 6) em alguns casos, controle da constitucionalidade das leis, como garantia face ao eventual

[2] Ricardo, Torres, Galdino, Flavio, Kataoka, Eduardo. *Dicionário de Princípios Jurídicos.* Forense, 2014, p. 1182.

[3] Ricardo, Torres, Galdino, Flavio, Kataoka, Eduardo. *Dicionário de Princípios Jurídicos.* Forense, 2014, p. 461.

> despotismo do Legislativo, controle esse que pode ser exercido de maneiras distintas, de acordo com o sistema de cada país. (grifei)

Este instituto é de suma importância, pois a tecnologia do Estado de Direito, detalhe que também é infelizmente ignorado pela doutrina nacional, diferencia-se consideravelmente do Primado da Lei, ou *Rule of Law*. Enquanto no *Rule of Law* pode haver a mera imposição do Princípio da Legalidade no Estado de Direito impõe-se ainda a observância da própria Ciência do Direito e da Racionalidade.

Entendimento este que também é desenvolvido para adequar o instituto do Estado de Direito dentro do gênero do Estado Liberal, de maneira a conciliar seu significado à própria concepção fundante do Estado Liberal e especificamente estabelecida pelo instituto do Estado Constitucional, a saber, a submissão do poder, todo o poder, inclusive Legislativo e Judiciário ao Direito, como explica JACQUES CHEVALIER[4]:

> No coração da teoria do Estado de Direito, há, então, o princípio segundo o qual os diversos órgãos do Estado somente podem agir em virtude de uma habilitação jurídica: todo uso da força material deve estar fundamentado numa norma jurídica; o exercício do poder se transforma em uma competência, instituída e enquadrada pelo direito. Na medida em que os órgãos do Estado estão assim limitados, pelo respeito às normas jurídicas superiores, o Estado de Direito tende a se apresentar sob o aspecto formal da hierarquia de normas.

E, como anteriormente asseverado, é esta também a direção que é imposta pelo instituto do Estado Democrático[5]:

> O Estado Democrático de Direito, caracterizador do Estado Constitucional, significa que o Estado se rege por normas democráticas, com eleições livres, periódicas e pelo povo, *bem como o respeito das autoridades públicas aos direitos e garantias fundamentais*
>
> (...)
>
> Assim, o Estado Constitucional, portanto, é mais do que o Estado de Direito, é também o Estado Democrático, **introduzido pelo constitucio-**

[4] CHEVALLIER. Jacques. *O Estado de Direito*. Editora Forum. 1 ed. 2013. p. 14.

[5] MORAES, Alexandre de. *Direito Constitucional*. 23ª ed. Atlas. 2008. p. 6.

nalismo como garantia de legitimação e limitação do poder. (grifei e suprimi)

As consequências dos postulados acima exposto são profundas: afastam qualquer pretensão coletivista ou utilitarista, *rectius* Totalitária, de atropelamento dos direitos e garantias individuais em prol do Estado ou da Coletividade, não importa quão nobres sejam os motivos. O motriz de toda atividade Estatal repousa, antes de tudo, no respeito aos indivíduos, seja por sua condição humana, seja por sua cidadania.

Como tais afirmações são realizadas no âmbito da Ciência Jurídica, devem ser passíveis de demonstração tanto pelo método indutivo quanto pelo método dedutivo, o que é um fundamento essencial para qualquer argumento racional. Assim sendo, se caminharmos em sentido inverso do até agora exposto (método dedutivo), ter-se-á que a mesma conclusão poderá ser também alcançado pelo método indutivo, pois, purgando-se somente as características comuns de todos os institutos mencionados o denominador comum será Limitação do Poder, quer seja ele indireto (Estado), quer seja ele direto (Povo).

Esta conclusão é reforçada por sua coerência com o cerne do Estado Liberal: os direitos individuais, sendo estes apenas uma das técnicas estabelecidas na Constituição com a finalidade de limitação do poder, conforme explica MANOEL GONÇALVES FERREIRA FILHO[6]:

> Para limitar o poder várias são as técnicas adotadas. Uma é a da divisão territorial do poder, que inspira as descentralizações e não raro o próprio federalismo.
>
> **Outra consiste em circunscrever o campo de ação do Estado, reconhecendo-se em favor do indivíduo uma esfera autônoma, onde a liberdade não pode sofrer interferências do Estado. É isso que se busca obter pela Declaração dos Direitos e Garantias do Homem.**
>
> A terceira é a divisão funcional do poder, tão conhecida na forma clássica da separação dos poderes. É esta o objeto do presente capítulo, que é complementado pelos seguintes, em que se apontam as linhas mestras de cada um dos poderes identificados pela velha doutrina: o Legislativo, o Executivo e o Judiciário. (grifei)

[6] FERREIRA FILHO. Manoel Gonçalves. *Curso de Direito Constitucional.* 2012. 38ª ed. p. 134-135.

No mesmo sentido leciona GILMAR MENDES[7]:

> Na sua concepção tradicional, os direitos fundamentais são direitos de defesa (Abwehrrechte), **destinados a proteger determinadas posições subjetivas contra a intervenção do Poder Público**, seja pelo (a) não impedimento da prática de determinado ato, seja pela (b) não intervenção em situações subjetivas, seja pela (c) não eliminação de posições jurídica.
>
> (...)
>
> Essa definição de direitos fundamentais – apesar de ser pacífico na doutrina o reconhecimento de diversas outras – ainda continua ocupando lugar de destaque na aplicação dos direitos fundamentais. Essa ideia, sobretudo, objetiva a limitação do poder estatal a fim de assegurar ao indivíduo uma esfera de liberdade. **Para tanto, outorga ao indivíduo um direito subjetivo que lhe permite evitar interferências indevidas no âmbito de proteção do direito fundamental ou mesmo a eliminação de agressões que esteja sofrendo em sua esfera de autonomia pessoal.** (suprimi e grifei)

Tendo sido vislumbrada a conteúdo e forma que é permitida ou, mais precisamente, que é válida para absolutamente qualquer ato público, incluindo decisões judiciais, cuja natureza jurídica é a de norma particular. Ao mesmo tempo estas mesmas restrições e imposições são feitas ao conceito de Interesse Público, que, em nosso ordenamento, somente será compatível com aqueles interesses que visarem prestigiar e otimizar Direitos Individuais.

Sendo claro: é indefensável a perspectiva de que qualquer restrição aos direitos individuais, sejam por quais motivos forem, que não tenha sido previamente autorizadas pela Constituição da República atenda ao Interesse Público, uma vez que este não é e nunca pode ser uma panaceia aos arbítrios, cabendo por isso esclarecer a confusão comum entre Interesse Público (Primário) e Interesse Público Secundário (Interesse da Administração).

O Interesse da Administração, não goza de qualquer supremacia sobre os direitos e garantias dos indivíduos, o que somente é uma característica que pode vir-a-ser autorizada pela Constituição em face do Interesse Público, não havendo, portanto, de se falar em qualquer espécie de favo-

[7] MENDES. Gilmar. *Curso de Direito Constitucional.* 2014, p. 777-778.

recimento, quiçá de Supremacia entre o Interesse da Administração e qualquer outro interesse individual, conforme explica Rafael Rezende[8]:

> **Certamente, não se pode confundir interesse público com interesse da Administração Pública** (zona de certeza negativa), esse último, classificado alhures como secundário. **Apenas o interesse público primário pode ser considerado como objetivo finalístico da atuação administrativa, porque é o que legitima a própria criação do Estado.** Não se está negando a importância que a arrecadação tem para o erário, mas tal fato tem caráter apenas instrumental e não pode servir de fundamento para justificar eventual ato ilegal da Administração. (grifei)

Lição que também é dada por Celso Antônio Bandeira de Melo[9]:

> "Aliás, exatamente porque são discerníveis o interesse público e o interesse meramente das pessoais estatais (ora coincidentes, ora antagônicos), os autores italianos fazem acepção, como dantes se disse, entre interesse público propriamente dito, também denominado interesse primário, e interesse secundário.
>
> **Interesse Público ou primário, repita-se, é o pertinente à sociedade como um todo, e só ele pode ser validamente objetivado, pois este é o interesse que a *lei* consagra e entrega à compita do Estado como representante do corpo social**. Interesse secundário é aquele que atina tão-só ao aparelho estatal enquanto entidade personalizada, e que por isso mesmo pode lhe ser referido e nele encarnar-se pelo simples fato de ser pessoa, mas que só pode ser validamente perseguido pelo Estado quando coincidente com o interesse público primário." (grifei)

Isso deixa claro que o dever do Estado não é somente o de realizar suas obrigações, mas sim de fazê-lo pelos meios que melhor dignifiquem os indivíduos e que cumpram em sua totalidade todas as delimitações impostas pelos Direitos Fundamentais e pelos Direitos Humanos. No Estado Constitucional os fins não justificam os meios.

[8] Oliveira, Rafael Rezende. *Princípios do Direito Administrativo*, 2ª edição. Método, 06/2013. P. 132-133.

[9] Mello. Celso Antônio Bandeira de. *Curso de Direito Administrativo*. 27ª ed. Malheiros. 2010, p. 98-99.

As dificuldades enfrentadas são condições inerentes às limitações do poder estatal, de maneira que, qualquer um de seus agentes, órgãos, funções ou até mesmo o próprio Estado, não poderão jamais alegá-las para o arbítrio, a restrição de direitos ou a inação, dado que, absolutamente ninguém é obrigado a atuar na Administração Pública ou como Agentes Políticos de quaisquer dos poderes e, se o faz, tem conhecimento prévio da situação fática, dos desafios e das regras que limitarão sua atuação, até mesmo porque, a uma o Estado apenas pode atuar quando a lei permite, a duas, não é dado a ninguém alegar o desconhecimento das leis, restrição esta que se é aplicada aos indivíduos, com muito maior força e obrigatoriedade é imposta a toda e qualquer espécie de Agente Público e, inclusive, ao próprio Estado.

Sequer seria possível que fosse construído racionalmente um entendimento diverso, pois, para isso, seria necessário estabelecer que o Estado tem igual ou superior relevância que os cidadãos, o que, somente é possível em Estados Totalitários.

3. Presunção de *Periculum In Mora* para a Decretação da Medida Cautelar de Indisponibilidade de Bens: os Fundamentos da Matéria e o Entendimento dos Tribunais

A Lei de Improbidade Administrativa estabelece em seu art. 7º a possibilidade de decretação de uma medida cautelar específica, a *indisponibilidade de bens*, veja-se:

> Art. 7º Quando o ato de improbidade causar lesão ao patrimônio público ou ensejar enriquecimento ilícito, caberá a autoridade administrativa responsável pelo inquérito representar ao Ministério Público, para a indisponibilidade dos bens do indiciado.

Por se tratar de medida cautelar, a praxe jurídica delineava a necessidade do exame de todas as condições e pressupostos para o seu deferimento, como a finalidade de preservação do resultado do processo, o perigo na demora (*periculum in mora*) e a fumaça do bom direito (*fumus boni juris*).

Assim, ter-se-ia, inicialmente, que demonstrar os elementos de aparência e urgência. A Aparência, o elemento jurídico, consubstancia-se na verificação de procedência ou ao menos congruência das acusações.

A urgência, o elemento de fato, demonstra-se pela conduta do acusado, a qual seria a de estar se desfazendo de seus bens. Somente quando há conjunção destes dois se pode alcançar a única conclusão autorizativa de uma medida cautelar, o entendimento de que, pela análise dos elementos de Fato e pelos elementos de Direito há o efetivo risco de perigo ao resultado útil do processo.

Não obstante, o Egrégio Superior Tribunal de Justiça firmou o entendimento de que, no caso das Ações de Improbidade Administrativa, seria desnecessária a demonstração dos elementos de fato, ou seja, da realidade empírica na qual os seres humanos vivem, bastando para a conclusão de que há um perigo para o resultado útil do processo, a mera alegação concatenada do autor, pois, segundo entendeu aquele Tribunal Superior, haveria perigo implícito por se tratar de possibilidade de lesão ao Patrimônio Público.

Ou seja, não apenas se criou uma presunção inexistente na legislação sobre a realidade, como também passou-se a conceder o afastamento de Direitos Fundamentais em decorrência de pretensões que são, destaco, meramente artificiais ou normativas.

Tal conclusão foi plasmada no costume judiciário do STJ por meio do Recurso Repetitivo REsp 1366721/BA, RECURSO ESPECIAL 2013/0029548-3, assim ementado:

> PROCESSUAL CIVIL E ADMINISTRATIVO. RECURSO ESPECIAL REPETITIVO. APLICAÇÃO DO PROCEDIMENTO PREVISTO NO ART. 543-C DO CPC. AÇÃO CIVIL PÚBLICA. IMPROBIDADE ADMINISTRATIVA. CAUTELAR DE INDISPONIBILIDADE DOS BENS DO PROMOVIDO. DECRETAÇÃO. REQUISITOS. EXEGESE DO ART. 7º DA LEI N. 8.429/1992, QUANTO AO PERICULUM IN MORA PRESUMIDO. MATÉRIA PACIFICADA PELA COLENDA PRIMEIRA SEÇÃO.
>
> 1. Tratam os autos de ação civil pública promovida pelo Ministério Público Federal contra o ora recorrido, em virtude de imputação de atos de improbidade administrativa (Lei n. 8.429/1992).
>
> 2. Em questão está a exegese do art. 7º da Lei n. 8.429/1992 e a possibilidade de o juízo decretar, cautelarmente, a indisponibilidade de bens do demandado quando presentes fortes indícios de responsabilidade pela prática de ato ímprobo que cause dano ao Erário.
>
> 3. A respeito do tema, a Colenda Primeira Seção deste Superior Tribunal de Justiça, ao julgar o Recurso Especial 1.319.515/ES, de relatoria do em.

Ministro Napoleão Nunes Maia Filho, Relator para acórdão Ministro Mauro Campbell Marques (DJe 21/9/2012), reafirmou o entendimento consagrado em diversos precedentes (Recurso Especial 1.256.232/MG, Rel. Ministra Eliana Calmon, Segunda Turma, julgado em 19/9/2013, DJe 26/9/2013; Recurso Especial 1.343.371/AM, Rel. Ministro Herman Benjamin, Segunda Turma, julgado em 18/4/2013, DJe 10/5/2013; Agravo Regimental no Agravo no Recurso Especial 197.901/DF, Rel. Ministro Teori Albino Zavascki, Primeira Turma, julgado em 28/8/2012, DJe 6/9/2012; Agravo Regimental no Agravo no Recurso Especial 20.853/SP, Rel. Ministro Benedito Gonçalves, Primeira Turma, julgado em 21/6/2012, DJe 29/6/2012; e Recurso Especial 1.190.846/PI, Rel. Ministro Castro Meira, Segunda Turma, julgado em 16/12/2010, DJe 10/2/2011) de que, "(...) no comando do art. 7º da Lei 8.429/1992, verifica-se que a indisponibilidade dos bens é cabível quando o julgador entender presentes fortes indícios de responsabilidade na prática de ato de improbidade que cause dano ao Erário, estando o periculum in mora implícito no referido dispositivo, atendendo determinação contida no art. 37, § 4º, da Constituição, segundo a qual 'os atos de improbidade administrativa importarão a suspensão dos direitos políticos, a perda da função pública, a indisponibilidade dos bens e o ressarcimento ao erário, na forma e gradação previstas em lei, sem prejuízo da ação penal cabível'. O periculum in mora, em verdade, milita em favor da sociedade, representada pelo requerente da medida de bloqueio de bens, porquanto esta Corte Superior já apontou pelo entendimento segundo o qual, em casos de indisponibilidade patrimonial por imputação de conduta ímproba lesiva ao erário, esse requisito é implícito ao comando normativo do art. 7º da Lei n. 8.429/92.Assim, a Lei de Improbidade Administrativa, diante dos velozes tráfegos, ocultamento ou dilapidação patrimoniais, possibilitados por instrumentos tecnológicos de comunicação de dados que tornaria irreversível o ressarcimento ao erário e devolução do produto do enriquecimento ilícito por prática de ato ímprobo, buscou dar efetividade à norma afastando o requisito da demonstração do periculum in mora (art. 823 do CPC), este, intrínseco a toda medida cautelar sumária (art. 789 do CPC), admitindo que tal requisito seja presumido à preambular garantia de recuperação do patrimônio do público, da coletividade, bem assim do acréscimo patrimonial ilegalmente auferido".

4. Note-se que a compreensão acima foi confirmada pela referida Seção, por ocasião do julgamento do Agravo Regimental nos Embargos de Diver-

gência no Recurso Especial 1.315.092/RJ, Rel. Ministro Mauro Campbell Marques, DJe 7/6/2013.

5. Portanto, a medida cautelar em exame, própria das ações regidas pela Lei de Improbidade Administrativa, não está condicionada à comprovação de que o réu esteja dilapidando seu patrimônio, ou na iminência de fazê-lo, tendo em vista que o *periculum in mora* encontra-se implícito no comando legal que rege, de forma peculiar, o sistema de cautelaridade na ação de improbidade administrativa, sendo possível ao juízo que preside a referida ação, fundamentadamente, decretar a indisponibilidade de bens do demandado, quando presentes fortes indícios da prática de atos de improbidade administrativa.

6. Recursos especiais providos, a que restabelecida a decisão de primeiro grau, que determinou a indisponibilidade dos bens dos promovidos.

7. Acórdão sujeito ao regime do art. 543-C do CPC e do art. 8º da Resolução n. 8/2008/STJ.

(REsp 1366721/BA, Rel. Ministro NAPOLEÃO NUNES MAIA FILHO, Rel. p/ Acórdão Ministro OG FERNANDES, PRIMEIRA SEÇÃO, julgado em 26/02/2014, DJe 19/09/2014)

Conforme o Voto de Sua Excelência Ministro Relator Napoleão Nunes Maia Filho, a questão discutida no tema seria a seguinte:

> A controvérsia gira em torno da possibilidade (ou não) de se decretar a indisponibilidade de bens do promovido em Ação Civil Pública por Ato de Improbidade Administrativa, quando ausente (ou não demonstrada) a prática de atos (ou a sua tentativa) que induzam a conclusão de risco de alienação, oneração ou dilapidação patrimonial de bens do acionado, dificultando ou impossibilitando o eventual ressarcimento futuro.

Em seguida, narra o Relator que é confirmado o entendimento de que se trata de uma medida cautelar, a qual, por conseguinte, submete-se aos requisitos do poder geral de cautela. A seguir, expõe o entendimento doutrinário e do Superior Tribunal de Justiça, indicando ter havido uma mudança no entendimento daquela corte, destacando o entendimento que, no caso da decretação da indisponibilidade de bens, estar-se-ia diante não de uma tutela de urgência, mas sim de uma tutela de evidência, razão pela qual dispensada a demonstração de qualquer elemento de fato.

Não obstante, o Relator é vencido, sendo aberta a divergência fundada nos seguintes argumentos: 1. Autorizativo Constitucional (art. 37, §4º); 2. Especialidade da Medida Cautelar Prevista na Lei 8.429/92 que não estaria submissa à regra geral das cautelares; 3. Que se trataria de uma tutela de evidência e não uma tutela de urgência, pois o perigo na demora não viria da intenção do agente dilapidar seu patrimônio e sim do resultado lesivo ao patrimônio público. 4. In dubio pro Societate. 5. A possibilidade tecnológica de desfazimento dos bens. 6. *Jurisprudência* em mesmo sentido.

4. Questões Polêmicas acerca dos Fundamentos Utilizados para Deliberação da Matéria

4.1. Autorizativo Constitucional para Indisponibilidade dos Bens

O argumento de que a Constituição da República haveria autorizado a indisponibilidade dos bens sem qualquer espécie de restrição, tem por fundamento o art. 37, §4º, que estabelece:

> § 4º Os atos de improbidade administrativa importarão a suspensão dos direitos políticos, a perda da função pública, a indisponibilidade dos bens e o ressarcimento ao erário, na forma e gradação previstas em lei, sem prejuízo da ação penal cabível.

Efetivamente, pode ser verificado que a consequência de um Ato de Improbidade será, conforme a Constituição da República: *a suspensão dos direitos políticos, a perda da função pública, a indisponibilidade dos bens e o ressarcimento ao erário,* ou seja, estas são as consequências específicas do Ato de Improbidade.

Ocorre que, tais consequências são atreladas ao Ato de Improbidade, não a mera acusação por Ato de Improbidade. Em verdade, sequer poderia estabelecer que a acusação por um delito tivesse, isoladamente, qualquer resultado, pois, conforme explicado acima, o Delito é a condição para aplicação da Sanção, como ocorre em relação ao Ato Ilícito e o Dever de Indenizar, o Crime e a Pena ou o Ato de Indisciplina e a Sanção Ético-Disciplinar.

A autorização dada pela Constituição é a de que se consubstanciado com trânsito em julgado que houve um Ato de Improbidade, aquele que foi condenado poderá ou deverá ser condenado à suspensão dos direitos políticos, perda da função pública, indisponibilidade de bens e ressarcimento do erário.

Tal conclusão, sequer demanda uma análise da natureza jurídica da medida cautelar, pois, trata-se de Teoria Geral do Direito à conclusão de que o Delito (Instituto Jurídico) não se confunde com a Conduta (Instituto Empírico), ou, dito de outra forma, o delito não é um elemento do SER, mas sim do DEVER SER, razão pela qual, somente se considera sua existência quando da declaração final do processo.

Ademais, ainda que esse não fosse o caso, ter-se-ia que qualquer pretensão sancionadora na cautelar significaria antecipação de sanção, o que não apenas é vedado por nosso ordenamento jurídico de maneira expressa, inclusive em relação às constrições meramente patrimoniais[10] como também significa a violação dos Direitos Fundamentais e Humanos à Presunção de Inocência, ao Devido Processo Legal e à Propriedade Privada.

Contudo, a agressão vai além, uma vez que ofende também os fundamentos da República Federativa do Brasil, conforme acima explicitado, em especial pelo fato de que a Propriedade Privada, isto é, a liberdade de obtenção, uso e disposição dos bens, que é um Direito Fundamental e um Direito Humano tem em privação injustificada não apenas uma ilicitude, mas uma ofensa à Dignidade da Pessoa Humana.

Com isso, não se quer dizer, contudo, que não possa haver a perda de um ou mais aspectos do Direito à Propriedade Privada, como visto, a própria Constituição da República isso autoriza. Porém, tal autorização tem como condição inafastável a condenação por um delito, pois, nosso ordenamento jurídico não aceita a imposição de penas sumárias nem a presunção de culpa.

E, para além disso, observe-se que, a Dignidade da Pessoa Humana, os Direitos Fundamentais e Humanos, por força do art. 1º da Constituição da República representam a regra do ordenamento jurídico de maneira que, TODA sanção será a isto uma exceção, devendo possuir todos os elemen-

[10] Art. 5º, LIV – ninguém será privado da liberdade ou de seus bens sem o devido processo legal; LV – aos litigantes, em processo judicial ou administrativo, e aos acusados em geral são assegurados o contraditório e ampla defesa, com os meios e recursos a ela inerentes; LVII – ninguém será considerado culpado até o trânsito em julgado de sentença penal condenatória;

tos que a autorizam e não podendo ser, sob hipótese alguma, presumida, tendo em vista que é irracional (por ofensa à Lógica Formal) a presunção daquilo que é excepcional.

De tal maneira, é insofismável a conclusão que a Constituição da República autoriza a indisponibilidade de bens (como também a perda de Função Pública, suspensão dos Direitos Políticos, etc.) como sanção, não havendo de se falar em qualquer autorizativo constitucional para a medida cautelar ser deferida em desacordo com as exigências legais e o respeito à Ordem Jurídica pátria, Direitos Fundamentais e os Direitos Humanos.

4.2. Especialidade da Medida Cautelar Prevista na Lei nº 8.429/92 que não estaria submissa à regra geral das cautelares;

Outra justificativa presente no acórdão seria a de que, por se tratar de matéria de suma importância, a medida cautelar de indisponibilidade de bens, poderia ser conferida sem a apresentação de qualquer elemento fático, bastando, para isso, a narrativa do órgão de acusação numa inicial aceita.

Tal argumento, *data maxima venia,* é fulminado pelo entendimento do próprio Superior Tribunal de Justiça que, em seus julgados, gerou o entendimento que a Manifestação Escrita, ou seja, a defesa prévia prevista para as Ações de Improbidade Administrativa tem uma natureza de exame sumário, isto é, somente quando se analisa a presença dos elementos da Petição Inicial e a coerência lógica da acusação.

Pois bem, em que pese também este entendimento acerca da Manifestação Escrita e seu esvaziamento feito pelo Superior Tribunal de Justiça, o qual, *data maxima venia* é incompatível com o fato de que o procedimento prévio ao recebimento da Petição Inicial não era uma medida original da Lei 8.429/92, tendo sido criado posteriormente para tentar coibir o abuso na utilização dessas ações, bem como o fato de que tanto o Código de Processo Civil anterior quanto o atual já indicavam tais procedimentos e, por conseguinte, equipará-los no âmbito de uma legislação específica é negar a autoridade do legislador, aduzindo que ele produziu uma norma inútil, fato é que, esse é o entendimento firmado no Superior Tribunal de Justiça[11], vide o Informativo 547 (08/4/2014):

[11] AgRg no AREsp 604949/RS, AgRg no REsp 1466157/MG, REsp 1504744/MG, AgRg nos EDcl no AREsp 605092/RJ, AgRg no AREsp 612342/RJ, AgRg no AREsp 444847/ES, AgRg

"Após o oferecimento de defesa prévia prevista no § 7º do art. 17 da Lei nº 8.429/1992 – que ocorre antes do recebimento da petição inicial –, somente é possível a pronta rejeição da pretensão deduzida na ação de improbidade administrativa se houver prova hábil a evidenciar, de plano, a inexistência de ato de improbidade, a improcedência da ação ou a inadequação da via eleita. Isso porque, nesse momento processual das ações de improbidade administrativa, prevalece o princípio *in dubio pro societate*".

Dada a praticamente exclusão da análise da Manifestação Escrita, tem-se por óbvio que não se pode pretender aduzir qualquer especialidade do procedimento, pois isto é negado pelo Superior Tribunal de Justiça, que é um defensor do entendimento de que o exame é meramente sumário ou preliminar.

Também no Superior Tribunal de Justiça[12] encontra-se firmada a tese de que o descumprimento do devido processo legal pelo órgão julgador, ou seja, a prática de uma ilegalidade violadora de um Direito Humano e Fundamental de qualquer acusado, somente tem relevância se ficar demonstrado pelo acusado que houve dano, vide o Informativo 497 (07/05/2012):

> A falta de notificação do acusado para apresentar defesa prévia nas ações submetidas ao rito da Lei de Improbidade Administrativa (art. 17, § 7º, da Lei n. 8.429/1992) é causa de nulidade relativa do feito, devendo ser alegada em momento oportuno e devidamente comprovado o prejuízo à parte. Com esse entendimento, a Turma negou provimento ao recurso, mantida a condenação do recorrente. Precedentes citados: REsp 1116932-SP, DJe 14/10/2009, e REsp 1.034.511-CE, DJe 22/9/2009. EDcl no REsp 1.194.009-SP, Rel. Min. Arnaldo Esteves Lima, julgados em 17/5/2012.

Foram nesses termos que o Superior Tribunal de Justiça entendeu que, num processo que apura um delito de um agente público, ou seja, um ato ilícito de uma autoridade pública, deverá ser demonstrada que a atuação ilícita do julgador que viola não apenas o Princípio da Legalidade, mas

no REsp 1455330/MG, REsp 1259350/MS, AgRg no AREsp 318511/DF,RelAgRg no AREsp 268450/ES

12 EREsp 1008632/RS, AgRg no REsp 1336055/GO, REsp 1101585/MG, AgRg no REsp 1134408/RJ, EDcl no REsp 1194009/SP,Rel. AgRg no REsp 1225295/PBAgRg no REsp 1218202/MG,

também os Direitos Humanos e Fundamentais do acusado, deve ser comprovada por este.

De outro modo: dada a formação de costume judiciário no Superior Tribunal de Justiça que torna superficial ou mesmo desnecessária a realização da defesa via Manifestação Escrita ou qualquer juízo minimamente aprofundado da acusação, claro está que não se pode tratar de um procedimento especial que diferenciaria esta espécie de Ação Civil Pública de quaisquer outras.

A bem da verdade, ainda que não fosse este o caso e efetivamente a legislação fosse obedecida, com a realização de um juízo de recebimento da inicial, cumpre notar que é total, cabal e completamente impossível pretender aduzir que a Improbidade Administrativa possua características que autorizem a formação de juízos e exceção e burlas ao devido processo legal, uma vez que as condutas mais graves e sérias presentes no Ordenamento Jurídico, as tipificadas como crimes que por sua vez autorizam as mais gravosas das sanções, a pena, tem o condão de autorizar o afastamento da incidência das regras gerais do procedimento cautelar, mormente em relação ao elemento que impõe a análise da realidade empírica.

Em corolário, se nem em relação a medida cautelar do Direito Penal é possível estabelecer que haja qualquer possibilidade de ignorar as condutas ou a realidade, por certo para Delitos muitíssimos menos graves e por conseguinte incapazes de medidas tão drásticas, como a Improbidade Administrativa, não poderá ocorrer a presunção dos elementos empíricos, pois, nem mesmo a possibilidade ou o risco de Crimes, o Delito mais grave de nosso ordenamento, autoriza tal procedimento ou tais presunções.

4.3. Que se trataria de uma tutela de evidência e não uma tutela de urgência, pois o perigo na demora não viria da intenção do agente dilapidar seu patrimônio e sim do resultado lesivo ao patrimônio público.

Primeiramente, deve-se analisar o argumento exposto, qual seja, a relação entre o risco que se quer combater e a espécie de tutela. Ocorre que, *concessa maxima venia,* mesmo antes de analisar os institutos jurídicos, tem-se um impeditivo intransponível ao argumento: pouco importa qual o tipo de risco a ser combatido pela medida cautelar é a existência de um risco que é o fundamento de existência de todas as medidas cautelares. Sem um risco ou perigo, sequer poder-se-ia falar da necessidade de existência de uma medida cautelar, tendo em vista que essa medida é sempre assecuratória.

Apenas com lógica formal, pode-se dizer que o exposto constituirá diversas Falácias Lógica ou Sofismas, por exemplo: ainda que houvesse a troca do risco, disso não adviria a modificação no gênero da tutela constitui um Não Se Segue (*Non Sequitur*) ou que alteração na origem do risco seria uma Conclusão Irrelevante (*IgnoratioElenchi*), pois é a prévia existência deste que possibilita a análise de uma medida cautelar.

Porém, mesmo se somente para fins de argumentação, fosse tomada a afirmação realizada como um argumento válido e sólido, ter-se-ia seu fenecimento no campo da Ciência Jurídica, haja vista pretender-se alterar os critérios de exame da medida cautelar de forma redundante. O cabimento de uma medida assecuratória já exige ao menos uma presunção legítima e um risco, sendo estes o *fumus boni juris* e o *periculum in mora*.

A possibilidade da ocorrência de um delito ou de um Ato de Improbidade que, efetivamente tenha lesado o Erário Público é uma condição legal estabelecida no art. 7º da Lei 8.429/92, sem a qual sequer há de se falar em legalidade de qualquer cautelar (além de ser um corolário lógico, uma vez que somente se assegura aquilo que pode perecer) e, no exame dos pressupostos do poder geral de cautela, integrará o elemento de aparência, a fumaça do bom direito, que é a aparência de que efetivamente pode ter ocorrido um delito e que há chances de que o processo resulte na aplicação de uma sanção de multa ou ressarcimento.

Ademais, perceba-se que a lesão não for efetivamente ao patrimônio público, em verdade, sequer há de se falar em Improbidade Administrativa, pois, quando relacionadas ao enriquecimento ou ao prejuízo, somente há de se falar em Improbidade Administrativa se tais consequências causarem dano ou forem geradas em razão do Patrimônio Público, seja ele material (Erário Público) ou imaterial, não existindo qualquer Improbidade Administrativa sem ofensa ao Patrimônio Público. O *periculum in mora*, o elemento de fato relaciona-se não com o direito ou a probabilidade do direito, mas sim com a realidade empírica, com o mundo material.

Portanto, o argumento ora enfrentado, que pretende pressupor a existência de perigo na demora, não é apenas uma violação dos Direitos

Fundamentais e Humanos e a inversão da presunção de inocência, mas a negativa de exame da própria realidade, estar-se-á lidando com Direitos Fundamentais e Humanos sem sequer se analisar o mundo real e, com base em argumentos meramente teóricos, restringindo-se o Direito à Propriedade Privada.

Inicialmente, cumpre relembrar que não existe hierarquia entre os Direitos Fundamentais ou entre os Direitos Humanos entre si, de maneira que todos os Direitos terão sempre a mesma dignidade. De forma que, o Direito à Vida é tão importante quanto o Direito à Liberdade e o Direito à Propriedade Privada e o Direito à Liberdade de Crença e Convicção e o Direito à Liberdade de Expressão. E, para além disso, não faltam exemplos históricos de pessoas que diante de uma tirania arriscaram suas vidas para proteger sua liberdade ou seus bens.

Porém, o risco do posicionamento adotado pelo Superior Tribunal de Justiça não advém somente da utilização peculiar dos Direitos Fundamentais e Humanos, mas sim do que tal perspectiva pode representar às Liberdades Civis, pois, em que pese normalmente se relacionar o Direito à Propriedade Privada com os bens materiais, tecnicamente, ele se relaciona com o patrimônio de cada pessoa, isto é, contém em seu bojo todos os direitos e deveres de um indivíduo, de maneira que, ao se autorizar a subversão e a invasão de um de seus aspectos, os direitos reais, está se colocando em risco todos os direitos dos indivíduos.

4.4. *In dubio pro Societate*

Outro argumento muito utilizado e que, de certa forma, é o lastro axiológico para o afastamento de qualquer exame da conduta do indivíduo é a proteção do Bem Comum ou de algum direito transindividual e coletivo, tais entendimentos, seja de que ordem for, estão presentes em nosso ordenamento em um instituto utilizado largamente no Direito Penal e também em todos os Direitos Sancionadores, qual seja: o *in dubio pro societate*, a perspectiva de que, em determinados momentos, caso haja dúvida, deve-se decidir em favor da sociedade e do coletivo.

Em primeiro lugar tal perspectiva, se considerada de forma literal no âmbito de uma Ciência Jurídica, simplesmente corresponderia a uma negativa do próprio componente essencial das Ciências Jurídicas, que seja, o dever de apresentação de uma resposta, uma vez que, ao contrário de outras ciências humanas, ao Direito não cabe somente oferecer respostas contemplativas e, por conseguinte, não há casos de dúvida.

Em segundo lugar, não há de se falar em uma coletividade não identificável, a Sociedade, mas sim em relação ao povo ou ao Estado, os detentores do poder (a Totalidade) e seu único representante. E, como é sabido, os Direitos Fundamentais subsistem contra todos, inclusive contra o próprio povo, de maneira que não haveria qualquer relevância na afirmação de qual grupo pretender violar determinado Direito Fundamental ou está sendo frustrado nos seus interesses pelo fato de que está diante de alguém munido de Direitos Fundamentais, uma pessoa (E, a propósito, negar tal entendimento correspondente à negar o fundamento de todos os Direitos Humanos, expresso no art. 1º da Declaração Universal, isto é, a proibição de coisificação de seres humanos).

Porém, ignorando-se o fato de que um instituto jurídico, supostamente, deveria ser coerente com a Ciência do Direito (Princípio da Identidade e Princípio de Contradição), ter-se-ia que não há fundamento jurídico em nosso ordenamento para sustentar a existência de qualquer presunção em favor da Sociedade.

Para a demonstração da completa impossibilidade desse instituto, rememora-se o acima exposto acerca do art. 1º da Constituição da República, isto é, que toda e qualquer presunção Coletivista, *rectius* Totalitária, de nosso ordenamento jurídico deverá ser expressa na Constituição da República, pois constitui-se como exceção dentro de nosso ordenamento. Não sendo isto um mero capricho do Constituinte Originário, tampouco uma preciosidade do Ordenamento Jurídico Brasileiro, em verdade, foi formado pelas mesmas razões de proclamação da Declaração dos Direitos Universais do Homem, quais sejam, os horrores verificados durante a Segunda Guerra Mundial.

Contudo, ainda que ignoremos as condições fáticas, a Ciência do Direito e o Ordenamento Jurídico Brasileiro, ainda assim, ter-se-á motivos mais que suficientes para afastar por completo qualquer possibilidade de interpretação coletivista, seja quão augustas possam ser suas consequências.

É que, conforme explicado em tópico anterior, normas de natureza coletivista ou majoritárias, são conceitualmente incompatíveis com os institutos do Estado Constitucional, do Estado Democrático, do Estado de Direito, da República, dos Direitos Humanos e dos Direitos Fundamentais, de maneira que se pode aventar que não por uma única norma constitucional, o que já seria suficiente, mas sim por diversos fundamentos, finalidades e postulados do Direito Brasileiro não há de se falar na possibilidade de se validar qualquer regra tendente ao totalitarismo.

Nem mesmo o Interesse Público poderia ser utilizado para sustentar a validade de presunções coletivistas, pois, numa República, este será sempre o de proteção dos Direitos Fundamentais, sendo justamente essa a razão pela qual todo agente público pode vir a responder por suas condutas. Tal generalidade de responsabilização somente é possível numa República pelo fato de que o interesse público se consubstancia na proteção dos direitos fundamentais e, para este fim, que é concedido Poder e Autoridade ao Estado (a República Federativa do Brasil) para atuação por meio de seus representantes (órgãos públicos) diante das situações jurídicas e o motivo pelo qual o Estado está autorizado à criar deveres aos cidadãos.

Assim, segundo também o próprio Interesse Público, a finalidade última de toda atuação estatal, insustentável é o posicionamento pela existência de uma regra que autorize qualquer espécie de concepção totalitária ou coletivista.

4.5. A possibilidade tecnológica de desfazimento dos bens.

Ainda que as considerações acima já sejam, por si só, graves e de facílima demonstração na Lógica Formal, na Teoria Geral do Direito ou na Teoria Geral do Estado (além dos Direitos Constitucional e Processual Civil), talvez chame maior atenção a pretensão de assenhoramento da coisa pública contida no já tão comum argumento dos órgãos públicos acerca das "dificuldades".

Perceba-se, que a existência de delitos e da necessidade de combatê-los, não apenas é uma expectativa óbvia sob qualquer prisma (Histórico, Sociológico, Filosófico, etc.) de análise, como, em verdade, é simplesmente a razão de existência do próprio Estado, uma vez que, em relação ao Estado somente se pode aduzir duas formas: ou o Estado é um fim em si mesmo, contendo por isso a verdade e assim se encontrando autorizado a submeter os cidadãos, ou o Estado é meio instrumental para proteção dos indivíduos, sendo por conseguinte, a estes subordinado.

Em nosso ordenamento jurídico, diversos são os institutos que determinam que a República Federativa do Brasil e, consequentemente, todos os órgãos que possuem uma fração de seu poder são servos e não senhores. Contudo, o instituto que mais destaca tal perspectiva é o do Estado Democrático, haja vista ser por decorrência de sua existência estabelecido que o Poder é de propriedade do Povo e não do Estado, entendimento este que, além do *caput* do art. 1º da Constituição da República é também o único que é coerente com o *parágrafo único* do mesmo dispositivo.

É em decorrência deste instituto, o Estado Democrático, que nasce a distinção entre Interesse Público Primário e Interesse Público Secundário (ou Interesse da Administração). Ora, se a existência de problemas é a razão pela qual se é concedido algum poder ao Estado, se a este é dado o dever, as prerrogativas e os custeios para o enfrentamento dessas questões, é óbvio que o Interesse Público se encontra nas efetiva soluções para estes problemas e não nas dificuldades encontradas.

Reitera-se: não fosse a existência de dificuldade empíricas, simplesmente não se precisaria do Estado ou quaisquer um de seus órgãos. Por exemplo, não fosse o delito algo natural, não seriam precisos leis e instituições para realizar seu combate. Se os delinquentes não tivessem a intenção de ocultar seus atos ilícitos, não haveria razão para existir poder de investigação.

Assim sendo, quando determinada autoridade entende que as dificuldades empíricas pressupostas mesmo antes da existência de sua função e razão de sua criação lhe são motivos de queixa, o que ela está manifestando é o entendimento de que é a senhora da coisa pública e não sua serva, supondo que possui direitos e não deveres. O que, se examinado em face da legalidade, é ainda mais grave, uma vez que para alcançar tal conclusão a autoridade deverá supor que os poderes dos quais dispõe lhe são intrínsecos e não um simples meio para que possa cumprir seus deveres. Conforme dito no tópico específico do Ordenamento Jurídico, tal postura da administração significaria pretender substituir ou igualar o Interesse Público pelo Interesse da Administração, sendo, ela e não os cidadãos, a finalidade de existir do Estado. Chama ainda mais atenção o entendimento ou presunção de poder absoluto, pois, ao se questionar a possibilidade de condutas ou dificuldade originadas pelo uso das Liberdades Civis, a Administração está supondo que não é ou não deveria ser limitada por direitos.

Perceba-se que a Ordem Jurídica e os direitos individuais não são criados para conveniência da Administração Pública, mas sim para conveniência e proteção dos indivíduos, de maneira que, além da expectativa inata de que a Administração Pública deve servir aos indivíduos, tem-se uma conclusão elementar ainda mais importante, que seja lá qual for a maneira que esta encontrar para fazê-lo, estará sempre limitada pelos direitos individuais.

Todos estes entendimentos estão presentes e são impositivos antes da criação de qualquer órgão ou função, uma vez que são condições de legitimação e validade da atuação dos agentes públicos. Sendo todas estas de pleno conhecimento daqueles que optam por exercer suas funções. Assim, a demanda por qualquer serviço público ou a dificuldade em sua realização não servirá de justificativa para o afastamento de direitos individuais, uma vez que estes serviços somente são autorizados e custeados pela Constituição da República para que garantam e otimizem o gozo dos direitos de cada cidadão.

Mais grave ainda será a pretensão de, ao se assenhorar do poder público, pretender dizer que as limitações, ou seja, os direitos individuais, são os responsáveis pelas falhas na atuação da Administração Pública.

Perceba-se que é muito comum o discurso de que a culpa da demora dos processos é a inexistência dos recursos, o que, além de ser uma informação falsa (dado que todos os recursos fossem manejados, não se chegaria perto de dois anos caso os julgadores cumprissem seus prazos também), como, ainda que fosse verdadeira, relaciona-se a um Interesse da Administração e não a um Interesse Público. Ou também o discurso que a falta de segurança é decorrente não da ineficiência da atuação, mas da existência de criminosos. Tais espécies de argumentação se aproximam das raias do surrealismo uma vez que, se usarmos uma analogia com outras profissões seria o mesmo que um Médico reclamar que existem doenças ou um Engenheiro reclamar da existência da Gravidade e outras leis da física.

Certo é que é possível que os agentes públicos se encontrem em condições desfavoráveis ou dificultosas para o exercício de suas funções, contudo tais razões, interessam à Administração, uma vez que é esta que não apenas tem o dever de atuação pública, mas também da melhor atuação possível. Não havendo jamais qualquer pertinência jurídica no intento de se atribuir aos particulares e aos seus direitos a ineficiência da máquina estatal.

Se existem formas tecnológicas para o cometimento de delitos, cumpre então à Administração Pública buscar a melhor solução possível para o enfrentamento destes problemas, o que não poderá jamais servir de justificativa para a redução de qualquer direito individual, do contrário, ter-se-á o cenário de subversão do Estado Democrático, com a promoção de soluções típicas de regimes totalitários.

Não fosse assim, com tais dificuldades e limites, não haveriam razões para remunerações elevadas, grande número de prerrogativas e estrutura gigantesca para realização dos serviços públicos, uma vez que, se for para se pretender reduzir os Direitos Fundamentais, mais prático, rápido e econômico seria simplesmente extinguir os órgãos estatais que se mostram incapazes de cumprir suas funções a contento.

4.6. Jurisprudência em mesmo sentido

Inicialmente cumpre-se organizar o tema em consonância com a Teoria Geral do Direito, porque, como é exposta por nossa doutrina (em cópia à Doutrina Portuguesa) tem-se a impressão que Jurisprudência seria um instituto jurídico dotado de características próprias, o que, contudo, não é verdadeiro.

Observe-se que o termo Jurisprudência (*Jurisprudence*) tem o significado técnico de Ciência do Direito, sendo que a comum e, *data venia*, equivocada utilização do termo para indicar o conjunto de Decisões Judiciais.

Não obstante, por se tratar de um conhecimento científico, é possível a demonstração de sua natureza jurídica independentemente das questões linguísticas, bastando para isso, verificar em que consiste a "Jurisprudência". Seja qual for a denominação utilizada, verifica-se sem dificuldade que ela irá se referir sempre a um determina conjunto de decisões dos tribunais, ou seja, a maneira como os tribunais tendem a decidir determinadas questões.

Ora, o Direito possui um gênero com as mesmas características, a reiterada prática de decisões em determinado sentido, ao qual se denomina costume, podendo ser identificado o costume social, o costume mercantil, o costume administrativo, etc.

Para que se possa falar de qualquer espécie de costume, tem-se a necessidade de que este seja adotado de forma uniforme e em sentido obrigatório, podendo ser estabelecido em consonância com a lei (*secundum legem*), em suplemento à lei (*praeter legem*) ou em contrariedade à lei (*contra legem*), não sendo possível, no entanto, no ordenamento jurídico estatutário (*civil law*) a possibilidade de se considerar como válida a terceira hipótese.

Dessa maneira, verifica-se que o costume judiciário somente teria validade quando estabelecido em conformidade com o ordenamento jurídico ou para sua suplementação, não podendo, sob hipótese alguma, criar uma regra que contrariasse a lei ou ordenamento jurídico.

Conforme dito alhures, diversas regras são incidentes sobre a Lei de Improbidade Administrativa, em especial sobre a medida cautelar, a Teoria Geral do Direito, a Teoria Geral do Estado, o Direito Constitucional, o Direito Administrativo, o Direito Processual Civil, os Direitos Humanos e os Direitos Fundamentais, de maneira que, seja qual for o entendimento alcançado pelo julgador, cumpre-lhe aplicar tais regras ao caso concreto, independentemente de qualquer juízo sobre a comodidade ou não das regras, uma vez que o poder que lhe é conferido é apenas o de criação de normas particulares ou individuais, nascidas das normas gerais e interpretadas conforme os fatos, e não de criar qualquer espécie de norma geral.

Porém, já não fosse a gravidade da atuação sem autorização legal, ter-se-á ainda que a função legislativa não apenas é subtraída e assenhorada, como também tal assenhoramento ultrapassa inclusive o que seria lícito aos próprios legisladores, pretendendo-se a criação de costumes judiciários (se muito) contrários à Lei e a Ordem Jurídica, aos quais tem se atribuído inclusive a capacidade de subversão da Ordem Jurídica estabelecida.

Tal entendimento, *concessa maxima venia,* não apenas é lógica e juridicamente inválido, como consubstancia a mesma pretensão de desvirtuamento dos poderes públicos que a Lei de Improbidade Administrativa busca coibir, pois, no afã de combater um ilícito, realiza-se um ato sem autorização legal para fazê-lo e com conteúdo dissonante daquele imposto pelo ordenamento jurídico, o que, juridicamente, significa dizer que se está cometendo também um ilícito.

Essa espécie de comportamento, o *Rule of Judge* ou *Juristocracia*, já está tão arraigada na cultura jurídica brasileira que se criados os famosos Enunciados ou Ementários que não passam do produto de uma reunião de julgadores (quando não meros cursos introdutórios, como já se viu em Improbidade Administrativa) que, sem qualquer espécie de autorização, deliberam um conjunto de entendimentos sobre questões jurídicas para que depois sejam utilizadas com a mesma força de normas constitucionalmente autorizadas. Ou ainda pela utilização de decisões judiciais não cogentes e não autorizadas pela Constituição, como fundamento jurídicos para decisão, chegando-se ao surrealismo de aduzir que, dentro do livre convencimento motivado, haveria a possibilidade de escolha dos critérios de interpretação e a desnecessidade de sua demonstração racional, o que, ao fim e ao cabo, significa tão somente, o exercício do poder legislativo para além do legislativo, haja vista que este estaria ao menos subordinado ao ordenamento jurídico em decorrência do Estado de Direito.

Digno de nota é o fato de que recentemente tentou-se fazer cumprir a Constituição da República naquilo que já deveria estar sendo cumprido, que seja, o estabelecimento da punição por interpretações tresloucadas ou irracionais do ordenamento jurídico, tendo havido uma forte oposição daqueles que, ao invés de órgãos autônomos, consideram-se verdadeiros poderes soberanos, o que ganhou a alcunha do chamado "crime de hermenêutica", ocorre que, tal fato é válido em nosso ordenamento jurídico, haja vista tratar-se de um Estado de Direito com Direito Estatutário e que adota o Positivismo Jurídico.

Observe-se que ainda que não se tivesse enveredado pela tecnologia jurídica do Estado de Direito e fosse aqui ainda utilizada sua versão anterior, o Primado da Lei (*Rule of Law*), um Estado Legislativo, ter-se-ia que uma eventual soberania decisória, sobre formas, conteúdo e regras de interpretação somente ao poder Legislativo, o que teria supremacia sobre os demais, mas nunca em relação ao poder Judiciário.

Assim, para que os opositores a análise do exame da fundamentação da atuação pública pudessem argumentar seu posicionamento de forma coerente, seria necessário que a série de institutos jurídicos que a impõe fosse simplesmente banida de nosso ordenamento, de forma que aqui fosse vigente alguma espécie de Direito Consuetudinário fundado no Realismo Jurídico, pois, somente assim, haveria a transferência do poder criador de normas ao judiciário.

De tal maneira que, ao fim, o que se tem é uma disputa pela legítima limitação do poder decisório dos julgadores, havendo de um lado aqueles que pretendem que os julgadores seja, estabelecidos com uma soberania análoga àquela dada somente à República Federativa do Brasil e de outro aqueles que entendem que se deve aplicar o Estado de Direito, que todo cidadão é igual e que cargos públicos são encargos e deveres, não benefícios.

Conclusões

Conforme o exposto, verifica-se a distância oceânica entre o ordenamento jurídico e a prática das ações de Improbidade Administrativa, o que, infelizmente, não significa uma mera inconformidade técnica, mas resulta em graves violações à Teoria Geral do Direito, à Teoria Geral do Estado, ao Direito Constitucional, ao Direito Administrativo e ao Direito Sancionador, realizando uma verdadeira subversão de institutos como medidas cautelares, delito, sanção e outros institutos jurídicos elementares, quando não, para além da Ciência do Direito, viola-se mesmo premissas essenciais da Razão e da Racionalidade.

Não obstante, mais grave é a violação sistemática de Direitos Humanos e Direitos Fundamentais que tem ocorrido em prol da "boa causa" do momento, de maneira a, por augustas e elevadas razões, ter-se como regra a utilização de fundamentos, argumentos e discursos nitidamente coletivistas, voltados à defesa do Bem Comum, ao custo dos Direitos Fundamentais e Liberdades Civis, o que, *concessa maxima venia*, é inconcebível e proibido frente ao institutos da República e do Estado de Direito, os quais são, simplesmente os fundamentos de toda e qualquer responsabilização, quer pública quer particular, possível em nosso ordenamento jurídico.

Parte da responsabilidade por tal cenário decorre da própria doutrina que, afastando-se de seus compromissos técnicos e sua análise criteriosa da Ciência do Direito, tomou a senda da subsunção às decisões dos Tribunais, porquanto tal percurso é mais simples e fácil que o exaustivo estudo exigido pelas Ciências Jurídicas.

Não obstante esta situação, felizmente a comunidade jurídica do Brasil tem começado, ainda de maneira tímida, a chamar atenção para este fato, expondo que algumas decisões dos Tribunais Superiores e do Supremo Tribunal Federal não podem ser consideradas como tecnicamente coerentes em absolutamente nenhuma Teoria do Direito existente[13] ou quando os próprios Cientistas do Direito expressamente dizem que o Supremo Tribunal Federal não conseguiu entender ou aplicar corretamente suas teorias[14].

Inicia-se ainda o movimento de acesso às obras originais dos Autores estrangeiros seja pelo acesso possibilitado pela internet, seja pelo trabalho

[13] Um encontro de titãs: Kelsen, Hart & Cia analisam acórdão do STJ http://www.conjur.com.sbr/2016-jul-07/senso-incomum-encontro-titas-kelsen-hart-cia-analisam-acordao-stj

[14] Vide a crítica de Claus Roxin sobre o equívoco na utilização da Teoria do Domínio do Fato de sua autoria pelo Supremo Tribunal Federal no julgamento do caso do "mensalão".

de algumas editoras que traduzem e publicam grandes teóricos que, no mais das vezes, são completamente desconhecidos em nossas graduações.

Este cenário acadêmico tem possibilitado a formação de juristas que conseguem compreender que durante a academia as informações que receberam de doutrinadores clássicos como Hans Kelsen ou Noberto Bobbio, correspondem em verdade à um mero espantalho da grandiosidade da obras desses autores (quando não um desvirtuamento completo), bem como passam a poder enxergar para além dos modismos jurídicos, tendo acesso às críticas e refutações dos "ídolos" de nosso ordenamento, como é o caso do Interpretativismo de Ronald Dworkin ou o Pós-Positivismo de Robert Alexy, os quais, no exterior, já tiveram muito de sua obra questionada, por autores como que sequer são conhecidos na grande maioria de nossa academia.

Perceba-se que em que pesem tais mudanças e possibilidades de estudo, fato é que há atualmente um fraco, para não dizer inexistente, compromisso de efetiva aplicação do Direito, que é substituído em larga escala por entendimentos sem qualquer espécie de fundamento racional ou teórico, cunhados apenas para agradar interesses particulares ou coletivos, o que é feito de forma tão aguda que chega-se ao pondo de termos diversos entendimentos que não tratarão sequer de Direito, uma vez que somos incapazes de cumprir os requisitos racionais e teóricos já das Teorias Clássicas ou Modernas.

Certo é que a defesa de um aperfeiçoamento técnico pode parecer desnecessária ou até mesmo um mero proselitismo, afinal de contas, bem ou mal, se está apresentando soluções aos problemas que são apresentados, contudo, olvida-se que o afastamento técnico é, em primeiro momento, uma traição ao dever de racionalidade imposto pelo Iluminismo, porém, mais que isso, que as Ciências Jurídicas, como todas as Ciências Humanas, não tem suas consequências demonstradas em cursos períodos de tempo, mas sim após alguns anos ou décadas, podendo resultar em desastres humanos e totalitários, como historicamente tem-se acompanhado no século passado quando, somente quando se estava em pleno mergulho no abismo, eram percebidos os passos que levaram a tais situações.

Para além disso, mesmo que os erros e equívocos técnicos não cheguem a tal ponto ou assim não pareçam (cumprindo a regra de Hannah Arendt que toda sociedade se acha imune aos erros e malfeitos realizados pelos antepassados "primitivos"), tem-se o fato que nesse ínterim os erros das Ciências Jurídicas, quer tenham sido bem intencionados ou não, causaram, causam e causarão sofrimento a seres humanos que terão seus direitos fundamentais e humanos violados, sob o argumento que se está fazendo um bem, quando, em verdade, o que se tem, é um mal que somente não é conhecido pela resistência ou desconhecimento das consequências das ações adotadas.

Em suma, ou se adota um posicionamento maduro de tratar a Ciência do Direito com seriedade, tendo plena consciência de que tudo, absolutamente tudo, terá uma causa e consequências, o continuaremos na tentativa pueril de nos imaginarmos num mundo onírico, onde não há causalidade ou consequências para as nossas ações, até que, inexoravelmente, sejamos esmagados pela realidade. Os erros em quaisquer Ciências, inclusive as Ciências Jurídicas, sempre causam sofrimento e dor a seres humanos e, justamente por isso, devemos ter cuidado e perícia em seu manejo.

Referências

Ricardo, Torres, Galdino, Flavio, Kataoka, Eduardo. *Dicionário de Princípios Jurídicos*. Forense, 2014.

Chevallier. Jacques. *O Estado de Direito*. Editora Forum. 1ª ed. 2013.

Moraes, Alexandre de. *Direito Constitucional*. 23ª ed. Atlas. 2008.

Ferreira Filho. Manoel Gonçalves. *Curso de Direito Constitucional*. 2012. 38ª ed.

Mendes. Gilmar. *Curso de Direito Constitucional*. 2014.

Oliveira, Rafael Rezende. *Princípios do Direito Administrativo*, 2ª edição. Método, 06/2013.

Mello. Celso Antônio Bandeira de. *Curso de Direito Administrativo*. 27ª ed. Malheiros. 2010.

Nota do coordenador:
A palestra proferida pelo Dr. Diego D'ávilla no 1º Encontro de Combate à Improbidade, está disponível pelo link https://www.youtube.com/watch?v=kMDXUqmm3LM&list=PLlAL4ghySVBBWi-2KRIfl_VX4oJqUG_Hd&index=1 ou pelo QRCode

7. Improbidade Administrativa e a Responsabilização pelo Dano Ambiental

Gilmar Madalozzo da Rosa
Michelle Cerqueira da Rosa

Introdução

A Constituição da República Federativa do Brasil (CRFB) de 1988 deu atenção especial às questões públicas e estabeleceu, no seu artigo 37, a observância em todos os níveis da Administração o dever de observância aos princípios da legalidade, impessoalidade, publicidade, eficiência e moralidade. Para dar efetividade a esses princípios, instituiu que os atos de improbidade administrativa importarão em suspensão dos direitos políticos, perda da função pública, indisponibilidade dos bens e ressarcimentos o ao erário, na forma e gradação previstas (art. 37, §4º, CRFB/88).

A regulamentação do dispositivo constitucional veio com a edição da Lei federal nº 8.429/92, a qual, além de prever a forma de gradação das sanções, conceituou os atos de improbidade administrativa, separados em três grupos, a saber: atos que importam em enriquecimento ilícito; atos que causam prejuízos ao erário e os atos que atentam contra os princípios da Administração Pública.

Desta forma, na medida em que a Constituição Federal de 1988 passou a prever no seu capítulo VI, especificamente no art. 225, a regra da proteção ao meio ambiente, e impõe a todos, e especificamente ao Poder Público, o dever de defendê-lo e preservá-lo para as presentes e futuras gerações, o ato administrativo que cause danos ao meio ambiente deve ser caracterizado como ato de improbidade administrativa.

O objetivo deste trabalho é demonstrar que, se o servidor público, ciente de sua responsabilidade de impedir a degradação ambiental, passa a ser o próprio agente poluidor, em desrespeito aos princípios e normas constitucionais e infraconstitucionais, pratica ato de improbidade, deve responder pelas sanções previstas na Lei de Improbidade Administrativa.

A metodologia utilizada no presente estudo foi a do método de abordagem dedutivo e, quanto aos meios, foi a da pesquisa bibliográfica com o uso da doutrina, legislação e jurisprudência. Espera-se que o presente estudo possa contribuir para demonstrar que o servidor público que causa dano ao meio ambiente, no exercício de suas atribuições, possa responder por improbidade administrativa.

1. Improbidade administrativa na Constituição Federal de 1988 e na Lei federal nº 8.429/92

Com a promulgação da Constituição Federal de 1988, o constituinte brasileiro admitiu a existência da prática de corrupção na gestão da coisa pública, aplicando punições ao servidor público desonesto.

É com a Constituição Federal de 1988 que fica estabelecida a expressão "atos de improbidade administrativa", cuja abrangência inclui o enriquecimento ilícito e o dano ao patrimônio público, trazendo em seu texto diversos dispositivos que tratam da repressão aos atos praticados por servidores públicos contra o erário e contra as instituições públicas, visando proteger o interesse público.

O constituinte originário, constatando a importância do princípio da moralidade administrativa, elevou-o à norma constitucional, prevendo-o ao lado dos princípios da legalidade, da impessoalidade, da publicidade e da eficiência. É, portanto, com a Constituição Federal de 1988 que a moralidade passa a integrar expressamente, nos termos do *caput* do art. 37, os princípios aos quais se sujeita a Administração Pública direta e indireta em todos os níveis de Governo, segundo Di Pietro (2012, p. 884).

A Constituição vigente, além dos artigos 15, inciso V, 37, *caput* e §4º, estatui ainda o art. 85, inciso V, que prevê a possibilidade da prática de crime de responsabilidade pelo Presidente da República por ato atentatório contra a probidade na Administração. Desta forma, a Constituição Federal de 1988 trouxe aos administrados instrumentos profícuos para fiscalizar e responsabilizar os agentes públicos que agirem contrariamente ao ordenamento posto.

Já a Lei nº 8.429/92, conhecida como Lei de Improbidade Administrativa, surge no ordenamento jurídico em 02 de junho de 1992 para regulamentar o artigo 37, §4º, da Constituição Federal, estabelecendo sanções aplicáveis aos agentes públicos nos casos de enriquecimento ilícito no exercício de mandato, cargo, emprego ou função na administração pública direta, indireta ou fundacional.

Esta Lei foi criada em um momento conturbado na política brasileira, quando foi noticiada a ocorrência de investigações acerca de indícios de prática de atentados contra a Administração Pública por agentes dos altos escalões do Governo.

A Lei de Improbidade Administrativa tem o condão de submeter todo agente que mantenha contato com o dinheiro público e o particular que venha auferir alguma vantagem com a prática do ato de improbidade, podendo coexistir a sanção da lei com as demais esferas de responsabilidade (penal, administrativa e política), permitindo que um juiz com competência cível aplique as severas penalidades que comina.

Ademais, o Ministério Público somou-se à inovação trazida ao ordenamento com a Lei de Improbidade, passando a ser, além da pessoa jurídica prejudicada, o principal autor de inúmeras ações judiciais propostas contra servidores públicos que, até então, nas palavras de Garcia (2007, p. 01) "somente eram 'alcançados' pela mítica figura da responsabilidade política, uma espécie de 'sino sem badalo', tamanha a raridade de sua aplicação".

Na edição da lei surgiram muitas dúvidas, quanto à competência legislativa sobre a matéria, sujeitos ativos e passivos, competência para julgamento, entre demais questionamentos.

Hoje se encontra pacificado o entendimento que as sanções da Lei nº 8.429/92 tem natureza extrapenal, tendo caráter de sanção civil segundo Carvalho Filho (2013, p. 1089); em se tratando de norma de direito civil, política e eleitoral, no entender de Di Pietro (2012, p. 887), a competência legislativa para sua elaboração é privativa da União, nos termos do art. 22, inciso I, da CRFB/88; os sujeitos ativos e passivos são absolutamente amplos, abrangendo toda e qualquer pessoa que atue como servidor público, inclusive terceiros que também se beneficiem do ato e toda e qualquer instituição que receba recursos públicos, respectivamente. Já a competência para julgamento será do juízo cível comum, sempre adotando o rito ordinário.

A lei estabelece, ainda, nos artigos 4º e 7º, ser dever dos agentes públicos a observância dos princípios da Administração Pública, estabelecendo ainda que as autoridades administrativas, ao tomarem conhecimentos de atos de improbidade administrativa lesivas ao patrimônio público ou ensejadores de enriquecimento ilícito, tem o dever de representar ao Ministério Público.

Com a promulgação da Lei nº 8.429/92, diversas ações por improbidade administrativa começaram a serem propostas, tendo como principais réus agentes políticos e servidores públicos em geral, bem como particulares em colaboração com o Poder Público, configurando a legislação um significativo avanço no combate à corrupção estatal.

2. Atos de improbidade administrativa ambiental

Os atos de improbidade administrativa estão previstos nos arts. 9º, 10 e 11 da Lei nº 8.429/92. Esses dispositivos legais estabelecem a tipificação dos atos de improbidade administrativa através de duas técnicas legislativas. A primeira, prevista no *caput* dos dispositivos tipificadores da improbidade, trata da utilização de conceitos jurídicos indeterminados, apresentando-se como instrumento adequado ao enquadramento do infindável número de ilícitos passíveis de serem praticados, os quais são frutos inevitáveis da criatividade humana.

A segunda, por sua vez, foi utilizada na forma de diversos incisos que compõem os arts. 9º, 10 e 11, tratando-se de previsões específicas ou passíveis de integração das situações que comumente consubstanciam a improbidade, as quais, além de facilitar a compreensão dos conceitos indeterminados veiculados no *caput*, têm natureza meramente exemplificativa, o que deflui do próprio emprego do advérbio "notadamente".

Os atos de improbidade foram agrupados em três categorias pela Lei de Improbidade Administrativa, sendo: a) atos que importam em enriquecimento ilícito, previstos no artigo 9º; b) atos que causam prejuízo ao erário, estabelecidos no artigo 10; e c) atos de improbidade que atentam contra os princípios da Administração Pública, na forma do artigo 11.

Além dessas três categorias, de acordo com Carvalho Filho (2013, p. 1083), a Lei federal nº 10.257/2001 (Estatuto da Cidade), em seu art. 52, criou uma quarta ao estabelecer que certos atos ou omissões relativas à ordem urbanística configuram atos de improbidade, autorizando aí a aplicação da Lei nº 8.429/92.

A natureza, os recursos naturais, constituem patrimônio nacional com previsão constitucional no artigo 225, §4º, que também estabelece a sua preservação e exploração na forma da lei, dentro de condições que assegurem a preservação do meio ambiente.

Nas palavras de Garcia (2011, p. 204), "patrimônio público é o conjunto de bens e interesses de natureza moral, econômica, estética, artística, histórica ambiental e turística pertencentes ao Poder Público".

O bem ambiental caracteriza-se, no entender de Bulos (2011, p. 1584, grifo do autor), que:

> Num *tertium genus*, não podendo ser qualificado como bem público, nem particular, sendo um bem jurídico próprio diferente daquele ligado ao direito de propriedade, asseverando que "quando o art. 225, *caput*, menciona 'bem de uso comum do povo' quer referir-se ao *bem ambiental*, que excede o sentido clássico de propriedade, no qual o proprietário usa, goza e dispõe, como quiser, da coisa que lhe pertence".

Em se tratando os bens ambientais de riqueza incomensurável, enquadram-se os atos de improbidade dos quais resulte qualquer forma de degradação ao patrimônio ambiental nas sanções previstas na Lei nº 8.429/92, que no seu artigo 5º impõe o integral ressarcimento do dano lesão ao patrimônio público por ação ou omissão, dolosa ou culposa, do agente ou de terceiro.

O primeiro desses dispositivos, esculpido no art. 9º[1] da Lei nº 8.429/92, estabelece a espécie de improbidade administrativa que leva ou importa no enriquecimento ilícito do agente, autorizando a sanção de qualquer ação ou omissão que possibilite ao agente público auferir uma vantagem não prevista em lei.

Uma leitura do dispositivo e a avaliação dos casos concretos pode levar à configuração do ato de improbidade ambiental que acarreta o enrique-

[1] Lei nº 8.429/92: Art. 9º Constitui ato de improbidade administrativa importando enriquecimento ilícito auferir qualquer tipo de vantagem patrimonial indevida em razão do exercício de cargo, mandato, função, emprego ou atividade nas entidades mencionadas no art. 1º desta lei, e notadamente:

[...]

X – receber vantagem econômica de qualquer natureza, direta ou indiretamente, para omitir ato de ofício, providência ou declaração a que esteja obrigado;

cimento ilícito do agente público com atribuições na área do Estado que manipula os interesses associados à questão ambiental, pela subsunção dessa conduta ao *caput* do artigo em questão ou mesmo em um dos incisos.

Sob o prisma ambiental, o agente que recebe qualquer vantagem econômica como comissão, percentagem, gratificação ou presente de quem tem interesse na autorização ou licenciamento de determinada atividade praticará ato de improbidade. A mesma conclusão decorrerá do caso em que o agente ambiental receber essas vantagens para omitir ato de ofício, providência ou declaração a que esteja obrigado, como estabelece o inciso X do mesmo artigo.

Os dispositivos constantes do art. 10 da Lei nº 8.429/92 tratam da espécie de improbidade administrativa que levam ou importam em prejuízo ao erário.

Segundo a doutrina, a tipificação de uma das condutas previstas no art. 10 da Lei de Improbidade Administrativa deve atender aos seguintes requisitos: conduta dolosa ou culposa, conduta ilícita, existência de lesão ao erário ou perda patrimonial, desvio, apropriação, malbaratamento ou dilapidação dos bens ou haveres, não exigência de obtenção de vantagem patrimonial pelo agente e existência de nexo causal entre o exercício funcional e o prejuízo concreto gerado ao erário público, segundo Moraes (2003, p. 2.659).

Como no artigo anterior, as condutas previstas no art. 10[2] também não são taxativas, podendo haver tipificação como ato de improbidade administrativa de outras condutas, desde que envolvam lesão ao erário e sejam resultantes de qualquer ação ou omissão, dolosa ou culposa, que enseje perda patrimonial, desvio, apropriação, malbaratamento ou dilapidação dos bens ou haveres das entidades referidas no art. 1º da Lei de Improbidade Administrativa.

Mais comum seria o enquadramento do ato de improbidade ambiental nas previsões contidas nos incisos IX, onde o ato do agente ambiental ordene ou permita a realização de despesas de recursos vinculados aos

[2] Art. 10. Constitui ato de improbidade administrativa que causa lesão ao erário qualquer ação ou omissão, dolosa ou culposa, que enseje perda patrimonial, desvio, apropriação, malbaratamento ou dilapidação dos bens ou haveres das entidades referidas no art. 1º desta lei, e notadamente [....] *omissis*:
IX – Ordenar ou permitir a realização de despesas não autorizadas em lei ou regulamento.

interesses das entidades ambientais de formas não autorizadas em lei ou regulamento; inciso X, no atuar negligente do agente ambiental, na arrecadação de tributo ou renda, vinculado à atividade do órgão ambiental onde trabalha ou atuação negligente na conservação do patrimônio público; ou ainda, no caso do inciso XII, que seria o caso de permitir, facilitar ou concorrer para que terceiro enriqueça ilicitamente.

O artigo 11[3] da Lei de Improbidade Administrativa descreve os atos de improbidade administrativa que atentam contra os princípios da Administração Pública, servindo como um dos dispositivos de reserva ou subsidiário para os outros dois dispositivos, mais específicos. Dessa maneira, comete improbidade administrativa ambiental tanto o agente público que concede licença a qualquer atividade vedada pelo zoneamento ambiental, quanto àquele que se omite em adotar providência para impedir a invasão de área de proteção ao meio ambiente ou o funcionamento nela de atividades clandestinas incompatíveis.

Ainda, incide neste dispositivo o agente público que retarda ou deixa de praticar, indevidamente, ato de sua atribuição com vistas a remover lixão instalado em área de proteção ambiental ou sustar o lançamento de resíduos, sem prévio tratamento, em curso de água. É comum o retardamento de atos praticados pelas autoridades ambientais que, sem justificativa plausível, atrasam a conclusão de procedimentos ou a realização de diligências.

Outro aspecto é o caso de omissão de praticar ato de ofício, hipóteses que podem disciplinar os desleixos fiscalizatórios do Poder Público em matéria ambiental, quando, por isso mesmo, permite-se a instalação fática irreparável ou de difícil reparação para o meio ambiente.

A doutrina aponta os requisitos para a tipificação de uma das condutas previstas no artigo 11 da Lei de Improbidade Administrativa, a saber: conduta dolosa do agente, conduta comissiva ou omissiva ilícita, violação dos deveres de honestidade, imparcialidade, legalidade e lealdade às instituições, atentado contra os princípios da Administração e existência de nexo causal entre o exercício funcional e o desrespeito aos princípios da Administração, segundo Moraes (2003, p. 2661).

[3] Art. 11. Constitui ato de improbidade administrativa que atenta contra os princípios da administração pública qualquer ação ou omissão que viole os deveres de honestidade, imparcialidade, legalidade, e lealdade às instituições, e notadamente [...].

As questões ambientais são marcadas por intensa atividade administrativa, tanto no que concerne aos atos autorizativos ou licenciadores do Poder Público como no que diz respeito à fiscalização das práticas potencialmente danosas ao meio ambiente. Com isso, os atos do Poder Público destinados ao controle, proteção e fiscalização do meio ambiente devem ser praticados com observância dos princípios constitucionais, legais e regulamentares, cuja inobservância poderá determinar a prática de improbidade e consequente punição do agente. Em tese, todos os dispositivos que descrevem os atos de improbidade administrativa podem ser aplicados às questões ambientais, conforme Sobrane (2005, p. 50).

O importante é destacar que os três dispositivos mencionados, artigos 9º, 10 e 11 da Lei de Improbidade Administrativa, aplicam-se plenamente aos atos de improbidade administrativa ambiental.

3. Sujeitos dos atos de improbidade administrativa ambiental

A Lei de Improbidade Administrativa, como já mencionado, foi criada em meio aos escândalos de corrupção no âmbito público, tendo por finalidade punir os agentes públicos afeitos a este tipo de conduta escusa.

A Lei nº 8.429, de 02 de junho de 1992, ao dispor sobre as sanções aplicáveis aos agentes públicos nos casos de enriquecimento ilícito no exercício de mandato, cargo, emprego ou função na administração pública direta, indireta ou fundacional, em seu artigo 2º, conceituou agente público da forma seguinte:

> Art. 2º. **Reputa-se agente público**, para os efeitos desta lei, todo aquele que exerce, ainda que transitoriamente ou sem remuneração, por eleição, nomeação, designação, contratação ou qualquer outra forma de investidura ou vínculo, mandato, cargo, emprego ou função nas entidades mencionadas no artigo anterior. (gn)

Estende o alcance de sua incidência aos que, ainda que não sejam agentes públicos, induzam ou concorram para a prática de ato de improbidade ou dele se beneficiem sob qualquer forma, direta ou indireta, conforme o artigo 3º.

Vale aqui apresentar a ressalva feita por Carvalho Filho (2012, p. 102) no sentido de que "o terceiro, isoladamente, não é sujeito ativo do ato de improbidade, figurando sempre como coautor e partícipe do processo gerador do ilícito".

Assevera Madeira (2005, p. 11 e 12) "que os agentes públicos desenvolvem suas atividades como instrumentos hábeis a expressar a vontade do Estado, cuja presença se faz através de pessoas físicas que em seu nome atuam". É, portanto em razão dessa personificação que o agente público é investido de necessária parcela de poder público para o desempenho de suas atribuições, poder este que somente pode ser utilizado de acordo com o que a lei lhes confere.

É importante destacar a lição de Moraes (2003, p. 2.650), para o qual:

> **Servidor público** será o autor do ato lesivo ao ordenamento jurídico, pois as três espécies de atos de improbidade previstas na Lei nº 8.429/92 (arts. 9º, 10 e 11) exigem **sua conduta** (improbidade própria); **enquanto o particular**, pessoa física ou jurídica, que induzir, concorrer ou beneficiar-se do ato de improbidade, será partícipe (improbidade imprópria). (gn)

Nas atividades envolvendo os interesses ambientais, teremos como sujeitos ativos do ato de improbidade aqueles agentes que desempenham a função ambiental em nome do Estado. Se a atuação desse agente não representa à proteção dos interesses ambientais tutelados em lei, cometerá o ato de improbidade administrativa ambiental e o agente deve sofrer as sanções previstas em lei.

4. Sanções dos atos de improbidade administrativa ambiental

As sanções previstas na Lei de Improbidade Administrativa possuem naturezas bem diversas. Neste sentido, colaciona-se abaixo a conclusão de Carvalho Filho (2012, p. 103):

> De fato, a sanção com nítida feição política, como é o caso da suspensão de direitos políticos. Por outro lado, há sanção que retrata típica punição administrativo-funcional: é a hipótese da **perda da função pública**. Outras ostentam cunho indenizatório ou reparatório, servindo de exemplo o **ressarcimento integral do dano, o pagamento de multa civil e a perda de bens ou valores acrescidos indevidamente ao patrimônio. Depois, há sanções que espelham verdadeiras restrições à atividade provada de pessoas.** Exemplos: proibição de contratar com o Poder Público e de receber benefícios ou incentivos fiscais ou creditícios. (gn)

É de competência do gestor público implementar a legislação ambiental, de forma a gerar condições adequadas e sustentáveis de uso e exploração dos recursos naturais, não lhe sendo facultado contrariar ou ignorar as prescrições normativas, sempre em atenção ao princípio da legalidade.

Não se deve permitir que o servidor público responsável por coibir abusos ao meio ambiente, deixe de tomar as medidas inerentes à sua função ou, ao tomar conhecimento de empreendimentos particulares degradantes do meio ambiente, omita-se, dando um passe livre para usar e abusar do patrimônio natural.

Cumpre destacar que o administrador gere, no campo ambiental, bens de "uso comum do povo" (art. 225, *caput*, CRFB/88), bens estes que, nos termos do art. 100 do Código Civil, "são inalienáveis", não podendo o gestor deixar de observar os princípios e as normas de proteção ao meio ambiente, sob pena de incidência das sanções da Lei dos Crimes Ambientais (arts. 66, 67 e 69-A) e da Lei de Improbidade Administrativa.

A jurisprudência pátria caminha no mesmo sentido. Transcreve-se ementa de acórdão do STJ, de relatoria do Ministro Herman Benjamin, no qual defende expressamente a aplicação da Lei de Improbidade Administrativa aos agentes público cujas atitudes e/ou omissões resultem em danos ambientais.

> EMENTA: ADMINISTRATIVO. PROCESSUAL CIVIL. AÇÃO CIVIL PÚBLICA. OCUPAÇÃO E EDIFICAÇÃO EM ÁREA DE PRESERVAÇÃO PERMANENTE. CASAS DE VERANEIO ("RANCHOS"). LEIS 4.771/65 (CÓDIGO FLORESTAL DE 1965), 6.766/79 (LEI DO PARCELAMENTO DO SOLO URBANO) E 6.938/81 (LEI DA POLÍTICA NACIONAL DO MEIO AMBIENTE). DESMEMBRAMENTO E LOTEAMENTO IRREGULAR. VEGETAÇÃO CILIAR OU RIPÁRIA. CORREDORES ECOLÓGICOS. RIO IVINHEMA. LICENCIAMENTO AMBIENTAL. NULIDADE DA AUTORIZAÇÃO OU LICENÇA AMBIENTAL. SILÊNCIO ADMINISTRATIVO. INEXISTÊNCIA, NO DIREITO BRASILEIRO, DE AUTORIZAÇÃO OU LICENÇA AMBIENTAL TÁCITA. PRINCÍPIO DA LEGITIMIDADE DO ATO ADMINISTRATIVO. SUSPENSÃO DE OFÍCIO DE LICENÇA E DE TERMO DE AJUSTAMENTO DE CONDUTA. VIOLAÇÃO DO ART. 535 DO CPC. PRECEDENTES DO STJ.
>
> 1. Trata-se, originariamente, de Ação Civil Pública ambiental movida pelo Ministério Público do Estado de Mato Grosso do Sul contra proprietários de 54 casas de veraneio ("ranchos"), bar e restaurante construídos

em Área de Preservação Permanente – APP, um conjunto de aproximadamente 60 lotes e com extensão de quase um quilômetro e meio de ocupação da margem esquerda do Rio Ivinhema, curso de água com mais de 200 metros de largura. Pediu-se a desocupação da APP, a demolição das construções, o reflorestamento da região afetada e o pagamento de indenização, além da emissão de ordem cominatória de proibição de novas intervenções. A sentença de procedência parcial foi reformada pelo Tribunal de Justiça, com decretação de improcedência do pedido. [...]7. Em respeito ao princípio da legalidade, é proibido ao órgão ambiental criar direitos de exploração onde a lei previu deveres de preservação. Pela mesma razão, mostra-se descabido, qualquer que seja o pretexto ou circunstância, falar em licença ou autorização ambiental tácita, mormente por quem nunca a solicitou ou fê-lo somente após haver iniciado, às vezes até concluído, a atividade ou o empreendimento em questão. Se, diante de pleito do particular, o Administrador permanece silente, é intolerável que a partir da omissão estatal e do nada jurídico se entreveja salvo-conduto para usar e até abusar dos recursos naturais, sem prejuízo, claro, de medidas administrativas e judiciais destinadas a obrigá-lo a se manifestar e decidir. 8. Embora o licenciamento ambiental possa, conforme a natureza do empreendimento, obra ou atividade, ser realizado, conjunta ou isoladamente, pela União, Distrito Federal e Municípios, não compete a nenhum deles – de modo direto ou indireto, muito menos com subterfúgios ou sob pretexto de medidas mitigatórias ou compensatórias vazias ou inúteis – dispensar exigências legais, regulamentares ou de pura sabedoria ecológica, sob pena de, ao assim proceder, fulminar de nulidade absoluta e insanável o ato administrativo praticado, **bem como de fazer incidir, pessoalmente, sobre os servidores envolvidos, as sanções da Lei dos Crimes contra o Meio Ambiente (arts. 66, 67 e 69-A) e da Lei da Improbidade Administrativa, às quais se agrega sua responsabilização civil em regime de solidariedade com os autores diretos de eventual dano causado**. [...].

(STJ, REsp 1245149/MS, Rel. Ministro HERMAN BENJAMIN, SEGUNDA TURMA, julgado em 09/10/2012, DJe 13/06/2013. (gn)

Cabe ressaltar que as sanções mínimas e obrigatórias pela prática do ato de improbidade, encontram-se estabelecidas no §4º do art. 37 da Constituição Federal de 1988, como a suspensão dos direitos políticos, perda da função pública, indisponibilidade dos bens e, por último, o ressarcimento ao erário. A Constituição só prevê as sanções, deixando para a lei a forma e gradação de tais medidas.

A atribuição à Lei de Improbidade Administrativa para a estruturação do ressarcimento, bem como da forma e gradação das sanções aplicáveis foi feita através dos artigos 5º, 6º e 12 da Lei nº 8.429/92. Os dois primeiros artigos preveem sanções patrimoniais e o artigo 12 disciplina de forma abrangente a pena a ser aplicada ao do ato de improbidade administrativa, e isso sem qualquer vinculação às demais sanções decorrentes do ato praticado, sejam sanções penais, civis e administrativas, previstas na legislação específica, como já mencionado.

O artigo 21 da Lei de Improbidade Administrativa prevê um caso específico para aplicação de todas essas sanções, a saber:

> Art. 21. A aplicação das sanções previstas nesta lei independe:
>
> I – da efetiva ocorrência de dano ao patrimônio público, salvo quanto à pena de ressarcimento;
>
> II – da aprovação ou rejeição das contas pelo órgão de controle interno ou pelo Tribunal ou Conselho de Contas.

No Direito Ambiental, ao contrário do que pode ocorrer em outras áreas do direito, não se pode esperar a ocorrência do dano, pois é eminentemente preventivo. Por isso, nos casos de improbidade administrativa ambiental, as disposições transcritas funcionam também como instrumento de reforço à necessária preocupação com as ações sempre preventivas e cautelares na tutela do meio ambiente, já que o dano ambiental é, na maioria das vezes, irreversível e irreparável.

Na fixação da sanção o juiz levará em conta a extensão do dano, assim como o proveito patrimonial logrado pelo agente, não apenas para dosar as penalidades, senão que para elegê-las, e isso porque só com tal avaliação poder-se-á alcançar os fins últimos do ordenamento.

Conclusões

A Administração Pública foi criada para proporcionar o bem da coletividade, o bem estar social, o qual só pode ser alcançado quando pautado em estrita observância aos ditames da lei e ao respeito à Constituição Federal.

O patrimônio público, aqui também incluído o meio ambiente, pertence ao coletivo, devendo, desta forma, ser preservado e defendido por todos, pela sociedade e em especial o Poder Público.

Porém, o Poder Público depende da atuação dos servidores públicos, os quais agem, com fundamento na lei, em nome da Administração Pública. Para que os servidores públicos possam bem cumprir o mandamento legal e proporcionar o bem a coletividade, tais servidores são revestidos de poder. Este poder deve ser exercido nos estritos limites da lei, sem excessos.

Assim, ao atuarem em nome da sociedade, gerenciam o patrimônio público em benefício da coletividade. Neste aspecto, o servidor não pode agir em seu próprio nome, pois recebem essa parcela de poder para atender a um fim, o interesse público, direito indisponível.

Deve, então, o servidor público pautar sua conduta na moralidade administrativa, devendo agir com honestidade, jamais se desviando de uma conduta ética e proba, por uma política séria que utilize o dinheiro público em benefício da coletividade, estes detentores da coisa pública.

A legislação ambiental foi instituída para a proteção do meio ambiente, do patrimônio natural, devendo os seus preceitos serem respeitados quando da atuação do servidor público. O desrespeito à legislação ambiental deve trazer consequências àquele que de forma desidiosa ou até corruptível devia zelar pelo meio ambiente, mas preferiu se beneficiar do exercício do seu cargo obtendo vantagem ilícita ou causar dano ao erário público. Neste aspecto, a Lei de Improbidade Administrativa, que possui mecanismos para tanto, deve ser utilizada para responsabilizar os gestores e particulares envolvidos em atos de improbidade administrativa que causem dano ao meio ambiente.

A legislação, que visa punir o servidor público que atue causando dano ao patrimônio público e, consequentemente, ao meio ambiente, possui mecanismos para coibir tais danos, mas notadamente, por si só, tais previsões legais não conseguiram impedir os ataques ao meio ambiente. É necessário que a sociedade como um todo mude sua forma de pensar, que ocorra um choque de cultura e educação, que gestor público tenha a noção que sua atuação consiste na busca de um bem maior, um bem que se destina a todos.

Referências

Brasil. Constituição (1988). *Constituição da República Federativa do Brasil.* Brasília, 1988. Disponível em <http://www.planalto.gov.br/ccivil_03/constituicao/constituicao.htm>. Acesso em 13 set. 2017.

Brasil. *Lei Ordinária nº 8.429, de 02 de junho de 1992.* Dispõe sobre as sanções aplicáveis aos agentes públicos nos casos de enriquecimento ilícito no exercício de mandato, cargo, emprego ou função na administração pública direta, indireta ou fundacional e dá outras providências. Disponível em <http://www.planalto.gov.br/ccivil_03/Leis/L849.htm>. Acesso em 13 set. 2017.

Brasil. *Lei Ordinária nº 9.605, de 12 de fevereiro de 1998.* Dispõe sobre as sanções penais e administrativas derivadas de condutas e atividades lesivas ao meio ambiente, e dá outras providências. <http://www.planalto.gov.br/ccivil_03/Leis/L849.htm>. Acesso em 13 set. 2017.

Brasil. *Lei Ordinária nº 10.257, de 10 de julho de 2001.* Regulamenta os arts. 182 e 183 da Constituição Federal, estabelece diretrizes gerais da política urbana e dá outras providências. Disponível em <http://www.planalto.gov.br/ccivil_03/Leis/L849.htm>. Acesso em 14 set. 2017.

Brasil. Superior Tribunal de Justiça. *REsp 1245149/MS*, Rel. Ministro Herman Benjamin, Segunda Turma, julgado em 09/10/2012, DJe 13/06/2013.

Bullos, Uadi Lammêgo. *Curso de Direito Constitucional.* 6ª ed. rev. e atual. – São Paulo: Saraiva, 2011.

Carvalho Filho, José dos Santos. *Improbidade Administrativa: prescrição e outros prazos extintivos.* São Paulo: Atlas, 2012.

Carvalho Filho, José dos Santos. *Manual de Direito Administrativo.* 26ª ed. São Paulo: Atlas, 2013.

Di Pietro, Maria Sylvia Zanella. *Direito Administrativo.* 25ª ed. São Paulo: Atlas, 2012.

Garcia, Emerson. *Discricionariedade Administrativa.* 2ª ed. Belo Horizonte: Arraes Editores, 2013.

Garcia, Emerson & Alves, Rogério Pacheco. *Improbidade Administrativa.* 6ª ed. Rio de Janeiro: Lumen Juris, 2011.

Madeira, José Maria Pinheiro. *Servidor Público na Atualidade.* 2ª ed. Rio de Janeiro: América Jurídica, 2005.

Moraes, Alexandre. *Constituição do Brasil interpretada.* São Paulo: Ed. Atlas, 2003, 3ª edição.

Turra Sobrane, Sérgio. *A Lei de improbidade administrativa e sua utilização para a proteção das florestas brasileiras.* Revista do Direito Ambiental, nº 16, São Paulo: Ed RT, 2005.

Parte 2

Temas Afins

8. Tribunais de Contas e o Controle Ambiental

Júlio Assis Corrêa Pinheiro

O tema que trataremos nestas linhas é de extrema importância para todos, especialmente aqueles que militam no sistema de Controle de Contas Públicas, a cargo dos Tribunais de Contas do Brasil.

Primeiramente, socorremo-nos de algumas observações que julgamos importantes para o entendimento da competência dos Tribunais nas questões socioambientais, tão em voga no mundo de hoje. Não muito distante, os Tribunais de Contas eram vistos pela sociedade apenas como instrumentos de controle de contas públicas e visavam, principalmente, os aspectos contábeis, orçamentários e financeiros. Com o passar do tempo, esta premissa foi modificada. A Carta Magna de 1988 ampliou sua competência e estabeleceu uma atuação mais agressiva, no tocante àquela atividade.

O Artigo 70 da Carta Política dimensionou esta atuação de forma ainda mais abrangente quando indicou que a fiscalização das contas públicas também teria o viés operacional e patrimonial, o que modificou a interpretação meramente contábil que até então prevalecia e que restringia a atuação destas Cortes ao aspecto numeral para a aferição dos gastos públicos.

Assim, este viés também se aplica à responsabilidade, ampliada pela Carta Magna, na proteção ao meio ambiente, quando estabelece biomas específicos como patrimônio nacional. Evidencia, dessa forma, a importância dos Tribunais de Contas, componentes do poder público, no dever constitucional de defender e preservar o direito inalienável das presentes e futuras gerações.

É imperioso afirmarmos, para que não cometamos o erro de esconder o "sol com a peneira", que muito precisa ser feito para a adoção desses novos paradigmas, pois em muitos Tribunais brasileiros ainda não se pratica o controle ambiental como deveria, por ainda persistir ideia de controle contábil, orçamentário e financeiro como sendo os mais efetivos na fiscalização do Controle das Contas Públicas. É importante dizermos também que, até pouco tempo, nós, do TCE-AM, padecíamos desse velho mal, quando não exercíamos este papel na sua plenitude, apesar de estarmos fincados no seio da maior floresta tropical, maior reserva hidromineral e de biodiversidade do planeta. A partir de 2010, o Tribunal de Contas do Estado do Amazonas acordou para esta realidade, qual seja, a necessidade de cumprir a obrigação constitucional a nós reservada pelos artigos 70, 71 e 225 e parágrafos da Carta Política brasileira. Ao fazer um "*mea culpa*", adotamos medidas de Controle Ambiental, hoje reconhecidas no Brasil e fora dele. Marco importante foi a realização do I Simpósio Internacional sobre Gestão Ambiental e Controle de Contas Públicas em Manaus, no ano de 2010, que teve a coordenação científica do Ministro Herman Benjamin do STJ, quando foi aprovada a Carta da Amazônia, que estabeleceu compromissos claros dos Tribunais de Contas do Brasil na fiscalização preventiva, por meio de Auditorias Ambientais.

É importante também dizer, que as Auditorias Operacionais Ambientais do TCE-AM tiveram inspiração naquelas realizadas pelo Tribunal de Contas da União, já em pratica há mais tempo. De certa maneira, inspirados nessas Auditorias Operacionais Ambientais, fomos precursores das Auditorias Ambientais Preventivas, na aplicação dos deveres e obrigações contidos na Lei nº 12.305/2010, fato este reconhecido pelo próprio TCU em moção apresentada pelo Ministro Presidente Benjamin Zymler, ocorrida em sessão plenária no ano de 2011. Vale ressaltar que este trabalho conseguiu, sem utilizar nenhum mecanismo de sanção, sensibilizar o Governo do Amazonas, por meio da Secretaria de Estado do Meio Ambiente e Desenvolvimento Sustentável e Instituto Preservação Ambiental do Amazonas – SDS/IPAAM e os Municípios amazonenses a realizarem os planos de gestão integrada de resíduos sólidos dentro do prazo estabelecido pela referida lei. Essa iniciativa colocou o Amazonas como referência no Brasil no cumprimento desta legislação. Várias outras ações foram realizadas, como a Auditoria sobre Controle Ambiental sobre Planos de Manejo Florestal, tanto em Unidades de Conservação, como em outras áreas requeridas com aquela finalidade e de compensação ambiental, esta a cargo do TCU.

Antes de discorrermos sobre estas Auditorias, é imperioso destacarmos as condições que têm os Tribunais de Contas, por serem órgãos de controle público de recursos no sentido lato, de proverem suas ações de forma preventiva com excepcional condição, já que, por terem características fiscalizatórias de controle, não necessitam ser provocados diante de eventual ameaça ou ocorrência de dano ambiental.

Ao fiscalizarem os pedidos de licenças, desde seu ingresso no órgão ambiental correspondente até seu nascedouro (pré e pós-licenciamento), os Tribunais atuam de forma preventiva, por terem competência para agir de ofício. Inspecionam os atos administrativos dos órgãos ambientais concedentes destas licenças, até a emissão de um juízo de valor acerca da viabilidade legal, determinam correções e fazem recomendações ou, se for o caso, suspendem os pedidos das licenças ambientais solicitadas, por falta de amparo legal.

Não há, portanto, *prima facie*, a necessidade de os TC's serem acionados, não obstante haver também a possibilidade de provocações, através de representações do Ministério Público de Contas ou de qualquer cidadão que denuncie determinada irregularidade. Neste particular, a ação sempre se dará sob a probabilidade da existência do risco ambiental e não somente dos danos ambientais já instalados, muitas das vezes irreversíveis. O ato discricionário ordinário da realização das inspeções torna os TC's instituições com um papel importantíssimo na antecipação das ocorrências lesivas ao nosso patrimônio ambiental.

Também devemos chamar a atenção para não confundirmos controle preventivo com controle prévio. O primeiro se dá na condição que têm os TC's em sua competência estabelecida no já mencionado Art. 70 da Constituição Federal, pois ao fazerem a fiscalização operacional e patrimonial, o fazem sob a égide da legalidade, legitimidade e economicidade, ou seja, analisam se as licenças ambientais foram expedidas dentro destes critérios, condição *sine qua non* para serem concretizadas. Tão importante quanto o cumprimento do critério da legalidade, o controle da legitimidade e economicidade, um pouco mais subjetivo na sua interpretação, condiciona a observação da análise de eficiência e eficácia, condição necessária para concretização de um controle preventivo dos TC's, agindo na constatação da iminência do risco. Vale dizer, a observância dos mandamentos legais, embora necessária, não é condição suficiente para assegurar a integridade do meio ambiente.

Ainda há quem, eventualmente, venha se insurgindo ou discordando da ação preventiva dos Tribunais de Contas, fazendo afirmações estapafúrdias de que realizamos controle prévio nas licenças ambientais. Isso não só é inverídico, como soa uma tentativa de retirar dos Tribunais esta condição extremamente importante para a proteção do meio ambiente e do acompanhamento da temática socioambiental. Ao contrário do que possa parecer, esta ação sempre resultará num instrumento bastante eficaz para afirmar a condição dos Tribunais sob a visão do poder-dever, como instrumentos preventivos, para evitar que o risco do dano, possa se transformar em dano propriamente dito.

Para melhor explicitar, controle prévio seria se a licença fosse expedida pelos Tribunais ou com ingerência direta deles, o que não é o caso, já que a competência de expedição, como dissemos anteriormente, é do órgão ambiental correspondente da União, de cada Estado da Federação ou do Município, pois segundo dispõe a Resolução do CONAMA 237/99, o conceito de licenciamento ambiental é o procedimento administrativo pelo qual o órgão ambiental licencia a localização, instalação, ampliação e a operação de empreendimentos e atividades que utilizam recursos ambientais, consideradas efetivas ou potencialmente poluidoras ou daquelas que, sob qualquer forma, possam causar degradação ambiental, considerando as disposições legais e regulamentares e as normas técnicas aplicadas ao caso.

Temos vários exemplos práticos de ações dos Tribunais de Contas. Discorreremos brevemente sobre algumas, iniciando-se com realização de uma Auditoria Operacional Ambiental no Programa Controle Ambiental para o Desenvolvimento Sustentável, com ênfase no licenciamento dos Planos de manejo florestal no Estado do Amazonas.

O Estado do Amazonas, a partir de 2003, destacou-se pela formulação e implantação da política estadual de meio ambiente e desenvolvimento sustentável, com ênfase na criação de um sistema de gestão ambiental e territorial, que incluiu aporte de infraestrutura para o controle e investimentos na implantação de unidades de conservação, entre outras medidas. Essas ações elevaram o Estado a uma condição de destaque no cenário nacional com 97,7% de sua área preservada, segundo dados da Secretaria de Estado do Meio Ambiente e Desenvolvimento Sustentável – SDS. Apesar dos esforços amplamente reconhecidos no cenário nacional e internacional, graves problemas estruturais, operacionais e de gestão têm dificultado o bom funcionamento do Programa "Controle Ambiental para o Desenvolvimento Sustentável", em especial o licenciamento dos planos de manejo, situação que pode ser prejudicial ao Estado para atingir seus objetivos e manter seus índices de sustentabilidade e conservação.

A auditoria teve por objetivo analisar se o IPAAM atua com eficácia no sentido de assegurar prioritariamente os aspectos ambientais no processo decisório de licenciamento e, em caso negativo, identificar os principais fatores que estão contribuindo para a deficiência dos serviços de operacionalização, concessão e monitoramento das licenças concedidas.

A amostra da auditoria foi selecionada considerando os seguintes fatores:

- Relevância do licenciamento ambiental como instrumento fundamental para se alcançar o desenvolvimento sustentável, ante o seu caráter preventivo e corretivo das atividades potencialmente poluidoras;
- Grande potencial de dano ambiental;
- Relevância da política ambiental para o estado do Amazonas;
- Número de denúncias registradas no Ministério Público Estadual e Federal quanto aos desmatamentos e madeira ilegal;
- Tempestividade nas ações do Tribunal frente às demandas da sociedade;
- Denúncias da mídia, de institutos de pesquisa e de organizações não governamentais quanto a fraudes e falhas no processo de monitoramento das condicionantes das licenças ambientais;
- Atualidade do tema.

A metodologia utilizada para a realização do trabalho foi o estudo de caso e a pesquisa documental, em que os dados foram obtidos por meio de observação direta, visitas *in loco*, entrevistas, aplicação de questionários e requisição de documentos.

Essa metodologia permitiu identificar problemas como:

- Emissão de licenças como autorizações cartoriais sem assegurar o controle ambiental;
- Licenças ambientais concedidas sem observância dos requisitos básicos;
- Deficiência no monitoramento sistemático das condicionantes das licenças ambientais expedidas pelo IPAAM;
- Deficiências no monitoramento da movimentação do Sistema de Controle do Documento de Origem Florestal – DOF;
- O ambiente de trabalho do IPAAM não atende às necessidades do Órgão;
- Recursos materiais e a capacidade operacional disponíveis no Órgão insuficientes para suprir a demanda de licenciamento, fiscalização e monitoramento; e
- Recursos financeiros insuficientes para atender às atividades do Órgão.

A partir dos problemas identificados foi possível realizar recomendações a fim de estruturar o Órgão licenciador e, com isso, contribuir para a eficiência da política de controle ambiental no Estado. Com a implementação das recomendações, espera-se que o IPAAM possa obter os seguintes resultados:

- Que a emissão das licenças seja realmente um instrumento de controle ambiental;
- Que o Órgão responsável pela política de controle ambiental do Estado do Amazonas tenha autonomia técnica e financeira para desempenhar suas atribuições;
- Redução das deficiências técnico-operacionais do Órgão;
- Ampliação das atividades de licenciamento, fiscalização e monitoramento;
- Controle da execução das políticas estaduais de meio ambiente; e
- Efetividade das atividades fim do IPAAM que englobam o controle ambiental, licenciamento, fiscalização e o monitoramento ambiental.

Das mais de 20 mil licenças ambientais expedidas nos últimos 10 anos no Amazonas, tiveram especial atenção as 1501 de manejo florestal, das quais 30% foram objeto de verificação documental, dentre estas, outras inspeções *in loco* de áreas manejadas, que revelaram aspectos muito importantes com problemas de gestão no licenciamento e pós-licenciamento dos planos de manejos florestais madeireiros de pequena e grande escala no estado do Amazonas, fato este que gerou 30 recomendações ao Governo do Amazonas, à Secretaria de Estado do Meio Ambiente e Desenvolvimento Sustentável (SDS) e ao Instituto de Proteção Ambiental do Estado do Amazonas (IPAAM). O primeiro monitoramento desta Auditoria se dará a partir de julho de 2013.

Unidades de Conservação – Recursos de Compensação

A maioria das áreas de manejo florestal licenciadas no Amazonas não foram oriundas de UC's, mas é importante fazermos alguns comentários sobre elas, pela importância que têm no conceito sócio-econômico-ambiental, como, por exemplo, a Reserva de Desenvolvimento Sustentável de Mamirauá, na região do rio Solimões, que foi fiscalizada e pode-se destacar um modelo que agrega sua utilização como área de desenvolvimento sustentável, mantendo as principais características de seu bioma.

A Lei nº 9.985/2000, que instituiu o Sistema Nacional de Unidades de Conservação (SNUC), veio consolidar o art. 1º da Resolução CONAMA nº. 10/1987, onde se estabelecia que para contrabalançar, recompensar, equilibrar ou reparar as perdas ambientais como a destruição de florestas e outros ecossistemas, nos casos de licenciamento de atividades e obras de grande porte, deveria o empreendedor implantar uma estação ecológica, preferencialmente junto à área de impacto. A lei veio após um processo de mudança de paradigma no cenário nacional, para frear os problemas ambientais ocorridos nos nossos biomas, principalmente nas décadas de 80 e 90, quando nos deparamos com vários danos ambientais na Amazônia, causados pelos setores de mineração e hidrelétricas, muitos deles irreversíveis.

Esta legislação, *a posteriori*, foi regulamentada pelo Decreto nº 4340/2002, alterada pelo Decreto nº 5566/2005, quando se definiram as prioridades para as aplicações de recursos de compensação ambiental para as Unidades de Conservação já existente e as futuras.

A compensação ambiental torna-se, a partir deste advento legal, um instrumento de políticas públicas muito mais eficaz para a incorporação de mecanismos que visem minimizar as resultantes dos danos ambientais oriundos dos empreendimentos empresariais ou governamentais já em curso ou que serão instalados em determinada região, constatadas pelos respectivos EIA/RIMA. Ao estabelecer ao empreendedor a obrigatoriedade de apoiar a implantação e a manutenção de Unidade de Conservação, o faz para evitar danos futuros ou suavizar, pela compensação, os já existentes, conclusão esta resultante da interpretação do art. 36 da referida Lei.

Isso significa que dois aspectos são abrangidos neste diapasão: o preventivo, por intermédio dos licenciamentos ambientais e o corretivo, quando ocorre o dano ambiental efetivo, independente da existência ou não de licenciamento ambiental, não afastada a possibilidade, mesmo em caso da existência de licença, de indenização do dano. A própria Carta Magna, no seu Art. 225, § 3º, faz alusão às condutas e atividades lesivas ao meio ambiente, sujeitando os infratores às sanções penais e administrativas, *independentemente da obrigação de reparar o dano causado.*

Este aspecto constitucional possibilita que o Poder Público e aí, leia-se, todas as instituições de fiscalização, possa utilizar os diversos instrumentos legais disponíveis para prevenir, impedir ou reparar danos ambientais que possam ocorrer ou que tenham consolidado.

Como dissemos, o Tribunal de Contas da União tem realizado várias Auditorias em Unidades de Conservação. Além de pioneirismo, representou um passo gigantesco para que os recursos oriundos de compensação Ambiental fossem canalizados efetivamente para o objetivo principal. Neste momento, realizamos Auditorias Ambientais coordenadas em Unidades de Conservação em toda região amazônica, incluindo os países que fazem parte da OLACEFS (Organização Latino-Americana e do Caribe das Entidades de Fiscalizadoras Superiores).

É de suma importância que os Tribunais de Contas dos diversos Estados da Federação realizem Auditorias dos recursos oriundos de compensação ambiental ou mitigação para que tenhamos a correta aplicação desses recursos, destinados à manutenção de áreas de UC´s ou de criação de novas unidades, federal, estaduais ou municipais. Do contrário, tais recursos oriundos no ato da licença ambiental (preventivo) ou decorrente de danos (corretivo) efetivamente constatados, serão desviados para outra finalidade, com prejuízo irreparável ao meio ambiente.

O instituto da compensação ambiental, por muito tempo, foi motivo de discussão das mais diversificadas, com relação à sua constitucionalidade, principalmente no tocante ao *quantum* que deve ser pago pelo empreendedor no ato de expedição da licença. Diversas normas foram editadas, em momentos distintos, para tratar de limites percentuais de compensação, até a ocasião em que o Supremo Tribunal Federal, na ADI 3378/2004 – DF declarou a inconstitucionalidade das expressões "não pode ser inferior a meio por cento dos custos totais previstos na implantação do empreendimento" e "o percentual" constantes do parágrafo 1º, do Art. 36, da Lei do Sistema Nacional de Unidades de Conservação. Portanto, o instituto da compensação ambiental é matéria sem vícios de constitucionalidade e o percentual inferior a meio por cento dos custos totais previstos na implantação do empreendimento não prosperou.

O Estado do Amazonas possui 27% de seu território destinados às Unidades de Conservação, sendo 12% estadual e 15% federal. A parte estadual corresponde a aproximadamente 175.000 km^2, sendo parte dessa área de uso sustentável. A federal corresponde a aproximadamente 205.000 km^2.

Focando na posição do Estado, até pelo limite de competência do Tribunal de Contas do Amazonas, são percentuais expressivos, a fiscalização pós-licenciamento dessas áreas constitui tarefa complexa, não só pela extensão gigantesca das áreas, como pela logística de verificação de cada uma. Obviamente que esta regra, por estar abalizada em leis originalmente editadas no contexto federal, vale para todos.

Como já mencionamos, estamos diante de uma situação nova que, até então, era ignorada por alguns órgãos de controle no Brasil, mas que se apresenta como absolutamente necessária para que venhamos efetivamente controlar todo e qualquer recurso público que se destine a essa finalidade.

Monitoramos todos os projetos de manejo florestal no Estado, principalmente nos casos oriundos de denúncia, para verificação *in loco* da real situação, inclusive das áreas do entorno das unidades de uso sustentável, para o acompanhamento da atual dimensão e extensão de eventuais irregularidades que subsistam e para que não tenhamos distorções entre o que está previsto no projeto e o que efetivamente é manejado.

Tão importante quanto ficarmos atentos aos licenciamentos em curso ou expedidos, é sermos vigilantes nas áreas de proteção integral, dentro daquelas perspectivas garantidas pela Carta Política. Para que isso venha efetivamente ser aplicado na sua plenitude, necessário se faz que tenhamos os esforços voltados para que não se ultrapassem aos limites das unidades de proteção integral, impedindo que exploradores criminosos agridam e destruam a floresta. Isso somente será possível se os Departamentos de Auditorias Ambientais dos TC's do Brasil tiverem estrutura compatível com o tamanho de nossa nação. São situações como as que exemplificamos acima, que precisam ser tratadas por todos de forma bastante contundente e rígida.

E o que isso tem a ver com o tema em questão? A nosso ver, a resposta é bastante lógica e diz respeito à amplitude de competência dos Tribunais de Contas, sem o olhar simplesmente contábil-financeiro da questão.

Como vimos, urge a necessidade de aplicarmos políticas públicas de proteção ambiental de forma a atender aos mandamentos constitucionais e leis infraconstitucionais vigentes, que foram resultados de amplas discussões pelo Congresso Nacional e pela sociedade. Muito antes da Constituição vigente, já se consolidou o pensamento da existência de UC's na Amazônia Legal, como exemplo, o Parque Nacional do Araguaia, hoje no estado do Tocantins, criado em 1959, com área total de 20.000 km^2, demonstrando que a necessidade sempre foi presente, ainda mais agora, quando tentam nos colocar como patrimônio econômico-financeiro ambiental da humanidade. Se aqueles que cobiçam a Amazônia, porque destruíram seus biomas, encontrarem os TC's enfraquecidos, sem cumprirem sua missão de proteção ambiental, terão solo fértil para perpetrarem seus desejos sobre nosso maior patrimônio.

Dos lixões e de aterros sanitários

Via de regra, o lixo é disposto inadequadamente, sem qualquer tratamento, gerando muitas doenças levadas por vetores tais como insetos e ratos, além de degradar o meio ambiente, contaminando o solo, a água do subsolo, rios, mares e o ar, onde a decomposição dos resíduos (chorume) prolifera os maus odores e compromete uma das maiores riquezas do Amazonas, as águas do aquífero Alter do Chão, considerado, hoje, o maior reservatório em volume de água doce do mundo, uma reserva importantíssima de riqueza mineral, causando impactos visuais e estéticos à paisagem. Outro fator que ainda merece consideração é a ameaça ao tráfego aéreo pelos urubus, fato este constatado em muitos aeródromos brasileiros pelo Centro de Investigação e Prevenção de Acidentes Aéreos (CENIPA).

A discussão sobre o problema do lixo sempre existiu. Porém, acentuou-se muito mais com o advento da Lei 12.302/2010, regulamentada pelo Decreto 7.404/2010, que instituiu a Política Nacional de Resíduos Sólidos e estabeleceu regras para destinação final do lixo.

Antes da Lei ser publicada e virar ordenamento jurídico a ser cumprida por todos, o Tribunal de Contas do Amazonas começou os procedimentos de auditorias ambientais para verificação dos lixões, iniciando pela cidade de Manaus e, posteriormente, em outros 20 municípios do Amazonas.

Como órgãos de controle, mas de prevenção e orientação por excelência, sensibilizamos o Governo do Estado e as Prefeituras Municipais a realizarem os planos de gestão integrada de resíduos sólidos dentro do prazo estabelecido pela referida lei, pois alertamos que isso seria necessário para que fossem viabilizados os financiamentos e para dar a destinação final aos resíduos nos aspectos previstos nessa legislação. Disponibilizamos a Escola de Contas Públicas e técnicos do Tribunal para acompanhar a gestão dos planos de resíduos, em sintonia com as inspeções nos lixões.

O resultado deste esforço foi compensador, apesar das dificuldades logísticas de um estado de dimensão continental como o Amazonas, pois até o prazo final para entrega dos planos (02 anos) estabelecidos pela Lei, ou seja, 10.08.12, mais de 95% dos municípios amazonenses entregaram concluídos, apenas dois municípios não concluíram a tempo. Se comparados ao índice nacional, apenas 8.8% deles cumpriram este prazo, verificamos que a média foi significativa. Isso demonstra claramente que a antecipação, a orientação e a cobrança por parte do TCE-AM junto ao gestor foram fundamentais para sua concretização.

Ainda há muito que se fazer para dar o tratamento correto para o lixo. Dele, pode-se aproveitar tudo, inclusive os rejeitos com a geração de energia elétrica, como já faz a Europa nos dias atuais. A forma mais barata ainda é o aterro sanitário, porém entendemos que não é a melhor solução nem a definitiva. A adequada disposição final e o tratamento dos resíduos sólidos urbanos objetivam proporcionar melhorias à saúde pública, ao paisagismo urbano, ao tráfego aéreo, além de promover a preservação ambiental. Assim, precisamos de soluções que consigam contemplar essas necessidades.

Nossa experiência no acompanhamento de licenças para instalação dos aterros sanitários ainda é muito incipiente, pelo fato de que a existência desses aterros é quase que nenhuma. Somente três cidades no Amazonas possuem aterros sanitários, porém todos com problemas estruturais, não obedecendo às especificidades e características acobertadas pela Legislação Ambiental e o quarto em Manaus, denominado aterro controlado, mas que carece, também, das condições técnicas que possam caracterizá-lo como tal.

A auditoria realizada no local onde o lixo da cidade de Manaus é disposto (aterro controlado?), apresentou problemas na coleta seletiva, na operacionalização, licenciamento e monitoramento, influenciando negativamente no desempenho do Programa Auditado. Tais problemas são identificados como:

- Comprometimento pelo chorume das águas do igarapé do Matrinxã e Acará, receptor das águas do Matrinxã, do canal principal do Aracu e das águas subterrâneas nos poços mais próximos.
- Ausência de monitoramento na medição da concentração e vazão dos gases gerados e seu acompanhamento com laudo químico de emissões atmosféricas;
- Sistema inadequado de armazenamento dos resíduos orgânicos na área de compostagem;
- Sistema inadequado de tratamento e disposição final dos Resíduos Sólidos de Serviço de Saúde (RSSS);
- Baixo percentual de cobertura da coleta seletiva;
- Insuficiência de Postos de Entrega Voluntária (PEV's) no Município;
- Baixo aproveitamento dos resíduos coletados de forma seletiva;
- Insuficiência de recursos financeiros destinados para a ação de Educação Ambiental;
- Ausência de controle da SEMUSLP sobre a coleta seletiva e comercialização de recicláveis pelas Associações.

Da educação ambiental

De tudo o que foi discorrido nestas linhas, há um elemento fundamental e crucial de prevenção, que na verdade funciona como o mais eficiente pré-licenciamento, para que consigamos mudar radicalmente a situação de riscos e danos constantes ao meio ambiente, a educação ambiental. Para tanto, basta cumprirmos o que está estatuído na Carta Magna brasileira, bem como na Lei nº 9.795/99.

A Constituição dispõe claramente no §1º do art. 225, que para assegurar um meio ambiente ecologicamente equilibrado e se dê efetividade neste direito, que o poder público promova a educação ambiental em todos os níveis de ensino e a conscientização pública para a preservação do meio ambiente. O legislador constituinte, ao inserir no texto constitucional essa norma, colocou a disposição da sociedade mecanismos muito mais eficazes na relação causa e efeito dos problemas ambientais, um mecanismo que transcenderia, se fosse utilizado, ao nascedouro das práticas poluidoras hoje existentes.

A Lei nº 9.795/1999 reforçou a norma constitucional quando inseriu que os valores sociais, os conhecimentos, as habilidades e as atitudes para conservação do meio ambiente são construídos pelos indivíduos e a coletividade, numa demonstração inequívoca de que este é o melhor e mais eficiente mecanismo de que dispomos para dar vazão a uma necessidade do homem de proteção ambiental pelos seres humanos.

A Lei vai além, e estabelece que a educação ambiental seja componente essencial e permanente da educação nacional, garantindo sua permanência de forma articulada em todos os níveis e modalidades do processo educativo formal e não-formal.

Estas observações foram feitas pelo entendimento de que cabe claramente aos órgãos de controle, por estarem inseridos no espírito do estatuído nas regras constitucionais aqui discorridas, as competências de agirem sob o ponto de vista do controle público, na sua totalidade, incluída aí a fiscalização para cumprimento de norma legal.

Com este propósito, a Escola de Contas Públicas está desenvolvendo ações na área de educação ambiental, inseridas dentro do projeto TCE CIDADÃO, que visa colocar em prática as regras estabelecidas pela legislação brasileira relativas a esta matéria, que consiste na capacitação dos servidores dos Tribunais de Contas, para que possam implementar o efeito multiplicador junto aos nossos jurisdicionados (Secretarias de Educação), através dos professores da rede pública de ensino em todos os níveis e estes, após esta capacitação, ministrarem aos alunos os conceitos de preservação do meio-ambiente. Para que isso ocorra na sua plenitude, é importante que contemos com as participações de todos os poderes e seus órgãos, incluindo-se aí as Escolas de Contas, Poder Judiciário, Poder Legislativo e Ministério Público. Precisamos defender e fazer a mutação de uma educação transversal para algo dinâmico, permanente e formal, onde o processo pedagógico seja participativo e que possa, a partir dele, incutir uma consciência crítica de todos para esta problemática ambiental de dimensão planetária.

Talvez possa parecer um tanto utópico, no presente momento, o que estamos pensando em termos de educação ambiental como ferramenta de prevenção, porém temos a plena convicção que não há outro caminho para reduzirmos os altos índices de agressões ao meio ambiente, senão pela conscientização da população.

Por fim, os Tribunais de Contas avançam no sentido de um controle público em que possam avaliar índices de melhoria na qualidade de saúde, educação, segurança, mas também possam fazer o controle ambiental na sua totalidade, passando a verificar índices de degradação, devastação, queimadas, dentre outros e analisar os componentes de sustentabilidade nos editais de licitação, com isso aplicando o inteiro teor do formato de fiscalização garantido do Artigo 70 da CF, visando, primordialmente, a proteção da natureza e do homem que nela habita.

9. O Ilícito Administrativo e o Acordo de Leniência

Érico Xavier Desterro e Silva

Introdução

O desvio ético, no trato dos assuntos públicos, tem sido uma preocupação constante de todas as sociedades modernas, especialmente quando elas passaram a adotar um modelo de administração pública para além daquilo que se conhece por "patrimonialismo", ou seja, quando se passou a exigir claras fronteiras entre os interesses público e privado de todos os agentes envolvidos nos processos de decisão e de gestão relativos aos interesses coletivos.

Como consequência, sociedades que elegeram certos valores como norteadores da sua existência (submissão do próprio Estado à legalidade, igualdade de todos perante a lei, processos democráticos de escolha de seus governantes, separação e independência das funções do Poder público, para citar alguns), criaram e vêm aperfeiçoando mecanismos de controle do exercício do poder, notadamente para prevenir ou remediar a prática de atos ilícitos no âmbito da Administração Pública. O combate à corrupção – não só a ela, mas,sobretudo a ela – tem sido um capítulo importante da história do controle da função pública.

Recentemente o Brasil adotou uma legislação – a Lei nº 12.846, de 1 de agosto de 2013 – que veio declaradamente estabelecer a "*responsabilização objetiva, administrativa e civil de pessoas jurídicas pela prática de atos contra a administração pública*" – e que inaugura, no país, uma nova perspectiva de prevenir, conter e interromper eventuais atos ilícitos decorrentes da corrupção. Como se verá pelo exame de um de seus temas fundamentais que é o acordo de leniência, há substancial alteração nos mecanismos de ação contra as práticas ilícitas no âmbito da administração pública. É como sustenta Ivan Xavier Vianna Filho:

> "... é um marco, porque altera, essencialmente, a concepção, a racionalidade e a lógica do sistema legislativo de combate às práticas ilícitas levadas a cabo em detrimento do patrimônio público, gênero no qual estão insertos bens, direitos e interesses da administração pública."[1]

Pois então, o enfoque que é dado pela nova lei é muito mais sobre a prevenção do que sobre a punição dos ilícitos, tendo como uma das suas principais novidades – no que se refere ao combate a práticas de corrupção – o instituto do acordo de leniência. Esse instrumento está inserido naquilo que se pode chamar de "contratualização do poder sancionatório estatal" que, de certa forma, vem sendo desenvolvido dentro de uma perspectiva processual e consensual da ação de controle do Poder Público. Exemplos outros são certas espécies de acordos firmados no âmbito das agências reguladoras, termos de ajustamento de condutas e, mais recentemente, termos de ajustamento de gestão, utilizados no âmbito dos Tribunais de Contas.

São respostas mais modernas e alternativas à prevenção, ao combate e à persecução de ilícitos. Neste estudo, será feita uma breve análise da relação existente entre o instituto dos acordos de leniência e o eventual ilícito administrativo envolvido em seu objeto.

1. O ilícito administrativo

Já não basta, para se caracterizar o ato administrativo ilícito, a simples observação de que ele contraria a lei. É certo que um ato que contrarie a lei é, a toda evidência, um ato ilícito; porém, a licitude é conceito mais amplo que "legalidade" e, por isso, o seu contrário não se confunde com a violação à lei. Quando se diz que algo é lícito, o que se está a dizer é que esse algo é *permitido* (e, portanto, é uma permissão que se destina necessariamente a uma pessoa). É permitido pela lei, mas não só por ela;

[1] Vianna Filho, Ivan Xavier. Acordo de leniência, segurança jurídica e princípio da confiança legítima. *Revista de Direito público da Economia – RPDE*, Belo Horizonte, ano 14, nº 55, p. 223-242, jul./set. 2016, p. 223-224.

essa permissão decorre de um conjunto de valores que estão protegidos pela lei ou por princípios de Direito. É como ensina EDMIR NETTO DE ARAÚJO:

> *Ilícito*, ao contrário, é então aquilo que é contrário à lei, à moral, ao direito, ou seja, injurídico ou ilegítimo.[2]

Por outro lado, essa expressão era utilizada por J. CRETELLA JÚNIOR em um dado sentido, qual seja, o da infração cometida pelo agente administrativo. Delimitava, antes, o sentido de *ilícito*, para quem seria:

> "A *substância* ou *materialidade* do ilícito é sempre um *fato*, que ocasiona um *dano*, o que gera *responsabilidades* e *sanções*, em razão das perturbações causadas ao particular, à sociedade, à Administração, ou às pessoas jurídicas privadas."[3]

Para CRETELLA JÚNIOR, portanto, o ilícito é uma categoria jurídica, o "*ilícito categorial*", que pressupõe um fato gerador, um dano, um desacato ao sistema jurídico. E ao referir-se à específica espécie administrativa do ilícito, conceitua-a como sendo "*todo ato positivo ou negativo, imputado a agente administrativo, em virtude de infração a dispositivo expresso estatutário*".[4]

EDMIR NETTO DE ARAÚJO conceitua o ilícito administrativo como "*ação ou omissão antijurídica, culpável, prejudicial, especialmente catalogada nos estatutos funcionais e outras normas que disciplinam a atividade dos agentes públicos*"[5], como espécie do gênero *ato ilícito*, sendo elementos deste último, necessariamente, "*o ato ou omissão humanos, a infringência à norma legal do ramo considerado, o dano e a responsabilidade*"[6]. Retira-se dessa definição que o ilícito

[2] ARAÚJO, Edmir Netto de. *Curso de Direito Administrativo*. 7ª ed. São Paulo: Saraiva, 2015. p. 845.

[3] CRETELLA JÚNIOR, José. Do ilícito Administrativo, p. 137. Disponível em: http://www.revistas.usp.br/rfdusp/article/viewFile/66693/69303. Acesso em: 15 jun. 2017

[4] *Idem*, p. 141.

[5] ARAÚJO, Edmir Netto de. *Curso de Direito Administrativo*. 5ª ed. São Paulo: Saraiva, 2010. p. 915.

[6] ARAÚJO, Edmir Netto de. O ilícito administrativo e seu processo. São Paulo: Editora Revista dos Tribunais, 1994. p. 23, cit. por BOCAFOLI, Amarilis Inocente, em sua Dissertação de Mestrado intitulada "Responsabilidade administrativa dos funcionários públicos por ineficiência,

administrativo pode estar previsto em *outras normas* atinentes às atividades dos agentes públicos.

É certo que, de alguma forma, do ilícito administrativo deve participar um agente público. Mas, é necessário reconhecer que, em certas situações do ilícito administrativo, participam também, em conluio com o servidor, pessoas que não compõem a Administração Pública. Um exemplo claro disso está no art. 3º da Lei 8.429, de 2 de junho de 1992, que determina que "*as disposições desta lei são aplicáveis, no que couber, àquele que, mesmo não sendo agente público, induza ou concorra para a prática de ato de improbidade ou dele se beneficie sob qualquer forma direta ou indireta*".

Inegavelmente os atos de improbidade são ilícitos administrativos e há também outros atos que são "*ilícitos administrativos criminais funcionais*", também tipificados como ilícitos penais e que, muitas vezes, requerem, para a sua configuração, a participação de um terceiro estranho à Administração. O evidente exemplo disso é a prática da corrupção, que participa da configuração de diversos tipos penais e ilícitos administrativos.

Ressaltam Leila Cuéllar e Clóvis Alberto Bertolini de Pinho:

> "Quando se fala em atos de corrupção, pensa-se automaticamente na prática de conduta definida como crime de corrupção pelo Código Penal. O Código Penal é o diploma que trata com vastidão dos crimes que atingem diretamente a Administração Pública. Destaca Edgar Magalhães Noronha que '[...] o Código não prevê todas as ofensas aos interêsses Administração Pública. Ao lado do ilícito penal, há o ilícito administrativo: há faltas puramente administrativas que não possuem o vulto necessário para constituir delitos e que constituem, antes, objeto do Direito penal disciplinar, o que não significa, entretanto, que a ilicitude não seja uma só'.
>
> Por conseguinte, a corrupção pressupõe o atuar humano destinado a prejudicar e lesar a coletividade, admitindo, na forma de lei, diversas incriminações, e não estando adstrita somente às figuras da corrupção passiva e ativa, mas se referindo a vários outros tipos penais. De todo modo, é preciso observar que o Código Penal trata especificamente da corrupção passiva (art. 317 do CP), ou seja, aquele caso no qual somente pode ser sujeito ativo o funcionário público, diferentemente da corrupção ativa, que pode

disponível em www.teses.usp.br/teses/disponiveis/2/2134/tde-31012011.../definitiva_completa.pdf. Acesso em 15 jun. 2017.

ser praticado por qualquer pessoa, enquanto o sujeito passivo sempre será a Administração Pública."[7]

Também é ressaltada pela Organização para a Cooperação e Desenvolvimento Econômico – OCDE, segundo nos dão conta CRISTIANA FORTINI e FABRÍCIO MOTTA, a participação do agente privado, além do público, na configuração dos atos de corrupção. A citada organização conceitua corrupção "*como o abuso de agentes públicos e privados para obtenção de vantagens pessoais, aludindo não apenas ao recebimento de propina, mas incluindo a menção ao nepotismo, à fraude e à captura estatal*"[8].

A recente legislação adotada no Brasil, com a finalidade de combater a corrupção (a Lei nº 12.846, de agosto de 2013), dirige-se essencialmente aos agentes privados que mantêm relações com a Administração Pública, nos termos em que enuncia em seu art. 1º: "*Esta Lei dispõe sobre a responsabilização objetiva administrativa e civil de pessoas jurídicas pela prática de atos contra a administração pública, nacional ou estrangeira*". Por óbvio que produz reflexos sobre a função pública e seus agentes, v.g., quando lista os atos lesivos a que visa combater:

> "Art. 5º Constituem atos lesivos à administração pública, nacional ou estrangeira, para os fins desta Lei, todos aqueles praticados pelas pessoas jurídicas mencionadas no parágrafo único do art. 1º, que atentem contra o patrimônio público nacional ou estrangeiro, contra princípios da administração pública ou contra os compromissos internacionais assumidos pelo Brasil, assim definidos:
>
> **I – prometer, oferecer ou dar, direta ou indiretamente, vantagem indevida a agente público, ou a terceira pessoa a ele relacionada;**"[9]

[7] CUÉLLAR, Leila e PINHO, Clóvis Alberto Bertolini de. Reflexões sobre a Lei Federal n. 12.846/2013 (Lei Anticorrupção). *Revista de Direito Público da Economia – RPDE*, Belo Horizonte, ano 12, nº 46, p. 131-170, abr./jun. 2014, p. 132-133.

[8] FORTINI, Cristiana e MOTTA, Fabrício. Corrupção nas licitações e contratações públicas sinais de alerta segundo a Transparência Internacional. *Revista de Direito Administrativo & Constitucional – A & C*, Belo Horizonte, ano 16, nº 64, p. 93-113, abr./jun. 2016, p. 94.

[9] Destaque em negrito feito pelo autor.

Mas a ênfase dada ao agente privado fez com que Luciano Ferraz[10] visualizasse na referida lei uma "*Lei de improbidade empresarial*" (em contraposição à alcunha por que é mais conhecida – Lei Anticorrupção):

> "*A Lei nº 12.846/2013, indevidamente batizada de lei anticorrupção, deve ser tratada como alei de improbidade empresarial. Sua edição cobre um vácuo legislativo existente desde a lei de improbidade administrativa (Lei nº 8.429/92), para abarcar, com caráter punitivo, condutas empresariais ímprobas, adotadas sem a participação de agentes públicos ou quem lhes faça as vezes.*"[11]

Marcos Augusto Perez, contudo, ressalta um duplo objetivo da lei: "constranger a prática de corrupção e o pagamento ilegal de propinas para agentes públicos"[12], o que parece absolutamente correto por diversos aspectos, mas, especialmente, pela previsão dos acordos de leniência, que pressupõem a admissão da participação do agente privado em atividades ilícitas e a cooperação com as investigações, com o oferecimento de informações sobre o caso.

Visualizam-se, assim, algumas possibilidades de utilização do acordo de leniência na identificação e apuração de ilícitos administrativos nas hipóteses em que esses ocorrem a partir de práticas que envolvam, também, pessoas jurídicas que mantenham alguma espécie de relacionamento com a Administração Pública.

2. O acordo de leniência previsto na Lei nº 12.846/2013

Egon Bockmann Moreira e Andreia Cristina Bagatin identificam entre os principais temas da Lei nº 12.846/2013, quatro institutos: a responsabilidade objetiva, a desconsideração societária, os acordos de leniência e os regulamentos administrativos[13]. Rigorosamente nenhum deles se constitui em uma novidade no direito brasileiro, mas é certo que, em

[10] Ferraz, Luciano. Reflexões sobre a Lei nº 12.846/2013 e seus impactos nas relações público-privadas: lei de improbidade empresarial e não lei anticorrupção. Revista Brasileira de Direito Público – RBDP, Belo Horizonte, ano 12, nº 47, p. 33-43, out./dez. 2014.

[11] *Idem*, p. 42.

[12] Perez, Marcos Augusto. Controle da Administração Pública no Brasil: um breve resumo do tema. Revista Brasileira de Direito Público – RBDP, Belo Horizonte, ano 14, nº 52, p. 69-74, jan./mar. 2016, p. 72-73.

[13] Moreira, Egon Bockmann; Bagatin, Andreia Cristina. Lei Anticorrupção e quatro de seus principais temas: responsabilidade objetiva, desconsideração societária, acordos de

relação a alguns, a sua aplicação no Direito Administrativo possui novos contornos.

Neste breve ensaio, propõe-se uma análise sobre os acordos de leniência e suas eventuais consequências em relação aos ilícitos administrativos e sua apuração. Registre-se que os acordos de leniência foram introduzidos no direito positivo brasileiro através da Medida Provisória 2.055/2000, que modificou a Lei nº 8.884/94, esta última quase que totalmente revogada pela Lei nº 12.529/11. Exatamente esta última norma é que "*estrutura o Sistema Brasileiro de Defesa da Concorrência – SBDC e dispõe sobre a prevenção e a repressão às infrações contra a ordem econômica, orientada pelos ditames constitucionais de liberdade de iniciativa, livre concorrência, função social da propriedade, defesa dos consumidores e repressão ao abuso do poder econômico*".

Shirlei Silmara de Freitas Mello, Patrícia Lopes Maioli e Leandro de Paula Assunção Abati esclarecem o significado de "leniência" no contexto da citada legislação que, com as adaptações necessárias, pode ser aplicado ao instituto previsto na Lei anticorrupção:

> "O termo leniência descreve um sistema que visa uma exoneração parcial ou total das penalidades aplicáveis a qualquer participante de infração a ordem econômica que confesse o ilícito e apresente provas que sejam suficientes para a condenação dos envolvidos na infração (...)"[14]

É, pois, um instrumento de atuação da Administração Pública sob uma perspectiva de consensualidade, tal como demonstra Luciano Ferraz:

> "Já o art. 17 da Lei nº 12.846/2013 é importantíssimo para o âmbito das contratações públicas no Brasil. Ele, diferentemente do acordo disposto no art. 16 da lei, pertence a outro âmbito de aplicação, embora previsto na mesma lei. Este segundo acordo possibilita que a Administração Pública celebre acordo de leniência com a pessoa jurídica responsável pela prática de ilícitos previstos na Lei nº 8666, de 21 de junho de 1993, com vistas

leniência e regulamentos administrativos. Revista de Direito Público da Economia – RDPE, Belo Horizonte, ano 12, nº 47, p. 55-84, jul./set. 2014.

[14] Mello, Shirlei Silmara de Freitas; Maioli, Patrícia Lopes; Abati, Leandro de Paula Assunção. O acordo de leniência como corolário do princípio da consensualidade no processo antitruste brasileiro. Revista de Direito Público da Economia – RDPE, Belo Horizonte, ano 12, nº 45, p. 153-167, jan./mar. 2014, p. 162.

à isenção ou atenuação das sanções administrativas estabelecidas em seus artigos 86 a 88.

A natureza consensual desse segundo acordo de leniência e a potencialidade de colocar fim a celeumas instaladas entre Administração Pública e particulares na execução de contratos administrativos é importante instrumento a ser utilizado como mecanismo de corrigir rumos, superando as drásticas soluções rescisórias.

Este acordo pode até mesmo ser provocado pelas Controladorias e pelos Tribunais de Contas como meio de determinar à Administração que proceda a correções na execução dos contratos administrativos, pela via, em mútuo consenso com o particular, substituindo a ruptura pela continuidade, a rigidez pela flexibilidade. Nesse sentido, o acordo de leniência pode ser visto como objeto ou apanágio dos Termos de Ajustamento de Gestão (TAG)."[15]

A reforçar essa ideia do agir consensual para a apuração do ilícito e aplicação da sanção, refere-se à lei a um específico "processo administrativo de responsabilização" a ser levado a cabo pelos órgãos de controle interno. Exatamente no contexto desse processo pode surgir a possibilidade e conveniência da obtenção de um acordo de leniência.

"Novo instituto que a Lei cria no art. 16 é o chamado *Acordo de Leniência*, a ser realizado, a critério da autoridade máxima de cada órgão ou entidade pública, com as pessoas jurídicas responsáveis pela prática dos atos previstos na Lei que colaborem efetivamente com as investigações e o processo administrativo, "desde que dessa colaboração resulte: I – a identificação dos demais envolvidos na infração, quando couber; e II – a obtenção célere de informações e documentos que comprovem o ilícito sob apuração".

Ou seja, a norma exige resultados positivos para o processo de investigação e responsabilidade dos envolvidos no tema, caso contrário não se poderá aproveitar a pretensão destas pessoas – aliás, como outros países já tem operado, conforme visto acima. Por outro lado, há que se refletir sobre quem tem competência final para realizar juízo de valor positivo ou negativo sobre os níveis de aproveitabilidade das informações prestadas e o

[15] FERRAZ, Luciano. Reflexões sobre a Lei nº 12.846/2013 e seus impactos nas relações público-privadas: lei de improbidade empresarial e não lei anticorrupção. Revista Brasileira de Direito Público – RBDP, Belo Horizonte, ano 12, nº 47, p. 33-43, out./dez. 2014, P. 40.

tempo em que elas se darão, haja vista que *tal acordo também se afigura como direito de quem se dispõe a colaborar*! Neste sentido, ao menos *prima facie*, deverá ser a autoridade administrativa competente para o caso."[16]

A decisão da Administração Pública de adotar esse tipo de acordo é, frise-se, na hipótese de convir para ela, Administração, e pressupõe, portanto, não só alentada argumentação motivadora como a demonstração objetiva das vantagens para a sua realização. É como alerta IVAN XAVIER VIANNA FILHO:

> "De fato, o que se busca com o acordo de leniência é o desvendamento célere da teia ilícita, a sua comprovação e a prova do envolvimento de todos os participantes e a definição de um caminho mais curto para o recebimento das indenizações devidas em face do dano decorrente das ilegalidades cometidas.
>
> Se assim é, do ponto de vista lógico, sempre que as informações prestadas e os documentos disponibilizados pela *primeira pessoa jurídica* forem relevantes, necessários e exaurientes da sua possibilidade de colaboração, ainda que os resultados de sua colaboração sejam parciais, a pessoa confitente poderá beneficiar-se do acordo de leniência.
>
> E, como corolário, inexiste óbice a que uma *segunda pessoa jurídica* confitente apresente novas informações e/ou documentos e receba igual tratamento.
>
> O que o instituto visa – revela-se importante repetir – é beneficiar a pessoa jurídica que, confessando a trama criminosa em que se envolveu, compromete-se a manter conduta ilibada e a fornecer todos os elementos de que dispõe para elucidação dos fatos, de modo a contribuir para a celeridade das investigações.
>
> Trata-se, portanto, de uma via de duas mãos. É interessante para a administração pública e para o administrado infrator e, portanto, o problema da originalidade ou pioneirismo da confissão não se resolve, compulsoriamente, pela precedência da adoção de posição.

[16] LEAL, Rogério Gesta. A Nova Lei Anticorrupção Empresarial no Brasil: Novo Marco Regulatório às Responsabilidades das Pessoas Jurídicas por Atos Atentatórios aos Bens Públicos. *Interesse Público – IP*, Belo Horizonte, ano 16, nº 88, p. 25-54, nov./dez. 2014, p. 45.

> Ou bem a colaboração é eficaz, mesmo que parcial, permitindo a identificação dos envolvidos e a produção da prova da infração e da autoria, ou é imprestável e, por isso, o acordo deve ser recusado."[17]

A pertinência, pois, dos acordos de leniência em relação aos ilícitos administrativos está exatamente no fato de que eles podem resultar em prova útil e de difícil refutação contra a eventual conduta ilícita de agentes públicos, dada a condição privilegiada do cooperante, que participa de alguma forma da ilicitude confessada. É evidente que não se prestam os acordos de leniência diretamente na investigação dos ilícitos administrativos, nem possuem como partes os agentes públicos, já que o seu objetivo é outro, como dito acima, qual seja, a obtenção da cooperação do agente privado na investigação de ações perpetradas por ele e por outros, contrárias à Administração Pública. Mas se essas ações ilícitas envolvem agentes públicos, passam esses acordos a ser importante instrumento de identificação dessas práticas, permitindo plenamente a responsabilização administrativa (e de outras naturezas) dos agentes envolvidos.

Quase todas as condutas previstas no art. 5º da referida lei podem, de alguma forma, estar associadas a um agente público ou pressupor a participação dele. Pelo menos em uma delas – a previsão constante do seu inciso I – só pode ser caracterizada pela participação de um ou mais agentes públicos. Revela-se aí, portanto, um importante instrumento não só de investigação e de obtenção de resultados concretos para a responsabilização de agentes públicos, como também um mecanismo que, a médio prazo, inibirá a prática de atos de corrupção e ilícitos administrativos que de alguma forma os envolvam, na medida em que rompe com a lógica do acobertamento da ilicitude por quem dele participa.

É a inteligente observação de Egon Bockmann Moreira e Andreia Cristina Bagatin:

> "Na medida em que a prática é ilícita, é evidente que não é perpetrada aberta e publicamente. A tendência é a de que seja praticada de modo dissimulado, conhecida apenas por um pequeno grupo (em especial, por aqueles que auferem vantagem da prática – e que podem sentir as consequências

[17] Vianna Filho, Ivan Xavier. Acordo de leniência, segurança jurídica e princípio da confiança legítima. *Revista de Direito público da Economia – RPDE*, Belo Horizonte, ano 14, nº 55, p. 223-242, jul./set. 2016, p. 232.

negativas de sua divulgação) e, no mais das vezes, acobertada com práticas formalmente lícitas que servem de anteparo para a prática ilícita.

Em outras palavras: aquele que adota conduta contrária ao direito possui mais informações sobre o fato e não tem qualquer incentivo para fornecê-las àqueles que podem contrastar o ato por si praticado e, mesmo, responsabilizá-lo pela prática ilícita. Ao contrário, o incentivo segue justamente no sentido de acobertar a prática ilícita, continuar a auferir os benefícios dela derivados e evitar a responsabilização.

Daí a relevância da previsão contemplada no art. 16 da Lei nº 12.846/ /2013, que prevê a possibilidade de celebração de acordo de leniência com pessoas jurídicas que efetivamente colaborem com as investigações e com o processo administrativo.

De acordo com esse dispositivo, a colaboração deve resultar (i) na identificação dos demais envolvidos na infração e (i) na obtenção célere das informações e documentos que comprovem a prática ilícita.

A pessoa jurídica que o firma deve (i) ser a primeira pessoa jurídica a manifestar interesse em cooperar com a apuração do ilício; (ii) cessar completamente o envolvimento com a prática a partir da data do acordo e (iii) admitir a participação no ilícito e cooperar plenamente com as investigações e respectivo processo administrativo (comparecendo a todos os atos processuais às próprias expensas). Em contrapartida, a pessoa jurídica estará dispensada da publicação da decisão condenatória (art. 6º, inc. II); isenta da sanção que a impede de obter incentivos, empréstimos, doações, subsídios e subvenções do Poder Público (art. 19, inc. IV) e poderá obter redução (de até dois terços) na multa aplicável.

Assim e na justa medida em que se supõe que as pessoas jurídicas desenvolvem boas práticas e *Compliance*, a Lei Anticorrupção lhes permitiu que, uma vez detectado o ilícito, façam a denúncia à autoridade competente e celebrem o respectivo acordo de leniência. É uma válvula de escape, que possibilita e incentiva o controle e a inibição de atos corruptores."

Verifica-se, assim, o largo uso que se pode dar aos acordos de leniência na prevenção e na efetiva investigação e apuração dos ilícitos administrativos, notadamente em relação àqueles que são conhecidos na doutrina como "ilícitos administrativos penais", que se constituem, ao mesmo tempo, como falta disciplinar grave ou gravíssima e crime, sendo apurados tanto na esfera administrativa quanto na judicial, com reflexos não necessariamente vinculados.

Conclusões

Em decorrência da necessidade de criação e aperfeiçoamento de mecanismos de controle do exercício do poder, em particular no que diz respeito à prevenção e à punição de atos ilícitos no âmbito da Administração Pública e, mais especificamente, quanto ao combate à corrupção, o Brasil adotou uma legislação – a Lei 12.846, de 1 de agosto de 2013 – que veio "*responsabilização objetiva, administrativa e civil de pessoas jurídicas pela prática de atos contra a administração pública*" – iniciando uma nova perspectiva de prevenir, conter e interromper eventuais atos ilícitos decorrentes desses atos. Essa legislação, ao lado de outros mecanismos, introduziu o instituto do Acordo de Leniência, como importante instrumento de sanção, por um lado, e de investigação, por outro, dos atos de improbidade cometidos por pessoas jurídicas de direito privado contra a Administração Pública.

Para além disso, esse novo modelo sancionatório permite, ao romper com a lógica do acobertamento da ilicitude por quem dele participa, uma apuração mais eficaz e efetiva de ilícitos administrativos praticados pelos agentes públicos, quando tenham eles participado das práticas ilegais reveladas pela confissão dos que firmem esses acordos.[18]

Deverá, assim, constituir-se, também, em um eficiente instrumento de inibição e de investigação dos ilícitos administrativos.

Nota do coordenador:
Cumpre informar que o autor também foi um dos palestrantes do 1º Encontro de Combate à Improbidade, realizado nos dias 24 e 25 de agosto de 2017 pelo Centro Acadêmico Oswaldo Aranha – CAOA, no Tribunal de Contas do Estado do Amazonas em Manaus, com palestra sobre o tema do papel do TCE no combate à improbidade, disponível logo abaixo pelo link: https://www.youtube.com/watch?v=yL2Z4-ZLztU ou pelo QRCode

[18] MOREIRA, Egon Bockmann; BAGATIN, Andreia Cristina. Lei Anticorrupção e quatro de seus principais temas: responsabilidade objetiva, desconsideração societária, acordos de leniência e regulamentos administrativos. Revista de Direito Público da Economia – RDPE, Belo Horizonte, ano 12, nº 47, p. 55-84, jul./set. 2014.

Referências

ARAÚJO, Edmir Netto de. *Curso de Direito Administrativo*. 7ª ed. São Paulo: Saraiva, 2015. p. 845.

–. O ilícito administrativo e seu processo. São Paulo: Editora Revista dos Tribunais, 1994. p. 23, cit. por BOCAFOLI, Amarilis Inocente, em sua Dissertação de Mestrado intitulada "Responsabilidade administrativa dos funcionários públicos por ineficiência, disponível em www.teses.usp.br/teses/disponiveis/2/2134/tde-31012011.../definitiva_completa.pdf. Acesso em 15 jun. 2017.

CRETELLA JÚNIOR, José. Do ilícito Administrativo, p. 137. Disponível em: http://www.revistas.usp.br/rfdusp/article/viewFile/66693/69303. Acesso em: 15 jun 2017

CUÉLLAR, Leila e PINHO, Clóvis Alberto Bertolini de. Reflexões sobre a Lei Federal nº 12.846/2013 (Lei Anticorrupção). *Revista de Direito Público da Economia – RPDE*, Belo Horizonte, ano 12, nº 46, p. 131-170, abr./jun. 2014.

FERRAZ, Luciano. Reflexões sobre a Lei nº 12.846/2013 e seus impactos nas relações público-privadas: lei de improbidade empresarial e não lei anticorrupção. Revista Brasileira de Direito Público – RBDP, Belo Horizonte, ano 12, nº 47, p. 33-43, out./dez. 2014.

FORTINI, Cristiana e MOTTA, Fabrício. Corrupção nas licitações e contratações públicas: sinais de alerta segundo a Transparência Internacional. *Revista de Direito Administrativo & Constitucional – A & C*, Belo Horizonte, ano 16, nº 64, p. 93-113, abr./jun. 2016.

LEAL, Rogério Gesta. A Nova Lei Anticorrupção Empresarial no Brasil: Novo Marco Regulatório às Responsabilidades das Pessoas Jurídicas por Atos Atentatórios aos Bens Públicos. *Interesse Público – IP*, Belo Horizonte, ano 16, nº 88, p. 25-54, nov./dez. 2014.

MELLO, Shirlei Silmara de Freitas; MAIOLI, Patrícia Lopes; ABATI, Leandro de Paula Assunção. O acordo de leniência como corolário do princípio da consensualidade no processo antitruste brasileiro. Revista de Direito Público da Economia – RDPE, Belo Horizonte, ano 12, nº 45, p. 153-167, jan./mar. 2014.

MOREIRA, Egon Bockmann; BAGATIN, Andreia Cristina. Lei Anticorrupção e quatro de seus principais temas: responsabilidade objetiva, desconsideração societária, acordos de leniência e regulamentos administrativos. Revista de Direito Público da Economia – RDPE, Belo Horizonte, ano 12, nº 47, p. 55-84, jul./set. 2014.

PEREZ, Marcos Augusto. Controle da Administração Pública no Brasil: um breve resumo do tema. Revista Brasileira de Direito Público – RBDP, Belo Horizonte, ano 14, nº 52, p. 69-74, jan./mar. 2016.

VIANNA FILHO, Ivan Xavier. Acordo de leniência, segurança jurídica e princípio da confiança legítima. *Revista de Direito público da Economia – RPDE*, Belo Horizonte, ano 14, nº 55, p. 223-242, jul./set. 2016.

10. O Criminoso Econômico-Financeiro e sua Relação com Improbidade Administrativa

Fausto Martin De Sanctis

Introdução

Ao discorrer sobre o criminoso econômico-financeiro, faz-se necessária uma remissão aos tradicionais tipos consagrados na Lei de Colarinho Branco (Lei nº 7.492, de 16 de junho de 1986) e na Lei de Lavagem de Dinheiro (Lei nº 9.613, de 03 de março de 1998, combinado com a Lei nº 12.683, de 09 de julho de 2012). Para boa parte das condutas ocorrentes no setor econômico-financeiro, há uma maior rede de incidência normativa, extremamente complexa, mas pouco sentida, que pode impactar negativamente o envolvido porquanto a solução criminal será abrangente, rígida e, por vezes, inesperada.

Exatamente por isso impõe-se uma proteção adequada daqueles que atuam no campo econômico-financeiro de molde a minimizar riscos de crimes econômico-financeiros, aí incluindo os de improbidade administrativa.

Há de se prestar atenção aos riscos existentes e à necessidade de fortalecimento do *compliance* ao combate dos delitos econômico-financeiros, como os de colarinho branco, lavagem de dinheiro e, outrossim, às soluções antissuborno e anticorrupção, notadamente disciplinadas na Lei de Improbidade Administrativa.

A aderência às exigências relevantes de *compliance* implica na identificação das eventuais falhas existentes e no aprimoramento dos fluxos de trabalho de *due diligence*. O objetivo traçado no presente estudo é retratar o entrelaçamento entre os crimes econômicos e financeiros com a improbidade administrativa, que também pode ser praticada por particulares, ou seja, por aqueles que de alguma forma induzam ou concorram para a sua prática ou dela se beneficiem sob qualquer forma.

1. Direito Econômico-Financeiro

O Direito Penal Econômico passou a ter um peso maior na atualidade. Com a mundialização da economia muitas transformações estão em marcha. Até há pouco tempo, forte era a distância entre ocidente e oriente, as antíteses norte-sul, a guerra fria e um socialismo pautado no comunismo. Com a ideia da prevalência da economia de mercado, inclusive nos países sem essa tradição (fenômeno China), aliada às inovações tecnológicas, houve a necessidade de novas práticas de gestão aplicadas às empresas.

Passou-se para uma nefasta competitividade não-solidária e destruidora que se tornou muito mais evidente, apesar da globalização ter infundido esperanças (o que é positivo), mas também angústias, já que não sabemos aonde tudo isso irá desaguar (tendências perigosas).

A globalização decorrente da vida moderna, com todas as consequências positivas e negativas que lhes são inerentes, acabou ensejando uma criminalidade tecnológica e transnacional, praticada, inclusive, por empresas e conglomerados, que obriga um intercâmbio inédito entre as nações.

O protagonismo especial do Direito Penal Econômico justifica-se pela simples ideia de que as leis de mercado sozinhas não atendem às aspirações evidentes se, em seu contexto, a prática dos negócios envereda, muitas vezes, num campo, no mínimo, eticamente cinzento e perigoso.

A proteção de bens jurídicos obriga a intervenção estatal e a regulação socioeconômica para que normas de conduta, que digam respeito às práticas negociais, obtenham a sua estabilização e a sua sobrevivência.

Os bens tutelados, baseados na confiança, são protegidos de uma maneira global, e não apenas por cada figura penal, esperando uma função geral estabilizadora das normas que propiciem o correto e honesto funcionamento do mercado (das sociedades, dos papéis privados e públicos, dos derivativos etc.).

Trata-se de um Direito Penal que objetiva suprir lacunas incriminatórias[1] do Direito Penal patrimonial, ocasionadas, em grande medida, pelo aumento de infrações penais decorrentes do incremento exponencial da atividade econômica no Estado e do desenvolvimento das relações econômicas internacionais.

É certo que o Direito Penal incide de forma subsidiária ou fragmentária (*ultima ratio*), não se esperando que o seu ramo econômico tenha papel exclusivo de Direito Penal simbólico. Porém, quando se observa que tais princípios são invocados de forma indiscriminada e sem uma mínima fundamentação racional, há verdadeira desproteção sistêmica da ordem econômica.

Este quadro demonstra que a criminalidade econômica constitui tema de marcada atualidade, *seja pela dimensão dos danos materiais que provoca, seja pela sua capacidade de adaptação e sobrevivência às mudanças sociais e às alterações políticas, seja pela aptidão para criar defesas e frustrar as formas de combate que a ela se opõem.*[2]

A conceituação de crime econômico não é tarefa simples, não podendo ser mensurado apenas pela extensão dos danos que ocasiona, o que nos leva a considerar que tal crime assenta-se na natureza coletiva ou supraindividual dos interesses ou bens jurídicos que determinam a tipificação das infrações contra a economia.

A redução da intervenção àqueles supostos fatos que realmente resultem merecida e necessária, excluindo uma responsabilidade penal excessivamente formal, não afasta a conclusão de que o direito administrativo sancionador não tem servido, por si só, para inibir deveres básicos dos cidadãos ao atuarem no subsistema econômico.

A Constituição Federal foi além. No Título VII, *Da Ordem Econômica e Financeira*, capítulo I, *Dos Princípios Gerais da Atividade Econômica*, regula as ordens econômica e financeira, dispondo, até mesmo, sobre a responsabilidade criminal das empresas: *a lei, sem prejuízo da responsabilidade individual dos dirigentes da pessoa jurídica, estabelecerá a responsabilidade desta, sujeitando-a*

[1] PEDRAZZI, Cesare. O Direito Penal das Sociedades e o Direito Penal Comum. *Revista Brasileira de Criminologia e Direito Penal*. Rio de Janeiro: Instituto de Criminologia do Estado da Guanabara, 1965, v. 9, p. 133.

[2] OLIVEIRA, Eugênio Pacelli de. Coordenador. *Direito e processo penal na justiça federal: doutrina e jurisprudência*. São Paulo: Atlas, 2011, p. 69.

às punições compatíveis com sua natureza, nos atos praticados contra a ordem econômica e financeira e contra a economia popular (art. 173, § 5º, CF).

A regulamentação da responsabilização civil e administrativa das pessoas jurídicas pela prática de atos contra a Administração Pública (a Lei Anticorrupção nº 12.846, de 01.08.2013) não eximiu a responsabilidade individual dos dirigentes e administradores das empresas ou de qualquer outro indivíduo que venha a atuar na condição de coautor ou partícipe do ato ilícito, mas penaliza as pessoas jurídicas que atuem em desfavor da Administração Pública.

Os atos considerados lesivos abrangem o efetivo pagamento de quantia ou de vantagem indevida a agente público ou a terceiros a ele vinculados e ainda o oferecimento ou custeio dessas práticas. A lei alcança aqueles que empregarem intermediários para favorecer agentes públicos e veda atos que atentem contra o caráter competitivo de licitações públicas ou contra o equilíbrio originário dos contratos administrativos (artigo 5º da Lei Anticorrupção).

Em relação às licitações, aspecto que dá causa a diversos atos lesivos em desfavor da Administração Pública, a Lei impõe, dentre outras, as condutas de: frustrar de qualquer modo a licitação; obter de modo fraudulento benefício indevido; manipular o equilíbrio econômico-financeiro de contrato; criar de modo fraudulento pessoa jurídica para participar de licitação ou celebrar contrato administrativo (artigo 5º, inciso IV, alíneas "a" a "g").

Na sua origem, o Direito Penal tinha uma preocupação de proteger instituições básicas do Estado e os interesses mais elementares dos cidadãos, mas, com o tempo, além de ser utilizado, é certo, para a garantia de certos mínimos de convivência, também se presta à proteção de novos interesses socioeconômicos.

Uma brutal mudança das estratégias de intervenção estatal, uma tutela jurídico-penal que abarca o fenômeno intimidatório do crime organizado, o qual pretende infiltrar-se no Estado, desejando influenciar, dada a sua petulância, na vontade de políticos, jornalistas, juízes, empresários etc.

Por exemplo, a criminalidade econômica de *colarinho branco* tem que ser enfrentada sobre o aspecto da figura do delinquente e também dos efeitos sociais deste tipo de comportamento. A evolução criminológica referendou as conclusões a que chegou Edwin Sutherland que qualificou como *criminalidade de colarinho branco* os delitos cometidos por uma pessoa honorável, com prestígio social e profissional[3], isto talvez explique o por quê este tipo de criminalidade conte com uma reação social pouco incisiva.

Talvez este fenômeno seja explicável pela pouca percepção da periculosidade do criminoso diante da ausência de violência direta, de enfrentamento com a vítima, até porque não existe a intencionalidade de danos físicos. Incide, assim, a ideia de Thomas Lynch, para quem os graves crimes implicam mais manchas de tinta do que de sangue.[4] Daí, quiçá, certa neutralidade moral.

Os criminosos econômico-financeiros são muitas vezes reincidentes, daí deve-se aferir quais os dados que os assemelham ou os diferem dos infratores comuns. Alguns pontos assemelham-se (frequência da prática delitiva, idade em que iniciam e em que cessam a atividade criminosa), mas os padrões da criminalidade econômica destoam da criminalidade usual notadamente pela especialização e pela repetição de crimes de igual tipo.[5]

Se praticam crimes de colarinho branco e lavagem de dinheiro, também a eles podem ser imputados atos de improbidade correlatos já que eventual atuação ou gestão para propiciar benefício indevido sob qualquer forma decorrente de indução ou concorrência para a prática ilícita pode acarretar o ressarcimento, indisponibilidade de bens, multa e proibição de contratar com a administração pública ou dela receber benefícios ou incentivos fiscais.

Na esteira de José Ángel Brandariz Garcia, a pena privativa de liberdade ao deliquente econômico não traria, nem mesmo, os inconvenientes da vitimização social e da conformação da conduta a uma identidade criminosa, dadas suas características pessoais e socioeconômicas.[6] No entanto, o valor da dissuasão específica das sanções para os *criminosos do colarinho branco* parece estar associado ao fato de que eles têm mais a

3 CAVERO, Percy García. *Derecho Penal Económico – Parte General.* Lima-Peru: Grijley, 2ª ed., 2007, p. 276-277.

4 *Apud* MIR, José Ricardo Sanches; GENOVÊS, Vicente Garrido. *Delincuencia de cuella blanca.* Madri: Instituto de Estudos de Política, 1987, p. 71.

5 WEISBURD, David; WARING, Elin; CHAYET, Ellen F. *White-Collar Crime and Criminal Careers.* Nova Iorque: Cambridge University Press, 2001, p. 31.

6 In BRANDAIZ GARCIA, José Ángel. *El delicto de defraudación a la seguridad social.* Valencia: Tirand lo Blanch, 2000, p. 80-81.

perder em termos de status do que os infratores de crimes comuns, que muitas vezes são desempregados, com parcos recursos pessoais e, em sua maioria, de baixa escolaridade.

Para os criminosos econômico-financeiros, o impacto de responderem a um processo judicial acaba tendo maior repercussão em seu ambiente social[7] do que as penalidades reais que sofrem após a sentença. A pena de prisão pode ser intensificada, ou possuir um custo aumentado, por conta das consequências secundárias (multa, por exemplo), porque a prisão, embora pouco provável, se ocorrente terá uma maior influência em seu ambiente social.[8]

Conquanto seja de conhecimento corrente que a criminalidade econômica produza efeitos mais deletérios à sociedade do que, em regra, os delitos comuns, dada sua inserção nas instituições e na organização social, fato é que ela acaba também fomentando a criminalidade comum (corrupção, concorrência desleal, fraudes etc.).

Os criminosos econômicos são, aliás, dotados de forte potencialidade criminosa,[9] além de uma grande capacidade de adaptação social, quando não de relevante tolerância da comunidade, o que resulta em criminosos cada vez mais perigosos e audaciosos. Total ignorância social quanto aos efeitos deletérios à sociedade tendo em vista a retirada dos já escassos recursos financeiros a ela pertencentes.

As técnicas de neutralização são dispositivos linguísticos, tais como racionalizações, desculpas e justificativas que servem para diminuir a dissonância que pode ocorrer quando uma pessoa comprometida com as leis de comportamento se engaja em condutas desviantes. Tais técnicas permitem a um ator manter uma identidade positiva e convencional, apesar de seu comportamento controvertido, sendo particularmente relevantes nos casos de *crimes de colarinho branco* porque estes específicos criminosos são usualmente reconhecidos como cidadãos cumpridores da lei e não como criminosos convencionais.[10]

[7] *Ob. cit.*, p. 151.

[8] *Ob. cit.*, p. 92.

[9] Fischer, Douglas. *Delinquência econômica e estado social e democrático de direito: uma teoria à luz da constituição.* Porto Alegre: Verbo Jurídico, 2006, p. 139/142.

[10] Gerber, Jurg; Jensen, Eric L.. *Encyclopedia of White-Collar Crime.* Westport, Connecticut, London:Greenwood Press, 2007, p. 280.

Este tipo de criminalidade não se origina, por regra, da ação visível de uma pessoa ou de um grupo bem caracterizado de pessoas, o que dificulta sobremaneira a apreensão e captação das atividades postas em prática. Tornam-se perceptíveis, no entanto, em qualquer delas, dados comuns representados por uma sofisticada estrutura organizacional, por uma finalidade geral de obtenção de lucros ilimitados por uma grande dificuldade na determinação territorial e por uma capacidade de criar uma zona cinzenta entre o lícito e o ilícito.[11]

Por outro lado, o delinquente econômico efetua verdadeiro cálculo custo-benefício em relação aos resultados que decorrem de sua conduta e às possíveis implicações (penas) impostas decorrentes do sistema legal. Executando cálculo utilitarista[12] pode facilmente concluir que, se descoberto, pouca ou nenhuma consequência sofrerá dado o nosso sistema criminal, tolerante e pouco rigoroso. Um apuro técnico distinto do criminoso comum.

Cláudia Cruz Santos defende que as teorias da escolha racional e da prevenção situacional parecem assentar-lhes como uma luva: a sua ponderação dos custos e dos benefícios associados à infração poderá dissuadi-los da prática da mesma, caso as oportunidades sejam menores e as possibilidades de detecção e sancionamento maiores.[13]

O decisivo não é a vontade, senão a incompatibilidade da conduta proibida pela norma, não bastando mais a concepção de se tratar de delitos de perigo abstrato e de lesividade social (possibilidade de reiteração). A tipificação do delito econômico tem a ver com considerações normativas mais complexas e a prática de uma conduta juridicamente intolerável, a despeito da intencionalidade do delinquente. Esta somente será apurada em momento ulterior, quando já se tiver concluído pela violação da regra do dever de evitar determinados comportamentos.

[11] Franco, Alberto Silva. Globalização e Criminalidade dos Poderosos. *Revista Portuguesa de Ciências Criminais*. Coimbra, fasc. 2 a 10, abr./jun, 2000, p. 123.

[12] Fischer, Douglas. *Inovações no Direito Penal Econômico: contribuições criminológicas, político-criminais e dogmáticas*. Organizador: Artur de Brito Gueiros Souza. Brasília: Escola Superior do Ministério Público da União, 201[illegible], p. 37.

[13] Cf. Santos, Cláudia Cruz. *O crime de colarinho branco (da origem do conceito e sua relevância criminológica à questão da desigualdade na administração da justiça penal)*. Coimbra: Coimbra ed., 2001, p. 175.

Os crimes econômicos, dada sua lesividade e abrangência, na sua maioria, são de competência da Justiça Federal, sendo merecedoras de nota as seguintes considerações:

> *Boa parte dessa competência coloca em causa crimes complexos, quer pelos suspeitos ou acusados envolvidos – pessoas com grande poder econômico e/ou político, que, em regra, atuam em rede e com ramificações internacionais – quer pelo tipo de criminalidade – de natureza econômica, corrupção, tráfico de influências, lavagem de dinheiro, entre outros. A sua gravidade, a danosidade social e a ameaça que representam para as instituições do Estado de Direito exigem outro equilíbrio entre o direito dos acusados e de outros sujeitos processuais ao processo célere e o dever do Estado em perseguir e punir as condutas ilícitas.*[14]

Não se deve deixar de mencionar que essa danosa criminalidade, de competência federal, exige, para sua configuração, o reconhecimento do crime econômico mediante violação a dever jurídico negativo, dever de se comportar sem prejudicar ilegitimamente terceiros e ou a administração pública, e a dever jurídico positivo, de comportar-se para o bem-estar coletivo. Cultura da licitude progressivamente aceita.

Exige-se, pois, uma análise mais complexa, que envolva tais deveres jurídicos (negativos e positivos), sobre os quais se projeta a valoração especificamente jurídico-penal.

A ressocialização do criminoso econômico deve-se centrar, pois, na necessidade de fazer com que repense seus modos de agir. Se existe racionalidade na ação delitiva quanto ao cálculo dos custos e vantagens que cada conduta proporciona ao delinquente, uma pessoa somente cometerá um fato típico se, e somente se, a sanção esperada for inferior às vantagens privadas esperadas com a realização do ato.[15]

Portanto, deve-se repensar a aplicabilidade ou a restrição das penas pecuniárias, já que estas possuem efeito intimidatório muito baixo, porquanto ingressam nos custos da atividade criminosa. Também, nesse dia-

[14] OLIVEIRA, Eugênio Pacelli de. *Direito e processo penal na justiça federal: doutrina e jurisprudência.* São Paulo: Atlas, 2011, p. 71.

[15] Nesse sentido, vide Jesús-María Silva Sánchez (in *Eficiência e direito penal.* Coleção Estudos de Direito Penal. São Paulo: Manole, 2004, nº 11, p. 11) e Anabela Miranda Rodrigues (in *Contributo para a fundamentação de um discurso punitivo em matéria fiscal. Direito Penal Económico e Europeu: textos doutrinários.* Coimbra: Coimbra ed., 1999, p. 484-485).

pasão, as penas restritivas de direitos em substituição às penas privativas de liberdade, uma vez que as exigências de proporcionalidade (gravidade do fato e culpabilidade) e a necessidade de prevenção geral demandam uma resposta mais adequada para o grave delito econômico.

A pena deve buscar intentos preventivos, quer especial, quer geral, pois, se certa, pontual e inibidora, terá efeito a nível individual e social, não podendo a sociedade dar-se ao luxo de negar obviedades.

2. Crimes de Colarinho Branco e Lavagem de Dinheiro

A objetividade jurídica da Lei nº 7.492, de 16 de junho de 1986, *é a credibilidade das instituições financeiras* (S.T.F., Min. Ayres Brito, em 06.09.2012, em seu voto na AP nº 470 – *Mensalão*), e busca *a preservação das instituições públicas e privadas que compõem o sistema financeiro, de modo a viabilizar a transparência, a licitude, a boa-fé, a segurança e a veracidade, que devem reger as relações entre estas e aplicadores, poupadores, investidores, segurados e consorciados. O objeto jurídico tutelado é a garantia da solvência das instituições financeiras e a credibilidade dos agentes do sistema* (S.T.J., CC nº 91162/SP, Rel. Min. Arnaldo Esteves, 3ª S., *vu*, *DJ* 02.09.2009).

Luciano Feldens, tratando dos denominados crimes do *colarinho branco*, salienta que uma de suas características é justamente a aparência de licitude nas ações e que *(...) essa rede altamente intrincada onde se aloja o crime do 'colarinho branco', a traduzir, não raramente, um rol de operações disfarçadas que, isoladamente consideradas, poderiam não evidenciar ilicitude alguma, mas que unidas em torno do fim a ser alcançado não deixam dúvidas quanto à prática delitiva, passa ao mais incauto cidadão comum – ou ao próprio juiz – uma ideia de legal business.* Conclui afirmando que, diante do mimetismo delituoso, imperiosa se torna a sagacidade dos operadores do direito, especialmente do magistrado, na condução e desfecho da ação penal.[16]

Algumas características dos crimes de *colarinho branco* podem ser destacadas, a saber:

a) A complexidade das condutas e a opacidade daí resultante: pressupõe conhecimentos muito específicos. As infrações perpetradas pelas grandes sociedades e no seu próprio interesse, frequentemente de cariz financeiro ou fiscal, pressupõem o domínio de um

[16] FELDENS, Luciano. *Tutela Penal de Interesses Difusos e Crimes do Colarinho Branco.* Porto Alegre: Livraria do Advogado, 2002, p. 146/147.

fluxo informacional que, regra geral, não está ao alcance da generalidade dos cidadãos. Há falta de visibilidade dos comportamentos delituosos;

b) As dificuldades sentidas pela Justiça no sancionamento destas infrações: indispensabilidade de conhecimentos muito específicos para a descoberta e a subsequente averiguação de tais condutas. O legislador revela, muitas vezes, problemas na regulamentação de matérias mais complexas e as autoridades judiciárias sentem, também, particulares dificuldades na apreciação das mesmas. Eduardo Correia[17] menciona *as dificuldades de processo*, que se tem que vencer, *como, por exemplo, o segredo nas sociedades, os sigilos bancário, fiscal, etc.; o desenvolvimento das empresas multinacionais com sedes e filiais em vários países; a especialização de matérias; o poder econômico ou político de certos grupos financeiros; a falta ou ineficácia da entreajuda internacional, etc.* A melhor forma de tornar mais eficaz o controle de tais atividades passaria por uma fiscalização a cargo das próprias estruturas profissionais;

c) O conflito latente em vez do patente: o fato de o criminoso de *colarinho branco* não necessitar, em regra, recorrer à violência para executar o crime, apesar de os resultados da conduta, muitas vezes, traduzirem-se num efeito violento sobre o objeto, associado à circunstância, também frequente, de ser suficiente a mera omissão, tornam menos perceptível a existência do conflito que deveria justificar a intervenção jurídico-penal;

d) A difusão da vitimização: do que até aqui se mencionou sobre a complexidade das condutas delituosas e a privilegiada posição de confiança de que beneficiam os infratores, as quais possibilitam uma grande discrição no cometimento do crime, por dispensarem a violência na execução, decorreria já uma explicação para a comum inconsistência da qualidade de vítima do crime de *colarinho branco*. A propósito do papel desempenhado pelas vítimas do *corporate crime*, Edwin Sutherland[18] salientou já o fato de elas raramente estarem em posição de lutar contra o infrator. Os consumidores, para além de

[17] Correia, Eduardo. In Introdução ao direito penal econômico. *Revista de Direito e Economia*, nº 3, 1977, p. 3 e ss.

[18] Sutherland, Edwin. In *White-Collar Crime – The Uncut Version*. New Haven: Yale University Press, 1983, p. 237.

desorganizados, carecem das informações necessárias à tomada de uma posição. A tolerância comunitária relativamente a várias manifestações da criminalidade de *colarinho branco* radicará, sobretudo, como bem adverte Manuel da Costa Andrade[19], no fato de estarmos perante *comportamentos cuja proibição não assenta num consenso social generalizado e só é possível à custa da vigência de sistemas normativos socialmente heterônomos e, nessa medida, impostos*;

e) A dispersão da responsabilidade: a racionalização do trabalho e a especialização tiveram como consequência uma divisão de tarefas em cadeia. Cada pessoa torna-se responsável apenas por uma ínfima parcela do produto ou serviço final. E as dificuldades de prova da responsabilidade inerentes à divisão de tarefas acrescem se tivermos em conta que, para além da responsabilidade moral nem sempre coincidir com a autoria material, são frequentes os casos em que se alega inexistir uma intenção criminosa, invocando-se antes o descuido, a impreparação, a falta de condições. Jean Larguier[20] enumera algumas das versões em juízo: *fui audacioso – talvez mesmo um pouco estúpido – mas não maldoso; imprudente, mas sem má intenção; temerário, mas não desonesto*;
f) Grande variedade de sanções: nesse sentido, Wilfried Jeandidier[21], que revela a heterogeneidade da organização da repressão;
g) Ambiguidade na classificação das condutas;
h) Limitado papel desempenhado pela lei, prevalecendo as soluções informais e o controle interno exercido pela própria organização.

Para Paz M. de la Cuesta Aguado[22] e Cristina Mendez Rodrigues,[23] o crime económico não exige resultado naturalístico; a relevância criminal já se denota com a simples prática (conceito normativo; *probabilidade de*

[19] Costa Andrade, Manuel da. *A Vítima e o Problema Criminal*. Coimbra, 1980, p. 88.

[20] Larguier, Jean. *Droit Pénal des Affaires*. Paris: Armand Colin, 1992, p. 13.

[21] Jeandidier, Wilfried. *Droit Penal dês Affaires*. Paris: Dalloz, 1996, p. 59.

[22] Cuesta Aguado. Paz M. de la. In *Causalidad de los delitos contra el medio ambiente*, Valencia, Tirant Lo Blanch, 1995, p. 78 e 118.

[23] Mendez Rodrigues, Cristina. *Los delictos de peligro y sus técnicas de tipicicación*, Madrid, 1993, p. 132.

produção de dano). Para José de Faria Costa e Manoel da Costa Andrade[24]: criminalidade econômica é refratária a sua valoração objetiva do desvalor do resultado; citando Delmas-Marty, há violação de confiança. Para Klaus Tiedemann[25]: *o emprego não é novo; o Direito não pode impedir que se produza um resultado danoso, senão que se levem a cabo ações perigosas*; dada a fiscalização estatal, o Direito Penal é mais permissivo que o Direito Administrativo.

Propugna-se a independência das instâncias administrativas e judicial. A ação penal é pública incondicionada em todos os crimes previstos na Lei nº 7.492/1986 (art. 26) de forma que seu exercício não se subordina a qualquer causa ou condição. O Ministério Público Federal ao oferecer a denúncia deve, porém, observar os requisitos previstos no art. 41 do C.P.P. para a formação de um juízo de ilicitude da conduta perpetrada.

No entanto, para a configuração do ilícito penal, por vezes, estará presente uma ilicitude administrativa, fato bem dimensionado em relação ao delito de evasão de divisas ao se preconizar que, *sabidamente, inexiste uma relação de justaposição entre os ilícitos cambial e penal. Conquanto a base material do delito de evasão de divisas esteja, via de regra, reconduzida à violação de uma norma cambial, o reconhecimento sobre a ocorrência do ilícito cambial, pela autoridade administrativa, não é elemento ou condição necessária à afirmação do crime (...). Detalhemos algo mais. É cediço que um mesmo fato natural, acoimado de ilícito, pode, em face de sua gravidade ou especificidade, encontrar ressonância em mais de uma esfera da ciência jurídica.*[26]

A acusação formulada pelo Ministério Público Federal não fica sujeita ao eventual procedimento administrativo perante o BACEN, nem mesmo às suas conclusões (cf. Decreto nº 1.935, de 20.06.1996, e suas alterações, que dispõe sobre a organização e o funcionamento do Conselho de Recursos do Sistema Financeiro Nacional). Neste sentido, confiram-se os seguintes julgados emanados do Tribunal Regional Federal da 3ª Região: *(...) 8. Embora o Conselho de Recursos do Sistema Financeiro Nacional tenha*

[24] COSTA, José de Faria e COSTA ANDRADE, Manoel da. In *Sobre a concepção e os princípios de Direito Econômico, Direito Penal Econômico e Europeu: textos doutrinários*. Coimbra, v. I, 1998, p. 356.

[25] TIEDEMANN, Klaus. In *Poder Económico y delito (Introducción al derecho penal económico y de la empresa)*. Barcelona: Ariel, 1985, p. 33-34.

[26] FELDENS, Luciano. SCHMIDT, Andrei Zenkner. *O Crime de Evasão de Divisas – A Tutela Penal do Sistema Financeiro Nacional na Perspectiva da Política Cambial Brasileira*. Rio de Janeiro: Lumen Juris, 2006, p. 229.

convolado a pena aplicada ao réu para pena pecuniária, acabou por não examinar todo o esquema delituoso, ou seja, a obtenção de lucros vultosos na intermediação de financiamento da dívida pública do Rio Grande do Sul, que eram simultaneamente perdidos nas aludidas operações com ativos financeiros. 9. Os fatos levados à apreciação do Conselho de Recursos, assim, não abarcaram todas as condutas descritas na denúncia e o julgamento levado a cabo pelo órgão considerou apenas parte das práticas delituosas, não lhe sendo possível observar o contexto maior em que as operações estavam inseridas, deixando-se de obter uma visão ampla da conduta do acusado na condução dos negócios da CORREÇÃO DTVM. 10. A esfera penal independe da esfera administrativa, nos termos do art. 935 do Código Civil. A valoração das provas pela Administração e as conclusões extraídas desta valoração não têm o condão de vincular as decisões do Poder Judiciário: pelo contrário, haverá repercussão inafastável no âmbito administrativo se a sentença criminal reconhecer a inexistência material do fato (art. 66 do Código de Processo Penal) ou reconhecer a existência de circunstância que exclua o crime ou isente o réu de pena (art. 65 do Código de Processo Penal). 11. Não houve in casu *a determinação de arquivamento do processo administrativo e sim a minimização da pena administrativa aplicada ao recorrido; além disso, a aplicação de pena de multa em última instância administrativa não impede que a conduta do apelado seja subsumida penalmente ao art. 4º, caput da Lei nº 7.492/86* (ACR nº 2001.03.99.057006-1, 5ª T., Rel. Juiz Fed. Conv. Hélio Nogueira, *v.u.*, j. 16.07.2007, *DJ* 14.08.2007); *4. No direito brasileiro, está sedimentado que as esferas administrativa e judicial são distintas e autônomas. Assim, o processo administrativo pode servir de instrumento para auxiliar a compreensão do processo criminal, não tendo, porém, a virtude de determinar que se observe a mesma conclusão daquele na esfera judicial. Isso porque o ângulo de visão do processo judicial tende a ser mais amplo, a fim de se buscar a verdade, por vezes, não revelada por completo no processo administrativo, mas que vem no interesse da sociedade. No caso dos autos, basta a leitura da denúncia ou da sentença para se saber que a conduta imputada aos réus não se restringe ao tipo do referido art. 10, também da lei que define os crimes contra o sistema financeiro nacional (Lei n. 7.492/86). Os fatos são mais amplos que a mera inserção ou omissão de elementos em demonstrativos contábeis, havendo a indicação de operações sistemáticas para uma aparente compensação entre lucros e perdas* (ACR nº 2002.03.99.043670-1, 2ª T., Rel. Juiz Fed. Conv. João Consolim, *v.u.*, j. 24.11.2009, *DE* 11.12.2009).

O exame dos fatos irrogados na esfera judicial propicia uma análise mais aprofundada, além de oferecer maior oportunidade de defesa ao réu, não sendo vinculantes as conclusões obtidas na esfera administrativa. A autonomia das instâncias tem por objetivo permitir ao juízo penal buscar a verdade real além dos limites dentro dos quais se satisfaria o juízo civil.

Pode-se, no entanto, sustentar que em havendo absolvição na esfera administrativa pela admissão pelo Conselho de Recursos do Sistema Financeiro Nacional da licitude do fato ou mesmo de sua inexistência, restaria enfraquecida a possibilidade do oferecimento da denúncia na esfera criminal.

A orientação jurisprudencial nos crimes financeiros afasta-se da consolidada no âmbito dos crimes tributários em que não há justa causa para a deflagração da ação penal enquanto não finalizado o procedimento administrativo, indispensável para a caracterização do tributo. Neste sentido, foi editada a Súmula Vinculante nº 24 pelo STF: *Não se tipifica crime material contra a ordem tributária, prevista no art. 1º, incisos I a IV, da Lei nº 8.137/1990, antes do lançamento definitivo do tributo.*

Portanto, o término do procedimento administrativo nos crimes financeiros não significa condição de procedibilidade para o limiar da ação penal, dada a independência das instâncias, cabendo ao Ministério Público Federal formar a *opinio delicti* sobre fatos criminosos e seus supostos agentes.

Na esteira do artigo 25, são *penalmente responsáveis, nos termos desta lei, o controlador e os administradores de instituição financeira, assim considerados os diretores, gerentes (Vetado)*, equiparando-se aos administradores, *o interventor, o liquidante ou o síndico* (§ 1º), bem ainda, *o coautor ou partícipe que através de confissão espontânea revelar à autoridade policial ou judicial toda a trama delituosa terá a sua pena reduzida de 1 (um) a 2/3 (dois terços)* (§ 2º).

Como não é prevista neste diploma penal a responsabilidade penal das pessoas jurídicas, estes agentes que pelas características gerais dos ilícitos, pelas especificidades das instituições financeiras (estruturas verticalizadas de poder) e por força das vicissitudes de seu funcionamento (intervenção, liquidação e falência) normalmente são apontados como os responsáveis.

Não se trata de responsabilidade objetiva porquanto é presunção relativa de participação, mas a acusação deve indicar a efetiva atuação de cada agente (dos controladores, dos administradores de instituição financeira), ainda que não pormenorizadamente.

Juliano Breda entende que *a exegese admissível é restringir o denominado poder de gestão àquele que possuir a capacidade autônoma e independente de pra-*

ticar atos próprios de instituição financeira: captação, intermediação ou negociação de títulos ou valores mobiliários e os responsáveis pelos serviços financeiros. Por autonomia e independência, entende-se a ausência de autorização de qualquer outra pessoa hierarquicamente superior para a prática dos atos de captação, negociação e intermediação. (...) A autonomia refere-se à ausência de consulta, autorização ou concordância de pessoa com poderes de veto sobre determinada operação (...).[27]

A Lei nº 4.595, de 31.12.1964, com as alterações promovidas pela Lei nº 13.506, de 13.11.2017, quando se reporta ser vedado às instituições financeiras realizar operação de crédito com a parte relacionada, elenca controladores, diretores ou membros de órgãos consultivos e fiscais, dentre outros, estabelecendo exceções.

A previsão contida no § 2º do art. 25 é causa obrigatória de redução de pena, desde que o crime tenha sido praticado *em quadrilha ou coautoria* e que o delator (coautor ou partícipe) *através de confissão espontânea revelar à autoridade policial ou judicial toda a trama delituosa.*

A Delação Premiada requer a vinda de informações úteis ao feito, a partir da qual o magistrado pode reconhecer o direito subjetivo e dosá-lo adequadamente. Caso contrário, implicaria na irrelevância e descrença no instituto, tão útil para o descobrimento e o aprofundamento do crime organizado.[28]

A garantia da Delação Premiada é fornecida pela lei, ou seja, a real possibilidade de ver a pena diminuída decorre da conduta de alguém que deseja, sem afirmações dúbias ou inconsistentes, auxiliar os trabalhos da Justiça. O pressuposto, do qual não se pode afastar, é a confiança na Justiça Criminal, com possibilidade de seu direito vir a ser reconhecido, inclusive, em Corte Superior, caso considere inadequada decisão que eventualmente não a reconheça ou que reduza a pena de forma insuficiente.

Há que se remarcar que questionável seria a garantia da Justiça no que tange à relevância das informações prestadas quanto aos crimes contra o Sistema Financeiro Nacional, uma vez que a efetividade e consistência delas somente poderiam ser aferidas após confronto com outros elemen-

[27] BREDA Juliano. In *Gestão Fraudulenta de Instituição Financeira e Dispositivos Processuais da Lei 7.492/86*. São Paulo: Renovar, 2002, p. 67-68.

[28] A Delação Premiada está prevista no artigo 1º, § 5º, da Lei nº 9.613, de 03.03.1998 (com as alterações da Lei nº 12.683, de 09.07.2012) e no artigo 13 da Lei nº 9.807, de 13.07.1999. Com a promulgação da Lei nº 12.850, de 02.08.2013, foi regulamentado o instituto da Colaboração Premiada (artigo 4º e seguintes).

tos de prova, não bastando, assim, a simples afirmação do increpado em Juízo. A Delação Premiada pressupõe o esclarecimento dos fatos, da trama criminosa, da organização criminosa, de todos os auxiliares do delito, não cabendo limitar o universo do que deseja esclarecer.[29]

Não se pode admitir que os acusados desejem reconhecimento do benefício legal apenas colaborando dentro do universo de seu interesse de revelação, longe, porém, do foco do Estado na colheita de importantes informações de repressão aos delitos.

Pontuais colaborações dos increpados, contudo, devem ser reconhecidas, por ocasião da dosimetria da pena, como atenuante prevista no artigo 65, III, "b", primeira parte, do Código Penal, ou seja, *ter o agente procurado, por sua espontânea vontade e com eficiência, logo após o crime, evitar-lhe ou minorar-lhe as consequências.*

O instituto em estudo também se submete ao controle dos juízes federais americanos, que devem, quando haja violação dos princípios que norteiam a política do Departamento de Justiça (Guidelines Principles or DOJ Policy), cujos parâmetros encontram-se no Federal Rules of Criminal Procedure nº 11 (*Fed.R.Crim.P.11*), rejeitá-lo. Por exemplo, quando um *plea agreement* contempla a dispensa de acusações ou o comprometimento de não investigar determinado fato, o juiz somente o aceitará se as acusações que remanescerem corresponderem adequadamente à seriedade do comportamento ilícito e que a aceitação do acordo não enfraqueça os

[29] Na Sentença proferida nos autos nº 2007.61.81.011245-7 que tramitaram perante o Juízo da 6ª Vara Federal Criminal Especializada de São Paulo, que restou confirmada pelo Eg. TRF/3 restou consignado, em relação ao instituto da Delação Premiada que o acusado: *Quisera colaborar, bem poderia ter feito de espírito aberto, sendo verdadeiro, revelando fatos de interesse da Justiça Federal (claro, não limitando o que quer desvendar) e entregando o dinheiro ilícito (consoante anteriormente afirmado) em seu poder, e aí teria a garantia da lei em ver o seu direito ao benefício pleiteado reconhecido. Ora, o que realmente se observou nestes autos foi, tão-somente, a admissão parcial dos fatos, no sentido de ter trazido ao país moeda lícita e ilícita (esta proveniente do tráfico internacional de drogas) e a utilização de terceiros para manutenção deste patrimônio no Brasil à revelia das autoridades e dos canais competentes, bem ainda autorização para que um comparsa entregasse parte do dinheiro escondido em Campinas. Momento algum revelou: a existência de atividade lícita no exterior que justificasse possuir grande soma de dinheiro; a razão de trafegar também pelo mesmo caminho do ilícito, com os riscos naturais deste; a utilização, também para aquilo que alega de regular, de moeda em espécie; muito menos atribui-se a terceiros ciência do que faziam. Não indica qualquer membro de sua organização criminosa.*

propósitos da Sentença ou vá em direção oposta às diretrizes definidas para esta última.[30]

O prêmio punitivo que se concede ao suspeito/acusado visa a uma eficaz busca da verdade. A delação premiada, existente no Brasil desde as Ordenações Filipinas, é ética, útil e estratégica. Ética porque atende às finalidades político-criminais e à proteção do bem jurídico. Quando se ataca esse instituto alegando não ético, na verdade está se invocando a "ética" do criminoso, que não aceita ser apontado por um comparsa. Útil pelo fato de permitir a descoberta precoce de crimes e seus autores ou partícipes, facilitando o trabalho de todos. Por fim, estratégica para as partes, inclusive à Defesa, já que o cliente se vê beneficiado com uma pena relativizada sem o custo do processo. O advogado que estimula o cliente à delação presta serviço útil e valioso para a Justiça porquanto a ele está vedado expor fatos falseando deliberadamente a verdade ou estribando-se na má-fé, conforme estabelece o Código de Ética da OAB. Esse é o sentido real de se compreender a função advocatícia como essencial à Justiça.

A importância e dificuldade na aplicação do instituto da Delação Premiada pode ser mensurada em situação vivenciada num feito criminal envolvendo Lavagem de Dinheiro decorrente de Tráfico Internacional de Entorpecentes, por ocasião do julgamento do *Habeas Corpus* impetrado pelo acusado perante o Eg. Tribunal Regional Federal da 3ª Região (nº 2008.03.00.001895-5), quando, então, o insigne Desembargador Federal Johonsom Di Salvo ao indeferir a liminar em 15.02.2008 consignou: *Impossível seria justamente aquilo que o réu desejava:* emparedar *o Juiz Fausto Martin De Sanctis, exigindo que o ínclito magistrado desde logo se comprometesse com a concessão de benefícios em escala determinada pela defesa – que nem de longe pode 'marionetar' o Juiz – mesmo porque um Juiz jamais poderia se vincular dessa maneira, pois futuramente o magistrado em questão poderia nem mesmo estar mais no exercício da jurisdição quando do sentenciamento do feito.*

Relevante tecer considerações sobre um tipo previsto na lei de colarinho branco que, normalmente, incide com maior frequência.

[30] Cf. O'Sullivan. Julie R. *Federal White Collar Crime. Cases and Materials. American Casebook Series.* St. Paul/MN: Thompson/West, 2ª ed., 2003, p. 1312/1313.

A potencialização do risco imanente à atividade econômica guarda estreita relação com os tipos *gestão fraudulenta* e *gestão temerária*, e com o interesse político-criminal de tutela do sistema financeiro.[31]

A monetarização das relações conferiu papel de relevo ao sistema financeiro exatamente porque *o destaque dado à financeirização econômica, em grande medida, decorre da sua alta capacidade destrutiva caracterizada pela dinâmica de condução dos efeitos em cascata* que gera apreensão tanto na economia local, quanto na global. Esta dinâmica é interpretada como sendo *o risco financeiro, proporcionado pela arquitetura internacional de alta volatilidade e inerente à vida contemporânea, que, por sua vez, demanda dos agentes políticos atentas ações capazes de conformar e de gerenciar a nova ordem.*[32]

Ao discorrer sobre *a relevância constitucional e a tutela penal do Sistema Financeiro Nacional: pontos de contato em uma unidade de sentido*, o autor referido[33] demonstra não existir direito de caráter absoluto ou livre de regulamentações, de modo que a livre-iniciativa não consiste caso insigne capaz de justificar a criação de uma exceção:

> *Todas as liberdades, componentes do seu conteúdo múltiplo apresentam, portanto, regulamentações e delimitações para o seu exercício pleno. No contexto do Sistema Financeiro Nacional, encontra-se o direito de acesso a um ambiente negocial equilibrado, criação e gestão de empresas subordinado às determinações tanto do Banco Central (BACEN), quanto da Comissão de Valores Mobiliários (CVM). Do mesmo modo, a oferta de produtos e oportunidades de negócios aos investidores deve ocorrer nos limites do regramento emitido pelo BACEN, assim como das normas específicas de direito civil e de direito consumeirista, no atinente às cláusulas contratuais. Toda atividade não contrária à ordem jurídica poderá ser desempenhada livremente desde que contido entre os limites máximos dos caminhos assinalados pela poliédrica Constituição Econômica.*

Algumas ações potencialmente lesivas mereceram, então, especial atenção, de modo que sua criminalização se impõe, figurando o Direito Penal como aquele capaz de intervir para proteger os valores do sistema

[31] *Art. 4º Gerir fraudulentamente instituição financeira:Pena – Reclusão, de 3 (três) a 12 (doze) anos, e multa.Parágrafo único. Se a gestão é temerária:Pena – Reclusão, de 2 (dois) a 8 (oito) anos, e multa.*

[32] Ruivo, Marcelo Almeida. *Criminalidade financeira: contribuição à compreensão da gestão fraudulenta*. Porto Alegre: Livraria do Advogado, 2011, p. 17-18.

[33] Ruivo, Marcelo Almeida, *op. cit.*, p. 36-37.

financeiro do ataque de condutas sociais que lhes são ofensivas. A proteção penal, por óbvio, somente deve ser adotada quando for a única via de tutela diante da fragmentariedade e subsidiariedade do Direito Penal (*ultima ratio legis*).[34]

A criminalização de condutas atentatórias aos valores ou a interesses econômico-sociais relacionados ao Sistema Financeiro Nacional – diante da amplitude com que se propagam as consequências danosas dos crimes financeiros – encontrou, também nas palavras do já citado Marcelo Almeida Ruivo, em sua dissertação de mestrado[35], campo seguro, ao ponderar que:

> *... Tudo leva a crer que a imprescindibilidade das finanças para a economia contemporânea, assim como para eficácia operatória de um grupo de direitos fundamentais, indubitavelmente conexos à dignidade da pessoa humana, são indicadores da relevância social de alguns interesses componentes da complexa realidade do Sistema Financeiro Nacional. Apesar de não existir mandato expresso de criminalização, deve-se notar que também não há – e isso não é irrelevante – impedimento à criminalização das condutas, de modo que determinados valores, ainda quando não ordenados de forma ostensiva, possuem ressonância constitucional.*

O artigo 4º em seu *caput* e parágrafo único não definiu o que sejam *gestão fraudulenta* e *gestão temerária*, levando parte da doutrina e da jurisprudência em julgados proferidos nos primeiros anos que se sucederam à edição da Lei nº 7.492/1986 a tê-los por inconstitucionais por ofensa ao princípio da reserva legal.

Por *gestão fraudulenta* deve-se compreender todo ato de administração no âmbito da empresa, dentre os poderes conferidos, ainda que apenas de fato, que visa à percepção de vantagem indevida em prejuízo alheio, empregando o administrador artifícios que levam a erro os demais administradores. Já a *gestão temerária* exige a prática de ato que potencialmente coloca em risco a normalidade econômica da empresa. Em ambos os casos exige-se administração que fuja aos padrões normais da atividade empresarial e comprometimento da higidez financeira da instituição.

[34] DIAS, Jorge de Figueiredo. *Direito Penal. Parte Geral. Questões fundamentais da doutrina geral do crime.* Coimbra: Coimbra Ed., 2004, p. 19.

[35] RUIVO, Marcelo Almeida, *op. cit.*, p. 45-46.

Não cabe alegar a insubsistência da Lei nº 7.492/1986 em face do preceptivo inscrito no artigo 192 da Constituição Federal, sob o argumento de atipia constitucional do diploma infraconstitucional dado que o dispositivo determina que leis complementares regulem o Sistema Financeiro Nacional, o que levaria a uma ab-rogação implícita, ou seja, supressão total da Lei nº 7.492/1986.

O normativo constitucional regula o Sistema Financeiro Nacional com vistas ao seu desenvolvimento equilibrado, na medida em que deva ser organizado mediante leis complementares para promover o desenvolvimento equilibrado do País e servir aos interesses da coletividade, atuando sob a fiscalização da administração pública federal. Contudo, seu disciplinamento – preceito da recepção – coube à Lei nº 4.595, de 31.12.1964, como se fosse verdadeira lei complementar.

A Lei nº 7.492/1986 estabeleceu, como corolário do princípio da reserva legal (art. 5º, XXXIX, C.F.), a tutela penal pela incriminação de comportamentos que, lesando o Sistema Financeiro Nacional ou expondo-o a perigo de dano, devam se submeter ao poder punitivo estatal. Não houve qualquer afronta aos princípios da reserva legal e da taxatividade da norma penal pelos preceitos incriminadores da Lei nº 7.492/1986, uma vez que – como é notório – respeitou-se o processo legislativo de então.

A *mens legis* na edição da norma incriminadora em estudo, ao excluir do seu preceito primário o resultado naturalístico como elementar do crime, foi a de criar um tipo anormal, que requer a aferição de elemento normativo do tipo, diante da impossibilidade de uma previsão apriorística de todas as modalidades de conduta fraudulenta ou temerária que possam ocorrer na gestão de uma instituição financeira.

Cabe, então, ao Poder Judiciário a função integrativa da norma e, desse modo, fomentar um instrumento jurídico que se ajuste continuamente aos fatos sociais, à evolução das práticas financeiras e aos ilícitos que possam daí advir. A interpretação da conduta incriminada deverá sempre guardar um caráter teleológico, em que o grau de antijuridicidade será proporcional ao grau de afetação à objetividade jurídica da norma.

O delito tipificado no art. 4º, *caput* e parágrafo único, da Lei nº 7.492/1986, configura crime próprio, uma vez que somente pode ser cometido por quem detém o poder de direção, conforme rol expressamente previsto no art. 25 do mesmo diploma legal.

Admite-se, porém, a coautoria ou participação de quem praticou atos em conjunto com os responsáveis pela gestão, possuindo influência sobre a realização das atividades ilícitas. Se restar demonstrado o conluio de um administrador, diretor ou gerente da instituição com os demais réus, mesmo que estes não ostentem tal qualidade, podem participar da prática criminosa, caso tenham apoiado material ou moralmente sua execução (inteligência do artigo 29 do Código Penal).

O delito do art. 4º, *caput*, da Lei nº 7.492/1986, não reclama, para sua configuração, a ocorrência de prejuízo para terceiros, caracterizando-se como delito formal e ou de perigo, não exigindo, para que se perfaça, nenhum complemento, sendo certo que a partir do advento da norma citada restou arredada a demanda de algum resultado fenomênico, ao revés do que ocorria com o diploma que antigamente regia o tipo penal (Lei nº 1.521/1951, art. 3º, IX).

Interessante questão que se coloca seria a abrangência a ser conferida à definição de *gestão temerária*, em princípio vaga e imprecisa, o que poderia representar uma violação ao princípio da legalidade, ao praticamente transferir para o magistrado a definição de seu conceito.[36]

Esta questão nos parece superada, como já salientado em relação à *gestão fraudulenta*, diante dos reiterados julgados que bem delimitam a questão. Nesse sentido, transcreve-se excerto do acórdão proferido no *Habeas Corpus* nº 96.03.077760-9 (TRF/3 – Rel. Des. Fed. Sylvia Steiner, 2ª T., por maioria, *DJU* 21.05.1997): *na interpretação do elemento normativo, tem-se por temerária a gestão abusiva, inescrupulosa, imprudente, arriscada além do aceitável nas atividades peculiares, que ponha em risco os bens protegidos pela norma – a saúde financeira da instituição, o patrimônio dos investidores, a confiança do mercado e dos negócios e a harmonia do sistema financeiro como um todo. 4. Não pode ser tida por temerária a gestão que, por diversos anos e em milhares de operações, obteve lucros e crescimento para a instituição e para os investidores, havendo-se com prejuízo apenas em insignificante número de operações, que redundaram em prejuízo mínimo, num curto espaço de tempo, suportado pela própria instituição.*

A gestão temerária seria a realizada sem a prudência ordinária, com excessiva crença no sucesso que a previsibilidade normal demonstra ser

36 PIMENTEL, Manuel Pedro. *Crimes contra o sistema financeiro nacional:* comentários à Lei nº 7.492, de 16/6/86. São Paulo: Ed. Revista dos Tribunais, 1987, p. 52.

improvável, com assunção de riscos audaciosos e desmedidos em transações perigosas em que o dinheiro alheio é inescrupulosamente arriscado.

O objeto da proibição da *gestão temerária* pretendido pelo legislador não seria apenas o resultado danoso, a saber:

> *Mas sim a situação de risco causada pela ação do administrador excessivamente arrojado que, por exemplo, opere em níveis elevadíssimos de alavancagem em mercado de derivativos. Nesta perspectiva, irrelevante seria indagar sobre o resultado (lucro ou prejuízo): o crime já estará consumado no momento da operação. Portanto, o legislador optou por tutelar o bem jurídico ameaçado de lesão pela conduta preliminar potencialmente gravosa, pouco importando, ao menos em tese, o efetivo resultado.*[37]

O elemento normativo do tipo penal configura-se pela imprudência, afoiteza, audácia das transações e pelo seu risco previsível, que se afasta do risco imanente a qualquer atividade financeira.

No que tange à Lavagem de Dinheiro, a Lei nº 9.613, 03.03.1998, com as alterações da Lei nº 12.683, de 09.07.2012, confere um crime de alta danosidade social porque propicia a perpetuação de graves delitos e a percepção de seus frutos ilícitos.

A Lavagem de Dinheiro tem reclamado a atenção de todos diante do alto grau de sofisticação das atividades criminosas, que, já há algum tempo, organizaram-se, profissionalizaram-se e transnacionalizaram-se.

Propiciando a transformação daquilo que é ilegal em legal, o crime organizado atuava livremente por total ineficácia dos diplomas nacionais e internacionais que não eram compatíveis com essa nova realidade. Nesse ponto, Gilson Dipp, há tempos, em magistral lição pontificou que tal crime aproveita-se:

> *Do peso do Estado, dos Poderes Executivo, Legislativo e Judiciário, que estão regulados, quase amarrados, ao princípio da territorialidade, ou seja, de que a lei se aplica apenas nos seus limites. É um conceito totalmente ultrapassado. O Estado, não abdicando da sua soberania, precisa desenvolver ampla cooperação internacional. Se insistirmos no conceito de soberania do século 19, permitiremos que o crime organizado exerça o seu poder em detrimento da soberania formal.*[38]

[37] Fragoso, Rodrigo. *Gestão Temerária de Instituição Financeira* (Disponível em: <*http://www.fragoso.com.br/ptbr/arq_pdf/artigos/arquivo71.pdf*>. Acesso em 23.11.2018.

[38] Dipp, Gilson. Entrevista publicada no *site Consultor Jurídico*. Disponível em: <www.conjur.com.br>. Acesso em: 03 dez. 2018.

A noção de que esse tipo de delinquência atinge sobremaneira a Ordem Econômica e Social fez com que fosse reconhecida a necessidade de se estabelecer de forma precisa um novo delito, também pertencente à criminalidade econômica, caracterizada, em princípio, por não possuir valoração social negativa.

No início, o crime estava vinculado ao delito de tráfico ilícito de entorpecentes, tendo como ponto de partida, na Europa, uma Recomendação do Conselho da Europa de 1980. A Convenção das Nações Unidas contra o Tráfico Ilícito de Entorpecentes e Substâncias Psicotrópicas (Convenção de Viena de 1988) é considerada o marco internacional, propiciando, no mundo, a sua análise político-criminal, enquanto que a Lei nº 9.613, de 03.03.1998, é a referência nacional.

A preocupação em caracterizar a Lavagem de Dinheiro como delito autônomo teve íntima conexão com o tráfico internacional de drogas. Com efeito, dois aspectos parecem ter sido decisivos para que houvesse uma mobilização internacional no sentido de se punir quem tornava aparentemente lícita a riqueza proveniente do tráfico ilícito de drogas.

Um deles é a já previsível ineficácia dos meios repressivos de combate ao narcotráfico; outro fator é representado pelo impacto econômico-financeiro que a movimentação dos chamados *narcodólares*, no rumo da aparente licitude, provoca na economia de muitos países, interferindo, sobremaneira, nas normais relações de produção, concorrência e consumo.

Deste modo, o grande impulso internacional para a adoção de medidas de combate à Lavagem de Dinheiro, ou seja, o marco legal internacional global foi mesmo a Convenção das Nações Unidas de Viena de 1988, que teve como escopo específico o combate ao tráfico de entorpecentes e substâncias psicotrópicas.

Possuía-se a ideia da falência dos diplomas tradicionais em fazer face a essa nova realidade. Preocupação constante de variados países a luta contra crimes importantes, considerados uma ameaça real a todos por permitir o fluxo de capitais ilegais, causando séria desconfiança nas instituições incumbidas de seu combate.

Mireille Delmas-Marty e Geneviève Giudicelli-Delage asseguram que foi:

> *A partir do final dos anos 1980 que a comunidade internacional se conscientizou da inadequação – e mesmo da inutilidade – dos direitos nacionais em face de uma cri-*

minalidade cada vez mais eficaz em escala internacional e prospera precisamente sobre o terreno da disparidade e da ausência de harmonização das legislações nacionais (...). A Convenção da ONU, assinada em Viena em 20 de dezembro de 1988, traduz a primeira resposta de harmonização.[39]

Não se pode deixar de ter em vista que o delito de Lavagem de Dinheiro aparece como medida para cercear o proveito e o uso de bens adquiridos com as vantagens da infração. É, pois, delito derivado de outro, não existindo sem que o antecedente tenha ocorrido no passado. Trata-se, nas palavras de Jean Larguier e Philippe Conte, de uma *infração de consequência* e não um comportamento anterior ou contemporâneo ao ato principal ou a essa tentativa.[40]

Para usufruir os bens ilícitos, de tranquila forma, a criminalidade tem se aparelhado, como também o Estado, obrigando este a efetivar os mais modernos mecanismos de combate ao crime.

O vínculo existente entre Lavagem de Dinheiro – Criminalidade Organizada obrigou uma intervenção estatal contundente e mais imediata até como forma de sua sobrevivência. Pelo teor do artigo terceiro da Convenção de Viena cada país signatário compromete-se a tomar as medidas necessárias ao combate do narcotráfico, tipificando como delitos penais, em seu Direito interno, as condutas ali mencionadas.

Os referidos comportamentos são divididos, pelo próprio artigo terceiro, em três grupos. O primeiro grupo (item "a" do art. 3º) relaciona-se com o tráfico propriamente dito, quando tipifica a produção, fabricação, extração, preparação ou oferta [3, a) i)], o cultivo [3, a) ii)], a posse ou aquisição para qualquer das condutas antecedentes [3, a) iii)], transporte e distribuição [3, a) iv)] e a organização, gestão ou financiamento de qualquer das condutas anteriores [3, a) v)]. O segundo (item "b" – art. 3º) trata da Lavagem de Dinheiro em que os Estados signatários comprometem-se a tipificar a conversão ou transferência de bens cuja origem esteja vinculada aos delitos previstos no item "a" [3, b) i)] e a ocultação ou encobrimento da origem, natureza, localização, destino ou proprie-

[39] Cf. Delmas-Marty, Mireille; Giudicelli-Delage, Geneviève. *Droit pénal des affaires*. 4ª ed. Paris: Presses Universitaire de France, 2000. p. 309-310.

[40] *Op. cit.*, p. 238.

dade dos mesmos [3, b) ii)]. Finalmente, o terceiro grupo (item "c" do art. 3º) cuida de outras modalidades de condutas vinculadas ao narcotráfico ou à Lavagem de Dinheiro, como a aquisição, posse ou utilização de bens provenientes do narcotráfico [3, c) i)], a posse de materiais ou equipamentos relacionados com o tráfico de entorpecentes [3, c) ii)], a instigação ou o induzimento à prática dos delitos ali tipificados [3, c) iii)] e a participação em comissão em qualquer dos delitos ali tipificados [3, c) iv)].

Em suma, historicamente, à evidência, o crime de Lavagem de Dinheiro é, por essência, um crime derivado porque sua configuração depende da existência de um delito precedente e, segundo a Convenção de Viena, o branqueamento de capitais depende de crimes relacionados ao tráfico ilícito de entorpecentes.

Perdendo sua vinculação exclusiva com o delito do qual se originou, surgiram muitas questões sobre a objetividade jurídica da Lavagem de Dinheiro. Não resta dúvida, hoje, que tal crime está inserido no contexto do Direito Penal Econômico, por ser a Ordem Socioeconômica a atingida e tendo em vista a inclusão no mercado de vultosas quantias de dinheiro provenientes de crime, interferindo nas normais relações de produção, consumo e concorrência.

Outra dificuldade que existe em relação à Lavagem é que sua forma de execução não é simples, nem segue uma regra predeterminada. A execução do delito passa por processos amiúde complexos e sofisticados, por intermédio de atos concatenados e fracionados, que ao final vão conferir aparência lícita a dinheiro *sujo*.

Com efeito, é possível, numa conceituação singela, definir Lavagem de Dinheiro como o processo por meio do qual se transforma bens adquiridos de forma criminosa em bens aparentemente lícitos. Entretanto, a tipificação desta conduta não pode, em face das necessidades imperiosas da legalidade e segurança jurídica, ser feita de forma tão simples.

Na lição de Pierpaolo Cruz Bottini e Gustavo Henrique Badaró Lavagem de Dinheiro *é o ato ou a sequência de atos praticados para mascarar a natureza, origem, localização, disposição, movimentação ou propriedade de bens, valores e direitos de origem delitiva ou contravencional, com o escopo último de reinseri-los na economia formal com aparência de licitude.*

Referidos autores, em complemento ao seu raciocínio, consideram, em suma, que Lavagem de Dinheiro trata-se *do movimento de afastamento dos bens de seu passado* sujo, *que se inicia com a* ocultação simples *e termina com a introdução no circuito comercial ou financeiro, com aspecto legítimo.*[41]

Identifica-se, classicamente, no delito de Lavagem de Dinheiro, três fases da conduta, a bem saber: ocultação ou colocação ou *placement*, em que se procura tirar a visibilidade dos bens adquiridos criminosamente; controle, dissimulação ou *layering*, em que se busca afastar o dinheiro de sua origem, dissimulando os vestígios de sua obtenção; integração ou *integration*, em que o dinheiro ilícito reintegra-se na economia sob uma aparência de licitude. Soma-se a isto a fase de reciclagem ou *recycling* consistente no apagamento de todos registros de fases anteriores concretizadas.

Diante da complexidade das condutas e do processo que compõe a Lavagem de Dinheiro, percebe-se a quase completa impossibilidade de se incriminar a conduta senão por meio de tipos mistos, prevendo mais de uma forma de conduta, e abertos, pois o elevado número de condutas descritas na Convenção de Viena, adotadas pela maioria dos países, reclama interferência para completar o tipo, dentro dos limites ali previstos.

Além disso, o delito de Lavagem de Dinheiro é sempre derivado, de modo que necessariamente terá que ser feita, em maior ou menor grau, alguma conexão com a infração precedente. Todas estas questões fazem com que tal delito possua inúmeras peculiaridades, que deverão, pouco a pouco, ser pacificadas pela doutrina.

A análise do bem jurídico, isto é, valor digno de tutela penal (função social útil de proteção dos valores sociais), assume demasiada importância quando se estuda o delito de Lavagem de Dinheiro, dada sua característica intrínseca principal, a da autonomia, o que faz não confundi-lo com aquele definido para as infrações penais antecedentes.

O estudo do bem jurídico assume relevância vital uma vez que refletirá diretamente em outras questões também importantes como a possível incriminação das pessoas jurídicas, a autoria do crime (concurso de infração penal precedente e Lavagem de Dinheiro), a ligação com a infração penal anterior, em havendo perda da pretensão punitiva (por exemplo,

[41] BOTTINI, Pierpaolo Cruz e BADARÓ, Gustavo Henrique. *Lavagem de Dinheiro: aspectos penais e processuais penais: comentários à Lei nº 9.613/1998, com alterações da Lei nº 12.683/2012*. São Paulo: Editora Revista dos Tribunais, 2012, p. 21.

abolitio criminis) ou absolvição desta última, e no que tange à dosimetria da pena.

A complexidade de identificação do bem jurídico do delito em estudo pode ser melhor esclarecida, como bem revela Jorge Alexandre Fernandes Godinho[42], dos preâmbulos legais (uma vez que não se faz possível concluir da análise sistemática legal, porquanto compreendido normalmente em leis extravagantes), bem como dos textos de direito internacional.

O preâmbulo da Convenção de Viena (1988), por exemplo, deixa claro que as condutas provenientes da criminalidade organizada *minam as bases de uma economia lícita e ameaçam a estabilidade, a segurança e a soberania dos Estados*, além de *invadir, contaminar e corromper as estruturas do Estado, as atividades comerciais e financeiras legítimas e a sociedade em todos os seus níveis.*

Como bens jurídicos, pode-se citar a Ordem Socioeconômico/financeira, diretamente, e Administração da Justiça, indiretamente. Quando se trata de bem jurídico coletivo, institucional ou supraindividual, há problemas para determinar o tipo penal, não se podendo especificar o desvalor do resultado e identificar o objeto de proteção. Nestes casos, a afetação ao bem jurídico não é uma consequência de um único comportamento individual, senão de uma pluralidade que somente conjuntamente põe em risco ou lesa o interesse supraindividual. Para determinar o objeto de proteção, seleciona-se, pois, aspectos ou componentes do bem jurídico, ou seja, *objetos com função representativa do bem jurídico* (Martínez Buján Pérez, Bustos Ramírez, Abanto, Caro Coria,[43] como também Caty Vidales Rodrigues e Isidoro Blanco Cordero[44]), pelos quais se pode apreciar a afetação do bem jurídico. Nestes casos, fala-se em bem jurídico imediato ou direto, constituído pelo objeto com função representativa, e em bem jurídico mediato, contextual ou abstrato, constituído pelo bem representado. Na consideração do dolo, este deve abarcar o bem jurídico imediato ou direto, não interessando o mediato, contextual ou abstrato. Logo, bem jurídico imediato ou direto na lavagem é a Ordem Econômico-Financeira, eventualmente a livre e leal concorrência, protegida de forma imediata

[42] In Godinho, Jorge Alexandre Fernandes. *Do crime de 'branqueamento' de capitais*: introdução e tipicidade. Coimbra: Almedina Ed., 2001. p. 123-124.

[43] Citados por Tomás Aladino Gálvez Villegas (in Delito de lavado de activos: analisis de los Tipos Penales Previstos en la Ley nº 27.76, cit., p.46-62).

[44] Mencionados por Jorge Alexandre Fernandes Godinho, in *Do crime de "branqueamento" de capitais*, cit., p. 126.

(correto funcionamento do mercado e ao seu livre acesso pelos agentes econômicos). Protege-se também a eficácia da Administração da Justiça (bem jurídico genérico, contratual ou abstrato), enquanto proporciona segurança a esta no combate e repressão de atos que afetam a ordem econômico-financeira, legitimando o Estado em confiscar as vantagens propiciadas pelos tipos precedentes da Lavagem.

Pierpaolo Cruz Bottini e Gustavo Henrique Badaró consideram que, mesmo que em parcela significativa dos casos exista realmente uma pluralidade de bens jurídicos lesionados, o crime de Lavagem de Dinheiro tutela a Administração da Justiça. Nesta perspectiva tecem importantes considerações quando citam o seguinte exemplo:[45]

> *A identificação dos bens lesionados pelos crimes antecedentes com o bem protegido pela norma da lavagem não merece acolhida pelos problemas já elencados. Também a* ordem econômica *não parece ser o bem jurídico diretamente protegido pela norma penal em comento. Ainda que a maior parte dos crimes de lavagem afete – ou tenha o condão de afetar – o funcionamento da economia, em especial sob o prisma da livre concorrência, nem sempre isso ocorre. Muitas vezes, o impacto econômico do uso direto do produto do crime é mesmo daquele decorrente da* lavagem de dinheiro.
>
> *Imagine-se um roubo a banco – agora antecedente possível de lavagem de dinheiro – em consequência do qual seu autor adquira dinheiro suficiente para comprar um barco. Caso ele o compre diretamente, em seu nome, não haverá* lavagem de dinheiro, *mas mero exaurimento do crime. Por outro lado, se o valor for depositado em conta de terceiro, que efetua a compra em nome de empresa* laranja, *existirá* lavagem de dinheiro.
>
> *Note-se que, se o barco foi comprado pelo preço de mercado, em condições idênticas à aquisição do mesmo bem com recursos lícitos, a* ordem econômica *não foi afetada em qualquer dos casos. Ainda assim, na segunda hipótese haverá* lavagem de dinheiro. *Isso porque no primeiro caso não houve ocultação, blindagem do bem contra possíveis rastreamentos, nem mascaramento. Já no segundo, houve um movimento de escamoteamento do dinheiro, o que dificultou sua identificação. A única diferença entre as duas situações, capaz de justificar a punição pela* lavagem de dinheiro *na segunda e a* irrelevância *da compra direta na primeira, é sua distinta capacidade de afetar o funcionamento da* Justiça. *A* ocultação *no segundo caso subtraiu o bem das vistas, prejudicou seu rastreamento, em suma, colocou em risco a* administra-

[45] In *ob. cit.*, p. 57-58.

ção da Justiça, *sem qualquer lesão à* ordem econômica. *E isso justifica a punição pela* lavagem de dinheiro, *ainda que a conduta não tenha afetado o funcionamento da economia. Por isso, parece ser a* administração da Justiça *o bem protegido pela norma penal.*

Deve prevalecer, *s.m.j.*, o entendimento que consagra existir ofensa direta a Ordem Socioeconômico/Financeira e, indireta, à Administração da Justiça.

Ao findar com uma lista fixa de crimes antecedentes, na verdade, tentou-se afinar com o que há de mais moderno em termos de legislação antilavagem. Desse modo, a atuação dos sistemas de prevenção e repressão não se limita mais a certas condutas, já que basta que se constate uma vantagem econômica obtida de forma ilícita para que seja dado início às investigações.

3. Improbidade Administrativa e a Relação com o Criminoso Econômico-Financeiro

A improbidade administrativa, dada à gravidade de suas sanções próprias, à amplitude do seu alcance e à inelegibilidade por oito anos proveniente da Lei da Ficha Limpa (alínea "l", do artigo 1º, I, da Lei Complementar nº 64, de 18.05.1990, com a alteração promovida pela Lei Complementar nº 135, de 04.06.2010), tem ultimamente ganhado relevo.

A criminalidade econômico-financeira se depara com a criação de mais uma modalidade típica, diante da publicação, no último dia útil do ano de 2016, dia 30 de dezembro, da Lei Complementar nº 157, de 29.12.2016. Esta inaugurou novo tipo de improbidade administrativa com novas formas de punição, especificamente no que tange a procedimentos de natureza tributária quanto ao Imposto Sobre Serviço (ISSQN), ampliando o rol constante da Lei de Improbidade Administrativa.

A Lei nº 8.429, de 02.06.1992 (Lei de Improbidade Administrativa) originalmente previa três espécies de atos: a) atos que importam enriquecimento ilícito (artigo 9º); b) atos que causam lesão ao erário (artigo 10) e, por fim, c) atos que atentam contra os princípios da administração pública (artigo 11).

Com a edição da Lei Complementar 157, de 29.12.2016, a Lei nº 8.429/ /1992 passou a contar com uma nova seção e um novo dispositivo, o artigo 10-A, que traz a seguinte previsão:

> *Seção II-A*
>
> *Dos Atos de Improbidade Administrativa Decorrentes de Concessão ou Aplicação Indevida de Benefício Financeiro ou Tributário*
>
> *Art. 10-A. Constitui ato de improbidade administrativa qualquer ação ou omissão para conceder, aplicar ou manter benefício financeiro ou tributário contrário ao que dispõem o caput e o § 1º do art. 8º-A da Lei Complementar nº 116, de 31 de julho de 2003. (Incluído pela Lei Complementar 157, de 2016).*

O dispositivo trouxe uma nova espécie de ato de improbidade administrativa, mas que trata especificamente do descumprimento da Lei do Imposto Sobre Serviços de Qualquer Natureza – ISSQN (Lei Complementar nº 116, de 31.07.2003), em específico no que diz respeito ao *caput* e § 1º do artigo 8º-A (da Lei Complementar nº 116/2003). Esse artigo, também incluído pela mesma L.C. nº 157/2016, assim prevê:

> *Art. 8º-A. A alíquota mínima do Imposto sobre Serviços de Qualquer Natureza é de 2% (dois por cento). (Incluído pela Lei Complementar 157, de 2016)*
>
> *§ 1 O imposto não será objeto de concessão de isenções, incentivos ou benefícios tributários ou financeiros, inclusive de redução de base de cálculo ou de crédito presumido ou outorgado, ou sob qualquer outra forma que resulte, direta ou indiretamente, em carga tributária menor que a decorrente da aplicação da alíquota mínima estabelecida no caput, exceto para os serviços a que se referem os subitens 7.02, 7.05 e 16.01 da lista anexa a esta Lei Complementar. (Incluído pela Lei Complementar nº 157, de 2016)*

Como se sabe, o Imposto Sobre Serviços de Qualquer Natureza (ISSQN) é de competência dos municípios e do Distrito Federal, tendo como fato gerador a prestação de serviços taxativamente listados na Lei Complementar nº 116/2003, ou seja, para incidir sobre o serviço, este deve estar expressamente previsto no anexo da referida lei complementar, devendo municípios e o Distrito Federal respeitar os limites impostos quando da edição da legislação local acerca do tema.

Desse modo, o artigo 8º-A, acima transcrito, tratou de estipular uma regra geral a ser seguida pelos municípios e pelo Distrito Federal, qual seja, alíquota mínima de 2% para o ISS, isto é, não poderá haver por parte destes entes a edição de legislação que preveja alíquota inferior, tendo referida regra o objetivo de evitar a "guerra fiscal" entre municípios que visavam atrair novas empresas.

Em virtude desse novo limite e com o intuito de tentar evitar que os entes buscassem formas de burlar a legislação, a Lei Complementar nº 157/2016 incluiu no artigo 8º-A, da Lei Complementar nº 116/2003, o § 1º, proibindo a edição de lei local que verse sobre a "concessão de isenções, incentivos ou benefícios tributários ou financeiros, inclusive de redução de base de cálculo ou de crédito presumido ou outorgado, ou sob qualquer outra forma que resulte, direta ou indiretamente, em carga tributária menor que a decorrente da aplicação da alíquota mínima".

Mas essa regra não é absoluta, trazendo o mesmo dispositivo exceções, permitindo que se conceda isenção, incentivo ou benefício de ISS aos serviços previstos nos subitens 7.02, 7.05 e 16.01 no anexo da mesma lei complementar, quais sejam: execução, por administração, empreitada ou subempreitada, de obras de construção civil, hidráulica ou elétrica e de outras obras semelhantes, inclusive sondagem, perfuração de poços, escavação, drenagem e irrigação, terraplanagem, pavimentação, concretagem e a instalação e montagem de produtos, peças e equipamentos (exceto o fornecimento de mercadorias produzidas pelo prestador de serviços fora do local da prestação dos serviços, que fica sujeito ao ICMS); reparação, conservação e reforma de edifícios, estradas, pontes, portos e congêneres (exceto o fornecimento de mercadorias produzidas pelo prestador dos serviços, fora do local da prestação dos serviços, que fica sujeito ao ICMS); serviços de transporte coletivo municipal rodoviário, metroviário, ferroviário e aquaviário de passageiros.

Embora o simples descumprimento da norma prevista no artigo 8º-A, da Lei Complementar nº 116/2003, já configure ato de improbidade administrativa, em específico os que atentam contra o princípio da legalidade ou que causem dano ao erário, nos termos da Lei de Improbidade Administrativa no seu artigo 10, incisos VII (*conceder benefício administrativo ou fiscal sem a observância das formalidades legais ou regulamentares aplicáveis à espécie*), X (*agir negligentemente na arrecadação de tributo ou renda, bem como no que diz respeito à conservação do patrimônio público*) e XII (*permitir, facilitar ou concorrer para que terceiro se enriqueça ilicitamente*), o que faria incidir as penas previstas no artigo 12, II ou III, da Lei nº 8.429/1992, a Lei Complementar nº 157/2016 incluiu na Lei de improbidade Administrativa o inciso IV ao artigo 12, trazendo penalidades próprias para o descumprimento do previsto no artigo 10-A da mesma lei, senão vejamos:

> *Art. 12. Independentemente das sanções penais, civis e administrativas previstas na legislação específica, está o responsável pelo ato de improbidades sujeito às seguintes cominações, que podem ser aplicadas isoladas ou cumulativamente, de acordo com a gravidade do fato:*
>
> *[...]*
>
> *IV – na hipótese prevista no art. 10-A, perda da função pública, suspensão dos direitos políticos de 5 (cinco) a 8 (oito) anos e multa civil de até 3 (três) vezes o valor do benefício financeiro ou tributário concedido. (Incluído pela Lei Complementar 157, de 2016)*

Trouxe, então, sanções que são a mescla das previstas nos demais incisos do mesmo dispositivo, criando uma figura *sui generis* de penalidade, específica para a nova modalidade de improbidade do artigo 10-A, pois, embora incluído após o artigo 10, equiparando-se, portanto, a lesão ao erário, o que faria incidir apenas as penalidades constantes do inciso II, do artigo 12, da mesma lei, ainda que incida a perda da função pública (prevista para todos os casos) e a suspensão dos direitos políticos de cinco a oito anos, prevê, também, a pena de pagamento de "multa civil de até três vezes o valor do benefício financeiro ou tributário concedido", esta constante do inciso I, do artigo 12, aplicável aos graves casos de enriquecimento ilícito (artigo 9º).

A intenção do legislador foi a de criar uma figura de penalidade autônoma mesclando sanções graves com sanções proporcionais para o caso em análise, pois, do contrário, caso não incluísse na Lei de Improbidade Administrativa esse artigo 10-A, as penas aplicáveis, cumulativamente ou não, para o descumprimento ou burla ao previsto no artigo 8º-A e § 1º, da Lei Complementar nº 116/2003, incluído pela Lei Complementar nº 157/2016, seriam as previstas no artigo 12, III, em razão do descumprimento do princípio da legalidade ou no artigo 12, II, em decorrência do dano ao erário pela concessão de benefício administrativo ou fiscal sem a observância das formalidades legais ou regulamentares aplicáveis à espécie, por agir negligentemente na arrecadação de tributo ou renda, concorrendo com o enriquecimento ilícito de terceiro (incisos VII, X e XII do artigo 10 da Lei de Improbidade Administrativa).

Importante destacar, ainda, que, corroborando a tese da figura *sui generis*, essa nova modalidade exige exclusivamente a conduta dolosa do agente para configurar ato de improbidade administrativa, não sendo admitida a modalidade culposa, diversamente do previsto expressamente no artigo 10 para os atos que causam lesão ao patrimônio público.

Ademais, além das penalidades previstas no inciso IV do artigo 12 da Lei nº 8.429/1992, introduzida pela Lei Complementa nº 157/2016, conforme previsão incluída pela mesma lei nos §§ 2º e 3º do artigo 8º-A, da Lei Complementar nº 116/2003, será considerada *nula a lei ou o ato do Município ou do Distrito Federal que não respeite as disposições relativas à alíquota mínima [de 2%]... no caso de serviço prestado a tomador ou intermediário localizado em Município diverso daquele onde está localizado o prestador do serviço*, gerando ao Município ou ao Distrito Federal infrator a obrigação de restituir integralmente o valor pago do ISS ao prestador do serviço tributado pela lei considerada nula.

O artigo 10-A da Lei de improbidade Administrativa diz, outrossim, que constitui ato de improbidade a ação ou omissão do agente público, ou seja, não incide apenas para os casos de concessão de benefícios ou incentivos, mas também para os casos em que, havendo no município tais procedimentos o agente não tome providências para cessá-lo, o que, nesse caso específico, ficou estipulado pela Lei Complementar nº 157/2016, no seu artigo 6º, um prazo de adaptação de 1 (um) ano, contado da publicação desta, em que *os entes federados deverão [...] revogar os dispositivos que contrariem o disposto no caput e no § 1º do artigo 8º-A da LC 116/03.*

Quanto à legitimidade para propositura da ação civil pública por ato de improbidade, conforme previsão do § 13 do artigo 17, considera a pessoa jurídica interessada, portanto, com legitimidade processual ativa, *o ente tributante que figurar no polo ativo da obrigação tributária de que tratam o § 4º do artigo 3º e o artigo 8-A da Lei Complementar 116, de 31 de julho de 2003*, ou seja, uma vez que o § 4º, do artigo 3º foi vetado pelo Presidente da República e o artigo 8º-A trata especificamente da alíquota do ISS, portanto, considerando-se ente tributante o Município ou Distrito Federal, tem legitimidade ativa para propositura das ações, o município ou o Distrito Federal contra os agentes públicos que assinaram as concessões ou isenções, bem como os outros Municípios que forem prejudicados com tais condutas, uma vez caracterizada a "guerra fiscal".

Além das sanções previstas na lei tributária, a qual prevê, inclusive, a devolução do imposto pago ao tomador ou intermediário localizado em Município diverso daquele onde está localizado o prestador do serviço em razão da lei considerada nula, gerando um enorme passivo ao ente tributante, estipula também, na Lei de Improbidade Administrativa, a sanção ao agente de multa de até três vezes o valor do benefício financeiro ou tributário concedido, bem como sanções políticas com a perda do cargo e suspensão dos direitos políticos, o que o proibirá de candidatar-se em futuros pleitos, em especial pelo que prevê a Lei das Inelegibilidades (Lei Complementar nº 65/1990, artigo 1º, I, "l"), cujo alcance é plenamente possível, uma vez caracterizada a condenação por conduta ímproba dolosa com pena de suspensão dos direitos políticos, transitada em julgado ou por decisão de órgão colegiado, que compreenda a existência de dano ao erário e enriquecimento ilícito, o que, pela simples conduta de incidir menor imposto do que o legalmente previsto já se poderá subsumir o dano efetivo com a cobrança menor de ISS e o enriquecimento de terceiro que se aproveitou da norma local para pagar menos imposto, fazendo a ressalva da necessidade de haver essa expressa menção na decisão condenatória de improbidade administrativa para incidir a inelegibilidade, conforme jurisprudência do e. Tribunal Superior Eleitoral.[46]

Logo, a Lei de Improbidade Administrativa, que originalmente previa três espécies de atos, passou a contemplar quatro: a) atos que importam enriquecimento ilícito (artigo 9º); b) atos que causam lesão ao erário (artigo 10); c) os que decorrem de concessão ou aplicação indevida de benefício financeiro ou tributário (artigo 10-A) e, por fim, d) atos que atentam contra os princípios da administração pública (artigo 11).

Não há caráter penal, mas evidentes obrigações de se evitar o resultado o que pode acarretar a responsabilização penal, por exemplo, dos administradores das instituições financeiras que, de alguma forma, concorrerem para os ilícitos da Lei de Improbidade Administrativa, e que, por isso, estariam sujeitos aos crimes de gestão fraudulenta ou temerária e, até, de lavagem de dinheiro se tentarem dar aparência lícita aos frutos obtidos ilicitamente.

A Lei das Sociedades Anônimas, Lei nº 6.404, de 15.12.1976, estabelece ao acionista controlador o dever de cumprimento de objeto social cumprindo a função social que a empresa possui (artigos 116, § único, 116-A,

[46] Vide Kufa, Karina e Kufa, Amilton Augusto. Lei cria novo tipo de improbidade administrativa relacionado ao ISSN. Endereço eletrônico do Consultor Jurídico em 04.01.2017, https://www.conjur.com.br/2017-jan-04/lei-cria-tipo-improbidade-administrativa-relacionado-issn, acessado em 07.12.2018.

142, 157, 163, 165 e 165-A), cabendo aqui realçar como seu administrador, os membros do Conselho de Administração nas hipóteses de serem os administradores da sociedade anônima.[47]

O artigo 158, § 1º, deixa evidente o dever do administrador de evitar o resultado ilícito, a saber (devidamente grifado):

> *Art. 158. O administrador não é pessoalmente responsável pelas obrigações que contrair em nome da sociedade e em virtude de ato regular de gestão; responde, porém, civilmente, pelos prejuízos que causar, quando proceder:*
>
> *I – dentro de suas atribuições ou poderes, com culpa ou dolo;*
>
> *II – com violação da lei ou do estatuto.*
>
> ***§ 1º O administrador** não é responsável por atos ilícitos de outros administradores, salvo se com eles for conivente, se negligenciar em descobri-los ou se, deles tendo conhecimento, **deixar de agir para impedir a sua prática. Exime-se de responsabilidade o administrador dissidente que faça consignar sua divergência em ata de reunião do órgão de administração ou, não sendo possível, dela dê ciência imediata e por escrito ao órgão da administração, no conselho fiscal, se em funcionamento, ou à assembléia-geral.***
>
> *§ 2º Os administradores são solidariamente responsáveis pelos prejuízos causados em virtude do não cumprimento dos deveres impostos por lei para assegurar o funcionamento normal da companhia, ainda que, pelo estatuto, tais deveres não caibam a todos eles.*
>
> *§ 3º Nas companhias abertas, a responsabilidade de que trata o § 2º ficará restrita, ressalvado o disposto no § 4º, aos administradores que, por disposição do estatuto, tenham atribuição específica de dar cumprimento àqueles deveres.*
>
> *§ 4º O administrador que, tendo conhecimento do não cumprimento desses deveres por seu predecessor, ou pelo administrador competente nos termos do § 3º, deixar de comunicar o fato a assembléia-geral, tornar-se-á por ele solidariamente responsável.*
>
> *§ 5º Responderá solidariamente com o administrador quem, com o fim de obter vantagem para si ou para outrem, concorrer para a prática de ato com violação da lei ou do estatuto.*

[47] *Art. 138. A administração da companhia competirá, conforme dispuser o estatuto, ao conselho de administração e à diretoria, ou somente à diretoria. § 1º O conselho de administração é órgão de deliberação colegiada, sendo a representação da companhia privativa dos diretores. § 2º As companhias abertas e as de capital autorizado terão, obrigatoriamente, conselho de administração.*

Essa obrigação de agir para evitar o resultado coloca o administrador, na posição de *garante*, tal qual está consignado na Lei Anticorrupção, ao estabelecer a responsabilidade pelos atos lesivos (artigo 2º), bem ainda na Lei de Lavagem de Dinheiro que, ao estabelecer um dever de adoção de procedimentos e controles para os fins de comunicação de operação suspeitas (artigo 10, III, combinado com o artigo 11), criou, *s.m.j.*, obrigação de evitar o resultado, bem ainda o que concorra para a prática lesiva.

Possuindo posição de garante, insere-se no artigo 13, parágrafo 2º, do Código Penal, que deixa evidente que o dever de agir incumbe, dentre outros[48], a quem tenha por lei obrigação de cuidado, proteção e vigilância, a obrigação de evitar o resultado.

Ora, esta obrigação de tais pessoas faz com que a omissão passe a ser penalmente relevante. Assim, existe a responsabilidade dos que geriram fraudulentamente ou temerariamente a instituição financeira, permitindo, de alguma forma, a ocorrência do resultado ilícito (em sendo *garante*).

Para evitar qualquer responsabilidade, deve o administrador demonstrar que não compactua com o ilícito, quer consignando a discordância, quer evitando o resultado. Isso demonstraria o afastamento do elemento anímico, ou seja, o desejo de se omitir e provocar o resultado.

Conclusões

Atualmente, vive-se, no nosso país, um paradoxo: de um lado, as pessoas buscam se valer de benefícios ilegais (pagam um preço menor quando não recebem recibo, lavram escritura por valor mais baixo, adquirem produtos pirateados etc.), criando-se uma cultura de tolerância e condescendência a alguns ilícitos, e, de outro, requerem drástica ação estatal de persecução à criminalidade, aí incluindo-se o combate à criminalidade econômica e organizada.

Alianças, cumplicidades e tolerâncias recíprocas têm mantido o *status quo* ao mesmo tempo que exigem constantes negociações das forças em disputa. Essa ambiguidade de postura comportamental acaba de alguma forma refletindo em todos os campos da atividade social.

Há dois universos: num primeiro, condutas que, ainda que interditas pelo ordenamento jurídico, são encaradas com condescendência (vistas

[48] Dentre outros (outra forma assumiu a responsabilidade e ou a ingerência, isto é, quem, com seu comportamento anterior, criou o risco do resultado lesivo.

como "aquilo que todos fazem"), desprovidas de uma carga ética negativa e com uma danosidade pouco significativa. Num segundo universo, a sociedade exige o combate a tais condutas, sendo o Direito Penal – manifestado no caráter de *ultima ratio* – chamado a valer-se em sua plenitude a fim de fazer frente a infrações merecedoras de um forte juízo de censura e passíveis de um também acentuado juízo de desvalor objetivo, nomeadamente aquelas infrações que são danosas ou geradoras de perigo a bens jurídicos importantes.

O Brasil, com o objetivo de se afinar com as posturas internacionais de combate à criminalidade econômica e organizada, tem ratificado documentos internacionais sem restrições dando mostras de não pactuar com a prática de atividades ilegais e antiéticas. Temos, assim, de um lado, o país aderindo quase que imediatamente ao que há de mais moderno ao combate à criminalidade organizada, lado outro, há ainda extratos sociais brasileiros desejosos de "pequenas" vantagens, mesmo que, para tanto, precisem da ajuda de esquemas ilegais.

Desde os primórdios da Justiça Medieval, muitas questões éticas vêm à tona na medida em que a repercussão do crime sempre se traduziu na imposição de valores da classe dominante à classe dominada, capaz de revelar, de forma contundente e instigante, violação aos preceitos éticos, notadamente no que tange à justeza de certas decisões.

O Estado seguramente possui amplos poderes de intervenção no domínio econômico, já que regula tarifas, cria impostos, regulamenta operações de crédito, câmbio, importação/exportação, etc, de modo que se espera de seus agentes um agir dentro de padrões éticos. No Sistema Financeiro Nacional, por exemplo, a ética requer comportamento que não vá além de sua real vocação, possibilitando a normal transferência de recursos entre os agentes econômicos, com o regular e transparente funcionamento do mercado, enquanto gerador de preços públicos dos ativos financeiros. Aceitar o risco normal da atividade de forma a resguardar a posição dos investidores traduz-se na ética subjacente da atividade econômica.

A ética, como ciência e nas relações com o Estado (a moralidade e a probidade administrativa), constitui-se tema de remarcada importância, exatamente porque os graves acontecimentos no ambiente político que permearam as últimas décadas no Brasil têm obstado, porque estruturais, o sonho de um país em que não haja desigualdades sociais.

A conduta proba do agente público há de ser tida como um dever absoluto e direito de todos e é vital para o estabelecimento do Estado de Direito, que representa um dos pilares para a efetivação dos direitos fundamentais da pessoa humana, com resguardo do patrimônio público que lhe é instrumental.

Por outro lado, não se pode exigir apenas do agente público se, no campo da vida privada, não se estruturar o âmbito particular de ação: conformidade com o bem comum contra a apropriação privada. Os limites e atribuições de cada um devem ser bem dimensionados.

Neste viés, temas como sonegação fiscal e corrupção reclamam uma releitura para tentar-se uma melhor, *s.m.j.*, compreensão dos fatos.

Se corrupção significa ruptura do dever para a apropriação privada do bem público, a sua prática pode ser ora classificada como corrupção propriamente dita ora sonegação tributária. Explico. Em ambas condutas viola-se preceito ético, porquanto o dinheiro deixa de integrar patrimônio legítimo do Estado, sendo desviado para fins particulares. A diferença reside no momento em que a conduta é realizada, ou seja, antes ou depois da entrega do bem ao Estado. Se antes, haverá sonegação e, depois, corrupção, o preceito violado ético é o mesmo e o seu tratamento deveria ser idêntico: repúdio geral.

Daí mais um paradoxal de nosso país que trata da questão de forma inadequadamente distinta e condescendente.

As políticas públicas e governamentais têm se voltado ao enfrentamento e prevenção de prática de atos ilícitos, em que se materializam, basicamente, a improbidade administrativa e a corrupção. É silente quanto à grave situação da questão tributária, esta sim, perpetradora do atual estágio de desigualdade social.

Com efeito, no âmbito legislativo, estabeleceu-se a responsabilização civil e administrativa das pessoas jurídicas pela prática de atos contra a Administração Pública (a Lei Anticorrupção nº 12.846, de 01.08.2013), tendo sua aprovação motivada em parte por conta das manifestações populares, a partir de junho de 2013, que evidenciaram a rejeição da sociedade a atos de corrupção e o descrédito das instituições pátrias, a mesma sociedade que tolera a "corrupção tributária", sob justificativas pouco convincentes.

Além da Lei Anticorrupção, o Brasil possui diversos diplomas legais que buscam impedir práticas delitivas contra a Administração Pública, dentre eles, as Leis nº 8.429, de 02.06.1992 (Improbidade Administrativa); nº 8.666, de 21.06.1993 (Licitações), e nº 12.462, de 04.08.2011 (Regime Diferenciado de Contratações Públicas – RDC). A transparência e o acesso à informação figuram como direitos do cidadão e dever do Estado, possuem o objetivo de afastar atos de corrupção e estão inseridos em diversas leis, como a Lei de Responsabilidade Fiscal (Lei Complementar nº 101, de 04.05.2000), que disciplina como deve a verba pública ser empregada com prioridade em programas sociais e na manutenção e desenvolvimento da saúde, educação e segurança; a Lei da Transparência (Lei Complementar nº 131, de 27.05.2009) e a Lei de Acesso à Informação (Lei nº 12.527, de 18.11.2011).

A Lei da Ficha Limpa (Lei Complementar nº 135, de 04.06.2010) é um marco nesse panorama para fins de luta contra a corrupção e a impunidade no país. Torna inelegível por oito anos um candidato que tiver o mandato cassado, renunciar para evitar a cassação ou for condenado por decisão de órgão colegiado, ainda que haja possibilidade de recursos.

A Lei nº 12.813, de 16.05.2013 (Lei de Conflito de Interesses na Administração Pública Federal), considera "conflito de interesses: a situação gerada pelo confronto entre interesses públicos e privados, que possa comprometer o interesse coletivo ou influenciar, de maneira imprópria, o desempenho da função pública" e conceitua "informação privilegiada: a que diz respeito a assuntos sigilosos ou aquela relevante ao processo de decisão no âmbito do Poder Executivo federal que tenha repercussão econômica ou financeira e que não seja de amplo conhecimento público" (artigo 3º).

Mas a dicotomia persiste.

Repise-se que atos de corrupção são tão danosos como os crimes de sonegação fiscal, porque ambos subtraem do poder público os recursos que lhes seriam devidos e que deveriam ser empregados em prol da sociedade. Ambos são merecedores de reprimenda e colidem frontalmente com os princípios éticos que devem nortear o comportamento dos cidadãos e dos agentes públicos.

Apesar de não existir caráter penal na Lei de Improbidade Administrativa, são evidentes as obrigações de se evitar o resultado por partes dos agentes políticos e dos agentes não políticos (gestores de instituições financeiras ou administradores de sociedades anônimas) o que pode acarretar a responsabilização penal, se, de alguma forma, concorrerem para os ilícitos de improbidade administrativa, e que, por isso, estariam sujeitos aos crimes de gestão fraudulenta ou temerária e, até, de lavagem de dinheiro, no caso de tentarem dar aparência lícita aos frutos obtidos ilicitamente.

Referências

BOTTINI, Pierpaolo Cruz e BADARÓ, Gustavo Henrique. *Lavagem de Dinheiro: aspectos penais e processuais penais: comentários à Lei nº 9.613/1998, com alterações da Lei 12.683/2012*. São Paulo: Editora Revista dos Tribunais, 2012.

BRANDAIZ GARCIA, José Ángel. *El delicto de defraudación a la seguridad social*. Valencia: Tirand lo Blanch, 2000, p. 80-81.

BREDA Juliano. In *Gestão Fraudulenta de Instituição Financeira e Dispositivos Processuais da Lei nº 7.492/86*. São Paulo: Renovar, 2002, p. 67-68.

CAVERO, Percy García. *Derecho Penal Económico – Parte General*. Lima-Peru: Grijley, 2ª ed., 2007, p. 276-277.

CORREIA, Eduardo. In Introdução ao direito penal econômico. *Revista de Direito e Economia*, nº 3, 1977, p. 3 e ss.

COSTA ANDRADE, Manuel da. *A Vítima e o Problema Criminal*. Coimbra, 1980.

COSTA, José de Faria e COSTA ANDRADE, Manoel da. In *Sobre a concepção e os princípios de Direito Econômico, Direito Penal Econômico e Europeu: textos doutrinários*. Coimbra, v. I, 1998.

CUESTA AGUADO. Paz M. de la. In *Causalidad de los delitos contra el medio ambiente*, Valencia, Tirant Lo Blanch, 1995.

DELMAS-MARTY, Mireille; GIUDICELLI-DELAGE, Geneviève. *Droit pénal des affaires*. 4ª ed. Paris: Presses Universitaire de France, 2000.

DIAS, Jorge de Figueiredo. *Direito Penal. Parte Geral. Questões fundamentais da doutrina geral do crime*. Coimbra: Coimbra Ed., 2004.

DIPP, Gilson. Entrevista publicada no *site Consultor Jurídico*. Disponível em: <www.conjur.com.br>. Acesso em: 03 dez. 2018.

FELDENS, Luciano. *Tutela Penal de Interesses Difusos e Crimes do Colarinho Branco*. Porto Alegre: Livraria do Advogado, 2002.

–. SCHMIDT, Andrei Zenkner. *O Crime de Evasão de Divisas – A Tutela Penal do Sistema Financeiro Nacional na Perspectiva da Política Cambial Brasileira*. Rio de Janeiro: Lumen Juris, 2006.

FISCHER, Douglas. *Delinquência econômica e estado social e democrático de direito: uma teoria à luz da constituição*. Porto Alegre: Verbo Jurídico, 2006.

–. *Inovações no Direito Penal Econômico: contribuições criminológicas, político-criminais e dogmáticas*. Organizador: Artur de Brito Gueiros Souza. Brasília: Escola Superior do Ministério Público da União, 2011.

FRAGOSO, Rodrigo. *Gestão Temerária de Instituição Financeira* (Disponível em: <*http://www.fragoso.com.br/ptbr/arq_pdf/artigos/arquivo71.pdf*>. Acesso em 23.11.2018.

FRANCO, Alberto Silva. Globalização e Criminalidade dos Poderosos. *Revista Portuguesa de Ciências Criminais.* Coimbra, fasc. 2 a 10, abr./jun, 2000.

GÁLVEZ VILLEGAS, Tomás Aladino. Delito de lavado de activos: analisis de los Tipos Penales Previstos en la Ley nº 27.76, cit., p. 46-62.

GERBER, Jurg; JENSEN, Eric L.. *Encyclopedia of White-Collar Crime.* Westport, Connecticut, London:Greenwood Press, 2007, p. 280.

GODINHO, Jorge Alexandre Fernandes. *Do crime de 'branqueamento' de capitais*: introdução e tipicidade. Coimbra: Almedina Ed., 2001.

JEANDIDIER, Wilfried *Droit Penal dês Affaires.* Paris: Dalloz, 1996.

KUFA, Karina e KUFA, Amilton Augusto. Lei cria novo tipo de improbidade administrativa relacionado ao ISSN. Endereço eletrônico do Consultor Jurídico em 04.01.2017, https://www.conjur.com.br/2017-jan-04/lei-cria-tipo-improbidade-administrativa-relacionado-issn, acessado em 07.12.2018.

LARGUIER, Jean. *Droit Pénal des Affaires.* Paris: Armand Colin, 1992.

MENDEZ RODRIGUES, Cristina. *Los delictos de peligro y sus técnicas de tipicicación*, Madrid, 1993.

MIR, José Ricardo Sanches; GENOVÊS, Vicente Garrido. *Delincuencia de cuella blanco.* Madri: Instituto de Estudos de Política, 1987.

MIRANDA RODRIGUES, Anabela. *Contributo para a fundamentação de um discurso punitivo em matéria fiscal. Direito Penal Económico e Europeu: textos doutrinários.* Coimbra: Coimbra ed., 1999.

OLIVEIRA, Eugênio Pacelli de. Coordenador. *Direito e processo penal na justiça federal: doutrina e jurisprudência.* São Paulo: Atlas, 2011.

O'SULLIVAN. Julie R. *Federal White Collar Crime. Cases and Materials. American Casebook Series.* St. Paul/MN: Thompson/West, 2ª ed., 2003.

PEDRAZZI, Cesare. O Direito Penal das Sociedades e o Direito Penal Comum. *Revista Brasileira de Criminologia e Direito Penal.* Rio de Janeiro: Instituto de Criminologia do Estado da Guanabara, 1965, v. 9.

PIMENTEL, Manuel Pedro. *Crimes contra o sistema financeiro nacional:* comentários à Lei nº 7.492, de 16/6/86. São Paulo: Ed. Revista dos Tribunais, 1987.

RUIVO, Marcelo Almeida. *Criminalidade financeira: contribuição à compreensão da gestão fraudulenta.* Porto Alegre: Livraria do Advogado, 2011.

SANTOS, Cláudia Cruz. *O crime de colarinho branco (da origem do conceito e sua relevância criminológica à questão da desigualdade na administração da justiça penal).* Coimbra: Coimbra ed., 2001.

SILVA SÁNCHEZ, Jesús-María. *Eficiência e direito penal.* Coleção Estudos de Direito Penal. São Paulo: Manole, 2004, nº 11.

SUTHERLAND, Edwin. In *White-Collar Crime – The Uncut Version.* New Haven: Yale University Press, 1983.

TIEDEMANN, Klaus. In *Poder Económico y delito (Introducción al derecho penal económico y de la empresa)*. Barcelona: Ariel, 1985.

WEISBURD, David; WARING, Elin; CHAYET, Ellen F. *White-Collar Crime and Criminal Careers*. Nova Iorque: Cambridge University Press, 2001.

11. Breves Considerações sobre a Colaboração Premiada

Aniello Aufiero

1. Princípio da não autoincriminação ("nemo tenetur se detegere")
Ninguém é obrigado a se auto incriminar ou produzir provas contra si (indiciado, acusado ou testemunha).

No Direito Romano já se aplicava esse princípio do *nemo tenetur se detegere*, o direito a ficar calado, de não confessar. Se o acusado não confessasse o crime ou ficasse em silêncio era instaurado o processo. No julgamento de Jesus percebe-se claramente que Jesus usa o princípio do *nemo tenetur se detegere*, ou seja, de ficar calado sob as acusações apresentadas contra si. Diante do silêncio de Jesus em seu interrogatório, Pilatos tenta fazer com que Jesus confesse os fatos, afirmando: "Tu não és o Rei dos Judeus?". E Jesus responde: "Tu o dizes". Diante da não confissão de Jesus, Pilatos é obrigado a instaurar o processo contra Jesus.

Esse princípio foi consagrado na V Emenda da Constituição dos Estados Unidos que consagra que ninguém é obrigado no processo criminal ser testemunha contra si mesmo. Assim, em 1966, a Suprema Corte Americana no caso Miranda X Arizona consignou que o Estado tem que produzir as provas de forma independente sem contar com a colaboração do réu.

Atualmente esse princípio está consignado no Pacto de São José de Costa Rica, no artigo 8º, item II, alínea g, do Decreto 678/92.

Em suma, atualmente, o princípio do *nemo tenetur se detegere* assegura ao acusado ou indiciado: o direito ao silêncio; direito a não colaborar com a investigação ou instrução; direito a não confessar; e direito de não realizar exames grafotécnicos, entre outros.

A colaboração premiada, como se verá a seguir, rompe com a regra aqui disposta.

2. Colaboração/Delação Premiada

O Direito Penal e o Processo Penal, e por consequência todo o aparelho repressivo estatal, convive atualmente com novas dinâmicas do crime. Como, por exemplo: o terrorismo, organização criminosa, associações criminosas para o tráfico e grupos criminosos arraigados na sociedade.

Assim, para combater essa nova dinâmica do crime, a colaboração premiada hoje é um instrumento e prova pelo qual o investigado ou acusado contribuem com a investigação para identificar os demais coautores participantes do crime e desmantelar a organização criminosa ou ainda a localização de eventual vítima ou recuperação do bem, tudo isso com o objetivo de obter benefícios processuais.

Historicamente a delação é vista como traição, sempre existiu em nossa humanidade. Isso, segundo o Livro Sagrado, começou no Éden quando Adão e Eva comeram do fruto proibido, transgredindo uma lei de Deus. Deus então, realizou um julgamento em obediência ao princípio do contraditório e ampla defesa, oportunizou Adão em seu interrogatório a se explicar, então disse: A culpa da transgressão foi da mulher que tu me deste. Ao ser chamada, Eva em seu interrogatório, ela disse: A culpa não foi minha e sim da cobra que me aliciou. Em outras palavras, na delação é justamente isso, o autor do crime começa a identificar os demais coautores ou partícipes.

Já no cristianismo, temos a figura de Judas Iscariotes, homem este que segundo os evangélicos canônicos, traiu por 30 moedas de prata e entregou Jesus Cristo para os Romanos.

No período da idade média também há relatos de já era prevista a delação e nesse caso, para ter valor probatório, a confissão precisava ser por meio da tortura, pois se fosse espontânea, o entendimento era de que o corréu estava mentindo.

Mas foi na Inglaterra Medieval que surgiu a delação premiada como instituto, chamada literalmente de testemunha a coroa, em que os colaboradores recebiam prêmios ou punições menos severas. Eram chamados de *crown witness*. Na Espanha, também havia os delatores, lá eram chamados de *arrepentidos*.

Considerando os nossos tempos, temos como exemplo, a Itália, a colaboração premiada foi um grande instrumento para combater o terrorismo nos anos 70, tendo como primeiro delator Pietro Mutti, que desmantelou a organização revolucionária dos proletários comandado por Cesare Battisti.

Para combater a máfia italiana, a colaboração premiada foi chamada de *Pentiti*. Aliás, a máfia italiana tem 10 mandamentos e 5 regras básicas A primeira regra básica da máfia italiana é, exatamente, o código de silêncio, ou seja, para nunca dedurar qualquer membro ou contar qualquer segredo da máfia, mesmo em caso de tortura ou ameaça de morte. Por anos a máfia ficou impune por conta da não colaboração ou do silêncio dos seus integrantes.

No entanto, Tommaso Buscetta rompe com anos de respeito ao código do silencia, se tornando o primeiro delator da máfia. O delator, aliás, foi preso no Brasil, ao colaborar na grande operação realizada, Mãos Limpas, com o juiz Giovani Falcone, que desmantelou a máfia italiana, prendendo parlamentares e mafiosos, isto em troca de benefícios processuais e de viver nos Estados Unidos com outra identidade.

3. A delação na história do Brasil

No Brasil, a colaboração premiada foi prevista no código das ordenações Filipinas (Código Imperial), no caso de crime de lesão à majestade. Foi o caso de Silvério dos Reis, que delatou Tiradentes e demais militares que eram contra Portugal.

A colaboração premiada na legislação brasileira foi introduzida pela Lei 8.072/90, Lei dos Crimes hediondos, cujo benefício para o colaborador seria a redução da pena em 1/3 a 2/3. Também havia previsão na Lei 8.137/90, crimes contra a ordem tributária, e ainda no caso de extorsão mediante sequestro, sendo a pena reduzida de 1/3 a 2/3.

Em verdade, a antiga Lei de Crime Organizado, a Lei 9.034/95 também previa a redução da pena. No entanto, esse benefício de redução da pena não seduzia aos criminosos a colaborarem, pois seriam presos, ficariam com uma pena menor, porém acabariam morrendo, na qualidade de delatores.

Já a Lei 9.807/99 era mais atraente aos colaboradores, pois previa o perdão judicial, a extinção da punibilidade, desde que fossem primários e o crime não fosse grave e tivesse repercussão social dos fatos, conforme disposto no artigo 13 da Lei. Havia também a previsão de proteção a sua vida. Todavia, se o crime fosse grave e tivesse repercussão, esses fatos seriam levados em consideração, impossibilitando o perdão judicial.

4. A delação/colaboração premiada conforme a Lei nº 12.850/13

Finalmente veio a Lei nº 12.850/13, que prevê em seu artigo 4º, a requerimento das partes que o juiz poderá conceder o perdão judicial, substituir a pena privativa de liberdade por restritiva de direito, redução da pena até 2/3, aplicação de regime mais brando etc.

A colaboração premiada é cabível em qualquer fase da persecução penal, entre delegado e acusado, com a manifestação do MP, e entre o Ministério Público e o acusado, desde que acompanhado de defensor, cuja colaboração deve ser efetiva e voluntária para: identificar os demais coatores e as infrações penais por eles cometida; a revelação da estrutura hierárquica e divisão das tarefas; prevenir as infrações penais; recuperação dos produtos ou dos proveitos e a locação da vítima. Esse acordo de colaboração deve ser homologado pelo juiz competente.

Com relação ao princípio do *nemo tenetur se detegere*, principalmente ao direito do silêncio, na colaboração, o acusado deve renunciá-lo na presença se seu defensor, sujeitando-se então ao compromisso de dizer a verdade sob pena de responder por crime de falso testemunho ou denunciação caluniosa, na forma do art. 19 da Lei nº 12.850/2013.

É importante esclarecer que, para fins de condenação, não basta somente as declarações do agente colaborador, é necessário que estas estejam embasadas por outros elementos probatórios.

Ademais, o depoimento do colaborador tem que passar pelo crivo do contraditório judicial, no qual as partes, os outros corréus, por meio de seus advogados poderão fazer perguntas e questionamentos.

Ainda é digno de nota que, no processo penal, os corréus não podem servir como testemunhas ou informantes, exceto no caso de colaboradores, que podem funcionar como testemunhas ou informantes.

Outro benefício conferido legalmente ao delator ou colaborador, caso este não seja o líder da organização e for o primeiro a colaborar, é a possibilidade de Ministério Público deixar de oferecer a denúncia, como ocorreu, por exemplo, no caso dos donos da J.B.S S/A.

Por fim, o juiz não participa das negociações do acordo, e o sigilo da colaboração premiada termina no momento em que a denúncia é recebida, conforme previsto artigo 7º, parágrafo 3º, da lei.

Nota do coordenador:
Cumpre informar que o autor também foi um dos palestrantes do 1º Encontro de Combate à Improbidade, realizado nos dias 24 e 25 de agosto de 2017 pelo Centro Acadêmico Oswaldo Aranha – CAOA, no Tribunal de Contas do Estado do Amazonas em Manaus, com palestra sobre o tema do papel do TCE no combate à improbidade, disponível logo abaixo pelo link: https://www.youtube.com/watch?v=yL2Z4-ZLztU ou pelo QRCode

12. Considerações sobre a Operação "*Mani Pulite*"

Sergio Fernando Moro

Introdução

A assim denominada Operação "Mani Pulite" (mãos limpas) constitui um momento extraordinário na história contemporânea do Judiciário.

Iniciou-se em meados de fevereiro de 1992 com a prisão de Mario Chiesa que ocupava o cargo de diretor de instituição filantrópica de Milão (Pio Alberto Trivulzio).

Dois anos após, 2.993 mandados de prisão haviam sido expedidos; 6.059 pessoas estavam sob investigação, incluindo 872 empresários, 1.978 administradores locais e 438 parlamentares dos quais quatro haviam sido primeiro ministros.

A ação judiciária revelou que vida política e administrativa de Milão e depois da própria Itália estava mergulhada na corrupção, com o pagamento de propina para concessão de todo contrato público, o que levou à utilização da expressão "Tangentopoli" ou "Bribesville" (o equivalente a cidade da propina) para designar a situação.

A Operação "Mani Pulite" ainda redesenhou o quadro político na Itália. Partidos que haviam dominado a vida política italiana no após-guerra, como o Socialista (PSI) e o da Democracia Cristã (DC) foram levados ao colapso, obtendo, na eleição de 1994, somente 2,2% e 11,1% dos votos, respectivamente.

Talvez não se encontre paralelo de ação judiciária com efeitos tão incisivos na vida institucional de um país.

Por certo, tem ela os seus críticos, especialmente após dez anos. Dez suspeitos cometeram suicídio. Silvio Berlusconi, magnata da mídia e um dos investigados, hoje ocupa o cargo de primeiro-ministro na Itália.

Não obstante, por seus sucessos e seus fracassos e especialmente pela magnitude de seus efeitos, constitui objeto de estudo obrigatório para se compreender a corrupção nas democracias contemporâneas e as possibilidades e limites da ação judiciária em relação a ela.

1. Causas da queda de um sistema corrupto

Segundo PORTA e VANNUCCI (1999, p. 266-269), três foram as causas que precipitaram a queda do sistema de corrupção italiano e possibilitaram a operação "mãos limpas": a) uma conjuntura econômica difícil aliada aos custos crescentes da corrupção; b) a integração européia, que abriu os mercados italianos a empresas de outros países europeus, elevando os receios de que os italianos não poderiam, com os custos da corrupção, competir em igualdade de condições com seus novos concorrentes; e c) a queda do "socialismo real" que levou à deslegitimação de um sistema político corrupto que estava fundado na oposição entre regimes democráticos e comunistas.

A política do pós-guerra italiano estava fundada na separação da Europa em dois blocos, o democrático-liberal e o comunista. Tal oposição também se fazia presente na Itália, com a oposição entre os partidos de direita, como a Democracia-Cristã (DC), e os de esquerda, como o Partido Comunista (PC). Com a queda do "socialismo real" e o arrefecimento do debate ideológico, as fragilidades do sistema partidário e a corrupção tornaram-se mais evidentes.

A deslegitimação do sistema foi ainda agravada com o início das prisões e a divulgação dos casos de corrupção. A deslegitimação, ao mesmo tempo em que tornava possível a ação judicial, era por ela alimentada:

> *"A deslegitimação da classe política propiciou um ímpeto às investigações de corrupção e os resultados desta fortaleceram o processo de deslegitimação. Conseqüentemente, as investigações judiciais dos crimes contra a Administração Pública espalharam-se como fogo selvagem, desnudando inclusive a compra e venda de votos e as relações orgânicas entre certos políticos e o crime organizado. As investigações 'mani pulite' minaram a autoridade dos chefes políticos – como Arnaldo Forlani e Bettino Craxi, líderes do DC e do PCI – e os mais influentes centros de poder, cortando sua*

capacidade de punir aqueles que quebravam o pacto do silêncio." (PORTA e VANNUCCI, 1999, p. 267.)

Aliás, é necessário destacar que o processo de deslegitimação foi essencial para a própria continuidade da operação "mani pulite". Não faltaram tentativas por parte do poder político de interrompê-la. Por exemplo, o governo do primeiro-ministro Giuliano Amato tentou, em março de 1993 e através de decreto legislativo, descriminalizar a realização de doações ilegais para partidos políticos. A reação negativa da opinião pública, com greves escolares e passeatas estudantis, foi essencial para a rejeição da medida legislativa (GILBERT, 1995, p. 138-140). Da mesma forma, quando o Parlamento italiano, em abril de 1993 recusou parcialmente autorização para que Bettino Craxi fosse processado criminalmente, houve intensa reação da opinião pública. Um dos protestos populares inclusive assumiu ares violentos. Uma multidão reunida em frente à residência de Craxi arremessou moedas e pedras quando este deixou sua casa para atender uma entrevista na televisão (GILBERT, 1995, p. 149-151). Em julho de 1994, novo decreto legislativo, desta feita exarado pelo governo do primeiro-ministro Silvio Berlusconi, aboliu a prisão pré-julgamento para categorias específicas de crimes, inclusive para corrupção ativa e passiva. A equipe de procuradores da operação "mani pulite" ameaçou renunciar coletivamente a seus cargos. Novamente, a reação popular, com vigílias perante as Cortes judiciais milanesas, foi essencial para a rejeição da medida (JAMIESON, 2000, p. 66; GILBERT, 1995, p. 183).

Na verdade, é ingenuidade pensar que processos criminais eficazes contra figuras poderosas, como autoridades governamentais ou empresários, podem ser conduzidos normalmente sem reações. Um Judiciário independente, tanto de pressões externas como internas, é condição necessária para suportar ações judiciais da espécie. Entretanto, a opinião pública, como ilustra o exemplo italiano, é também essencial para o êxito da ação judicial.

Para PORTA e VANNUCCI, a criação do Conselho Superior da Magistratura (CSM) foi essencial para reforçar a independência interna da magistratura italiana[1], tornando possível a operação "mani pulite" (1999, p. 140-141). Também foi importante a renovação da magistratura e a própria imagem positiva dos juízes diante da opinião pública, esta conquistada com duras perdas principalmente na luta contra a Máfia e contra o terrorismo[2]:

> *"Um tipo diferente de juiz ingressou na magistratura [nas décadas de setenta e oitenta]. Assim como a educação de massa abriu o caminho às universidades para as classes baixas, o ciclo de protesto do final da década de sessenta influenciou as atitudes políticas de uma geração. No sistema judicial, os assim chamados 'pretori d'assalto' ('juízes de ataque', i.e., juízes que tomam uma postura ativa, usando a lei para reduzir a injustiça social) tomam freqüentemente postura antigovernamentais em matéria de trabalho e de direito ambiental. Ao mesmo tempo, especialmente na luta contra o terrorismo e a Máfia, a magistratura exercita um poder pró-ativo, em substituição a um poder político impotente. A coragem de muitos juízes, que ocasionalmente pagaram com suas vidas para a defesa da democracia italiana, era contrastado com as conspirações de uma classe política dividida e a magistratura ganhou uma espécie de legitimidade direta da opinião pública. No final dos anos oitenta e na década de noventa, havia ainda um enfraquecimento na atitude de cumplicidade de alguns juízes com as forças políticas e que havia retardado a ação judicial. Uma nova geração dos assim chamados 'giudici ragazzini' (jovens juízes), sem qualquer senso de deferência em relação ao poder político (e, ao invés, consciente do nível de aliança entre os políticos e o crime organizado), iniciou uma série de investigações sobre a má-conduta administrativa e política." (Porta e Vannucci, 1999, p. 141-142)*

A independência judiciária, interna e externa, a progressiva deslegitimação de um sistema político corrupto e a maior legitimação da magistratura em relação aos políticos profissionais, foram, portanto, as condições que tornaram possível o círculo virtuoso gerado pela operação "mani pulite".

2. A Operação "Mani Pulite"

Como já mencionado, a operação "mani pulite" iniciou-se com a prisão de Mário Chiesa.

Ele devia o seu cargo administrativo ao Partido Socialista Italiano e foi preso com propina em seu bolso, cerca de sete mil liras (US$ 4.000,00), que teria recebido de uma companhia de limpeza. Posteriormente, mais de quinze bilhões de liras teriam sido arrestadas em contas bancárias, imóveis e títulos públicos de sua propriedade.

Por volta do final de março de 1992, Chiesa, recolhido na prisão de São Vittore de Milão, começou a confessar.

Chiesa exigiria o pagamento de propina em cada contrato celebrado pela instituição filantrópica e a utilizaria para o financiamento de suas ambições políticas e de seu Partido, a fim de manter seu cargo junto à instituição filantrópica:

> *"Em substância, para entender as razões pelas quais eu tive que me expor diretamente no esquema de propina, é necessário entender que eu não me mantinha como presidente de uma organização como Trivulzio simplesmente porque eu era um bom técnico ou um bom administrador da área da saúde, mas também porque de certo modo eu era uma força a ser considerada em Milão, tendo um certo número de votos a minha disposição. Para adquirir o que atingiria no final sete mil votos, eu tive, durante minha carreira política, que sustentar o custo de criar e manter uma organização política que pudesse angariar votos por toda Milão." (*Porta *e* Vannucci*, 1999, p. 70-71.)*

Chiesa, que mantinha relações importantes com o líder do Partido Socialista, Betino Craxi, revelou toda uma trama de relações corruptas na cidade de Milão. Sua colaboração inicial gerou um círculo virtuoso que levou a novas investigações, com novas prisões e confissões.

A estratégia de ação adotada pelos magistrados incentivava os investigados a colaborar com a Justiça:

> *"A estratégia de investigação adotada desde o início do inquérito submetia os suspeitos à pressão de tomar decisão quanto a confessar, espalhando a suspeita de que outros já teriam confessado e levantando a perspectiva de permanência na prisão pelo menos pelo período da custódia preventiva no caso da manutenção do silêncio ou, vice versa, de soltura imediata no caso de uma confissão (uma situação análoga do arquétipo do famoso 'dilema do prisioneiro'). Além do mais, havia a disseminação de informações sobre uma corrente de confissões ocorrendo atrás das portas fechadas dos gabinetes dos magistrados. Para um prisioneiro, a confissão pode aparentar ser a decisão mais conveniente quando outros acusados em potencial já confessaram ou quando ele desconhece o que os outros fizeram e for do seu interesse precede-los. Isolamento na prisão era necessário para prevenir que suspeitos soubessem da confissão de outros: dessa forma, acordos da espécie 'eu não vou falar se você também não' não eram mais uma possibilidade."(*Porta *e* Vannucci*, 1999, p. 267-268.)*

Há quem possa ver com maus olhos tal estratégia de ação e a própria delação premiada. Cabem aqui alguns comentários.

Não se prende com o objetivo de alcançar confissões. Prende-se quando estão presentes os pressupostos de decretação de uma prisão antes do julgamento. Caso isso ocorra, não há qualquer óbice moral em tentar-se obter do investigado ou do acusado uma confissão ou delação premiada, evidentemente sem a utilização de qualquer método de interrogatório repudiado pelo Direito. O próprio isolamento do investigado faz-se apenas na medida em que permitido pela lei. O interrogatório em separado, por sua vez, é técnica de investigação que encontra amparo inclusive na legislação pátria (artigo 189 do Código de Processo Penal)

Sobre a delação premiada, não se está traindo a pátria ou alguma espécie de "Resistência Francesa". Um criminoso que confessa um crime, revelando a participação de outros, ainda que movido por interesses próprios, colabora com a Justiça e com a aplicação das leis de um país. Se as leis forem justas e democráticas, não há como se condenar moralmente a delação. O que é condenável nesse caso é o silêncio.

Registre-se que crimes contra a Administração Pública são cometidos às ocultas e no mais das vezes com artifícios complexos, sendo difícil desvelá-los sem a colaboração de um dos participantes do crime. Repetindo Piercamillo Davigo, um dos membros da equipe milanesa da operação "mani pulite": "A corrupção envolve quem paga e quem recebe. Se eles se calarem, não vamos descobrir, jamais." (Simon, 1998, p. 27).

Usualmente é ainda levantado outro óbice à delação premiada que é a sua reduzida confiabilidade. Um investigado ou acusado submetido a uma situação de pressão poderia, para livrar-se dela, mentir a respeito do envolvimento de terceiros em crime. Entretanto, o que cabe aqui não é a condenação do uso da delação premiada, mas sim tomar-se o devido cuidado para se obter a confirmação dos fatos por ela revelados através de fontes independentes de prova.

Por certo, a confissão ou delação premiada torna-se uma boa alternativa para o investigado apenas quando este se encontrar em uma situação difícil. De nada adianta esperar ato da espécie se não existem boas provas contra o acusado ou se este não tem motivos para acreditar na eficácia da persecução penal. A prisão pré-julgamento é uma forma de se destacar a seriedade do crime e evidenciar a eficácia da ação judicial, especialmente em sistemas judiciais morosos. Desde que presentes os seus pressupostos, não há óbice moral em submeter o investigado a ela. Roberto Mongini, um dos primeiros a serem presos pela "mani pulite", assim se pronunciou a respeito do que teria provocado a sua confissão:

> *"Um Mongini em São Vittore [a prisão milanesa] é algo bastante diferente de um Mongini livre. Por exemplo, comigo na prisão, se os jornais divulgassem que eu estava confessando (como de fato alguns jornais divulgaram, após o primeiro interrogatório quando eu realmente não forneci qualquer informação), talvez alguns empresários que tivessem trabalhado com a SEA [órgão do qual Mongini era vice-presidente] ficassem com medo e corressem aos procuradores públicos antes que os 'carabineri' corressem atrás deles." (Porta e Vannucci, 1999, p. 268.)*

Aliás, a reduzida incidência de delações premiadas na prática judicial brasileira talvez tenha como uma de suas causas a relativa ineficiência da Justiça criminal. Não há motivo para o investigado confessar e tentar obter algum prêmio em decorrência disto se há poucas perspectivas de quer será submetido no presente ou no futuro próximo, caso não confesse, a uma ação judicial eficaz.

Os responsáveis pela operação "mani pulite"[3] ainda fizeram largo uso da imprensa. Com efeito:

> *"Para o desgosto dos líderes do PSI, que, por certo, nunca pararam de manipular a imprensa, a investigação da 'mani pulite' vazava como uma peneira. Tão logo alguém era preso, detalhes de sua confissão eram veiculados no 'L'Expresso', no 'La Republica' e outros jornais e revistas simpatizantes. Apesar de não existir nenhuma sugestão de que algum dos procuradores mais envolvidos com a investigação teria deliberadamente alimentado a imprensa com informações, os vazamentos serviram a um propósito útil. O constante fluxo de revelações manteve o interesse do público elevado e os líderes partidários na defensiva. Craxi, especialmente, não estava acostumado a ficar na posição humilhante de ter constantemente de responder a acusações e de ter a sua agenda política definida por outros." (Gilbert, 1995, p. 134-135.)*

A publicidade conferida às investigações teve o efeito salutar de alertar os investigados em potenciais do aumento da massa de informações nas mãos dos magistrados, favorecendo novas confissões e colaborações. Mais importante, porém, teve o efeito de garantir o apoio da opinião pública às ações judiciais, impedindo que as figuras públicas investigadas obstruíssem o trabalho dos magistrados, o que, cf. visto, foi de fato tentado.

Há sempre o risco de lesão indevida a honra do investigado ou acusado. O que cabe aqui, porém, é o cuidado na desvelação de fatos relativos à investigação e não a proibição abstrata de divulgação, pois a publicidade tem objetivos legítimos e que não podem ser alcançados por outros meios.

As prisões, confissões e a publicidade conferida às informações obtidas geraram um círculo virtuoso, consistindo na única explicação possível para a magnitude dos resultados obtidos pela operação "mani pulite".

Um relato minucioso desses resultados foge ao objeto deste trabalho.

Entretanto, a título exemplificativo e sem adentrar no mérito das acusações, é oportuno destacar o ocorrido com um dos principais investigados ou talvez o principal.

Bettino Craxi, líder do PSI e ex-primeiro ministro, foi um dos principais alvo das operações mãos-limpas. Craxi, já ameaçado pelas investigações, chegou a reconhecer cinicamente a prática disseminada das doações partidárias ilegais em famoso discurso apresentado perante o Parlamento italiano em 03/07/92:

> *"Os partidos políticos têm sido o corpo e a alma das estruturas democráticas... Infelizmente, é usualmente difícil identificar, prevenir e remover áreas de infecção na vida dos partidos ... Mais, abaixo da cobertura do financiamento irregular dos partidos casos de corrupção e extorsão floresceram e tornaram-se interligados... O que é necessário dizer e que, de todo modo, todo mundo sabe, é que a maior parte do financiamento da política é irregular ou ilegal. Os partidos e aqueles que dependem da máquina partidária (grande, média ou pequena), de jornais, de propaganda, atividades associativas ou promocionais ... têm recorrido a recursos adicionais irregulares. Se a maior parte disto deve ser considerado pura e simplesmente criminoso, então a maior parte do sistema político é um sistema criminoso. Eu não acredito que exista alguém nessa Casa e que seja responsável por uma grande organização que possa ficar em pé e negar o que eu digo. Cedo ou tarde os fatos farão dele um mentiroso." (PORTA e VANNUCCI, 1999, p. 1-2.)*

Em dezembro de 1992, Craxi recebeu seu primeiro "avviso di garanzia", um documento de dezoito páginas no qual era acusado de corrupção, extorsão e violação da lei reguladora do financiamento de campanhas. A acusação tinha por base, entre outras provas, a confissão de Salvatore Ligresti, que seria amigo pessoal de Craxi e havia sido preso em julho de 1992, de que o grupo empresarial de sua propriedade, teria pago aproximadamente US$ 500.000,00 desde 1985 ao PSI para ingressar e manter-se em grupo de empresários amigo do PSI.

Na segunda semana de janeiro de 1993, Craxi recebeu o segundo "avviso de garanzia", desta vez com acusações de que a "propina" teria também como beneficiário o próprio Craxi e não só o PSI. Os pagamentos seriam feitos a Silvano Larini, que seria amigo próximo de Craxi. Larini e Filippo Panseca seriam os proprietários da empresa da qual Craxi alugaria suas mansões opulentas em Como e Hammamet. Larini entregou-se à polícia em fevereiro de 1993 e admitiu que teria agido como intermediário entre Craxi e comunidade empresarial de Milão para o pagamento de propina. Craxi ainda recebeu novos "avviso de garanzia" antes de renunciar ao posto de líder do PSI em fevereiro de 1993.

Também viu seu nome envolvido no escândalo da Enimont. A "Enimont" era empresa química formada por "joint venture" da ENI ("Ente Nazionale Idrocarburi"), a empresa petrolífera estatal italiana, e a Montedision, empresa química subsidiária do grupo Ferruzi (considerado o segundo maior da Itália após a FIAT). Pelos termos do acordo, o grupo privado não poderia possuir mais do que 40% das ações. No entanto, Raul Gardini, líder do grupo Ferruzi, quebrou o acordo e tentou obter agressivamente o controle da Enimont, encontrando resistência política. Em novembro de 1990, atendendo a pedido da Enimont, foram suspensas judicialmente todas as negociações de ações da empresa e foi nomeado como interventor pessoa ligada a Craxi. Bloqueada em suas aspirações, a Montedision concordou em vender ao Governo sua parte no negócio por aproximadamente dois bilhões de dólares. O preço, que estava superestimado (cada ação, com o valor de 1,374 lira, foi adquirida pela ENI por 1,540 lira), tinha uma razão de ser, o pagamento de cerca de cem milhões de dólares a vários líderes políticos, dentre eles Craxi. A propina foi paga por Gardini e com o auxílio de Sergio Cusani, consultor financeiro próximo a Craxi e outros políticos. Em julho de 1993, Gardini, ciente de que a fraude estava para ser revelada pela operação "mani pulite", suicidou-se. Cusani foi preso também em julho e, em seu julgamento, foram ouvidos como testemunhas vários políticos que teriam recebido propina. Alguns deles, como Carlos Vizzini, Giorgio Malfa e Cláudio Martelli, este ex-Ministro da Justiça, admitiram o fato, ou seja, o recebimento da propina.

As operações "mani pulite" também revelaram que a ENI funcionaria como uma fonte de financiamento ilegal para os partidos. Florio Fiorini e Gabriele Cagliari, diretor financeiro e presidente, respectivamente, da empresa, confessaram, após suas prisões em 1993, que a gigante estatal teria efetuado pagamentos mensais aos principais partidos políticos durante anos. Cagliari foi outro dos presos, que, após admitir o pagamento da propina (cerca de dezoito milhões de dólares), cometeu suicídio na prisão.

Bettino Craxi, diante das acusações e posteriores condenações, auto-exilou-se, em 1994, na Tunísia, onde veio a falecer no ano 2000.

Outras figuras políticas italianas igualmente importantes sofreram as ações da "mani pulite". De particular relevo, encontra-se Giulio Andreotti, líder da Democracia Cristã (DC) e ex-primeiro ministro, que foi processado pela Procuradoria de Palermo em 1993 por associação com Máfia. Salvo Lima, que era representante do DC na Sicília e pessoa de confiança de Andreotti, possuía ligações comprovadas com a Máfia, sendo improvável que Andreotti desconhecesse tais fatos. Salvo Lima inclusive foi assassinado pela Máfia no que foi interpretado como uma punição pelo seu fracasso na proteção jurídica e política da entidade após a condenação de vários chefes da Máfia no maxi-processo conduzido pelo magistrado Giovanni Falcone. Outrossim, mafiosos "arrependidos" e colaboradores da Justiça, como Tommaso Buscetta, revelaram encontros entre o ex-primeiro ministro e mafiosos, inclusive com o chefe Toto Riina. Andreotti, porém, sempre negou as acusações e afirmava que estaria sendo vítima de retaliação pela Máfia em virtude de suas ações políticas contra ela. O fato é que Andreotti, seja ou não culpado, foi, mais recentemente e após várias decisões e apelos, absolvido das acusações por falta de provas.

3. Considerações finais

Um acontecimento da magnitude da operação "mani pulite" tem por evidente seus admiradores, mas também os seus críticos.

É inegável, porém, que constituiu uma das mais exitosas cruzadas judiciárias contra a corrupção política e administrativa. Esta havia transformado a Itália em, para servir-se de expressão utilizada por Antonio Di Pietro, uma "democrazia venduta" (democracia vendida). (Gilbert, 1995, p. 188.)

A operação "mani pulite" ainda serviu para interromper a curva ascendente da corrupção e de seus custos. Giuseppe Turani, jornalista financeiro italiano, estimou que, na década de 1980-1990, a corrupção teria custado à Itália um trilhão de dólares (Gilbert, 1995, p. 130). Superestimados ou não estes custos, há registro de que os custos de obras na Itália seriam mais elevados em comparação com os de outros países:

> *"No que se refere a contratos públicos em Milão, em relação aos quais as investigações judiciais teriam determinado a quantia paga em propina, foi notado que a linha de metrô milanesa custaria 1000 bilhões [de liras] por quilômetro e levaria 12 anos para estar completa; em Zurique, 50 bilhões e sete anos. O Teatro Piccolo já custou 75 bilhões e deve estar pronto em nove anos; na Grã-Bretanha, o novo teatro de Leeds custou 28 bilhões e foi construído em dois anos e três meses. A reestruturação do estádio de San Siro custou 140 bilhões, o estádio olímpico de Barcelona, 45 bilhões. A linha número três da ferrovia metropolitana de Milão custou 129 bilhões por quilômetro; a linha subterrânea de Hamburgo custou 45 bilhões." (Porta e Vannucci, 1999, p. 204.)*

Há ainda registro de que após a operação "mani pulite" vários contratos públicos teriam sido concedidos com preço 50% menores do que nos anos anteriores (Porta e Vannucci, 1999, p. 204).

Ocorre que a ação judicial isolada tem como efeito apenas incrementar os riscos da corrupção, evidenciando as conseqüências caso ela seja descoberta. Uma ação judicial bastante eficaz, como foi o caso, pode no máximo, como também foi o caso, interromper o ciclo ascendente da corrupção. Não obstante, não é crível que, por si só, possa eliminá-la, especialmente se não forem atacadas as suas causas estruturais. No caso italiano:

> *"A influência do crime organizado, o clientelismo, a lentidão exasperada, atrasos injustificados, a complexidade normativa e o processo pantanoso – em outras palavras, os componentes da ineficiência estrutural da atividade pública, continuam a estar presentes. Reformas mais profundas são necessárias para prevenir, assim que a tempestade passar, que o mercado da corrupção se expanda novamente." (Porta e Vannucci, 1999, p. 269.)*

Não deixa ainda de ser um símbolo das limitações das operações "mani pulite" o cenário atual da política italiana, com o cargo de primeiro-ministro sendo ocupado por Silvio Berlusconi. Este, grande empresário da mídia italiana, ingressou na política em decorrência do vácuo de lideranças provocado pela ação judicial e através da constituição de novo partido político, a "Forza Itália". Não obstante, o próprio Berlusconi figura desde

1994 entre os investigados pelos procuradores milaneses por suspeita ter corrompido agentes fiscais. Além disso, era amigo próximo de Craxi (este foi padrinho do segundo casamento de Berlusconi). Tendo ou não Berlusconi alguma responsabilidade criminal, não deixa de ser paradoxal que ele tenha atingido tal posição na Itália mesmo após a operação "mani pulite".

Talvez a lição mais importante de todo o episódio seja o de que a ação judicial contra a corrupção só se mostra eficaz com o apoio da democracia. É esta quem define os limites e as possibilidades da ação judicial. Enquanto esta contar com o apoio da opinião pública, tem condições de avançar e apresentar bons resultados. Se isso não ocorrer, dificilmente encontrará êxito. Por certo, a opinião pública favorável também demanda que a ação judicial alcance bons resultados. Somente investigações e ações exitosas podem angariá-la. Daí também o risco de divulgação prematura de informações acerca de investigações criminais. Caso as suspeitas não se confirmem, a credibilidade do órgão judicial pode ser abalada.

Além disso, a ação judicial não pode substituir a democracia no combate à corrupção. É a opinião pública esclarecida que pode, através dos meios institucionais próprios, atacar as causas estruturais da corrupção. Ademais, a punição judicial de agentes públicos corruptos é sempre difícil, senão por outros motivos então pela carga de prova exigida para alcançar a condenação em processo criminal. Nessa perspectiva, a opinião pública pode constituir um salutar substitutivo, tendo condições melhores de impor alguma espécie de punição a agentes públicos corruptos, condenando-os ao ostracismo.

De todo modo, é impossível não reconhecer o brilho, com suas limitações, da operação "mani pulite", não havendo registro de algo similar em outros países, mesmo no Brasil.

No Brasil, encontram-se presentes várias das condições institucionais necessárias para a realização de ação judicial semelhante. Assim como na Itália, a classe política não goza de grande prestígio frente a população, sendo grande a frustração pelas promessas não-cumpridas após a restauração democrática. Por outro lado, a magistratura e o Ministério Público brasileiros gozam de significativa independência formal frente ao poder político. Os juízes e os procuradores da república ingressam na carreira mediante concurso público, são vitalícios e não podem ser removidos de seu cargo contra a sua vontade. O destaque negativo fica por conta do acesso aos órgãos superiores, mais dependentes de fatores políticos.

Destaque também negativo merece a concessão por lei de foro especial a determinadas autoridades públicas, como deputados e ministros, a pretexto de protegê-los durante o exercício do cargo. O pretexto não parece coerente com as modificações decorrentes da controvertida Lei nº 10.628/2002 que estenderam o privilégio para período posterior ao exercício do cargo.

De todo modo, o principal problema parece ser ainda uma questão de mentalidade consubstanciada numa prática judicial pouco rigorosa contra a corrupção. Uma prática jurisprudencial que trata com maior rigor processual um pequeno traficante de entorpecente (por exemplo, as assim denominadas "mulas") do que qualquer acusado por crime de colarinho branco, mesmo aquele responsável por danos milionários à sociedade. A presunção de inocência, no mais das vezes invocada como óbice a prisões pré-julgamento, não é absoluta, constituindo apenas instrumento pragmático destinado a prevenir a prisão de inocentes. Vencida a carga probatória necessária para a demonstração da culpa, aqui, sim, cabendo rigor na avaliação, não deveria existir maior óbice moral na decretação da prisão, especialmente em casos de grande magnitude e nos quais não tenha havido a devolução do dinheiro público, máxime em país de recursos escassos.

Mais grave ainda, no Brasil, a prisão após julgamento foi também tornada excepcional, para ela exigindo-se, por construção jurisprudencial, os mesmos pressupostos para a prisão pré-julgamento. Com efeito, a regra tornou-se o apelo em liberdade. Tal construção representa um excesso liberal com uma pitada de ingenuidade. É previsível que aquele já condenado a sentenças longas seja tentado a furtar-se da aplicação da lei penal, especialmente quando, como no Brasil, não se é exigida a sua presença no julgamento (salvo nos processos submetidos ao júri). Jogos semânticos a parte não há como equiparar a situação processual do acusado antes do julgamento com aquela após a condenação, ainda que esta não seja definitiva.

A legislação federal norte-americana, que ainda é um paradigma liberal democrático apesar dos recentes abusos da guerra contra o terrorismo, traça, por exemplo, de maneira bastante clara a diferença entre a situação processual do acusado antes e depois da sentença condenatória, ainda que esta não seja definitiva. Com efeito, a prisão antes do julgamento demanda a demonstração de que nenhuma combinação de condições irá razoavelmente assegurar a presença do acusado no julgamento ou a segurança de outra pessoa ou da comunidade (Título 18, Parte II, Capítulo 207, Seção 3142, do US Code Collection). Aqui a carga de demonstração se impõe em favor do acusado. Já após o julgamento e ainda que pendente apelo, a prisão deve ser ordenada salvo se houver clara e convincente evidência de que a pessoa não irá fugir ou colocar em perigo a segurança de outra pessoa ou da comunidade. Aqui a carga de demonstração se impõe contra o acusado. Além disso, segundo avaliação da autoridade judicial, o apelo não deve ter objetivo meramente protelatório e deve levantar uma questão substancial de direito ou de fato que possa resultar em absolvição, novo julgamento ou em sentença que não inclua prisão (Título 18, Parte II, Capítulo 207, Seção 3143, do US Code Collection).

Registre-se que a construção excessivamente liberal brasileira não é um resultado necessário do princípio da presunção de inocência previsto no inciso LVII do artigo 5º da Constituição Federal, pois este comporta várias alternativas interpretativas.

No Brasil (assim como de certa forma na maioria dos outros países) e com raras, mas – admita-se – crescentes exceções, a eficácia do sistema judicial contra os crimes de colarinho branco, dentre os quais o de corrupção, deixa bastante a desejar[4]. O fato não escapa à percepção popular, sendo um dos motivadores das propostas de Reforma do Judiciário (cuja eficácia, porém, para reverter o quadro é, no mínimo, duvidosa).

A gravidade da constatação é que a corrupção tende a espalhar-se enquanto não encontrar barreiras eficazes. O político corrupto, por exemplo, tem vantagens competitivas no mercado político em relação ao honesto, por poder contar com recursos que este não tem. Da mesma forma, um ambiente viciado tende a reduzir os custos morais da corrupção, uma vez que o corrupto tende a enxergar o seu comportamento como um padrão e não a exceção.

O mais grave ainda é que a corrupção disseminada não coloca em xeque apenas a legitimidade do regime democrático (o que, por si só, já é bastante grave), mas também a do sistema judicial. Repetindo uma última vez as palavras de Porta e Vannucci:

> *"De fato, escândalos políticos não colocam em questão apenas a legitimidade da classe política; eles também têm um impacto na legitimidade daqueles encarregados de investiga-los: a magistratura. Em alguns casos, de fato, a descoberta de ilegalidade*

disseminada provoca críticas ao sistema judicial no sentido de que este estaria sendo inadequado para combater a corrupção." (1999, p. 139.)

Daí, por evidente, o valor, com seus erros e acertos, do exemplo representado pela operação "mani pulite".

Notas

1. Faça-se o necessário esclarecimento de que, na Itália, os juízes e os procuradores públicos (os membros do MP) compõem uma mesma carreira, constituindo a magistratura italiana.
2. É oportuno dentre todos destacar os magistrados anti-mafia, Giovanni Falcone e Paolo Borselino, que foram assassinados em maio e em julho de 1992, respectivamente, o que provocou verdadeira comoção nacional.
3. A equipe milanesa era formada por Antonio Di Pietro, Gherardo Colombo e Piercamillo Davigo (Gilbert, 1995, p. 123.)
4. Por todos, o instigante trabalho de Castilho, 2001, que, através de pesquisa sociológica, traça quadro desalentador da eficácia da assim chamada Lei do "Colarinho Branco" (Lei nº 7.492/86)

Referências

Caciagli, Mario. *Clientelismo, corrupción y criminalidad organizada: Evidencias empíricas y propuestas teóricas a partir de los casos italianos*. Madrid: Centro de Estudios Constitucionales, 1996.

Castilho, Ela Wiecko V. de. *O controle penal nos crimes contra o sistema financeiro nacional: Lei nº 7.492, de 16/6/86*. Belo Horizonte: Del Rey, 2001.

Falcone, Gionvanni. *Cosa Nostra: O juiz e os "homens de honra"*. trad. Maria Alexandre, Rio de Janeiro: Editora Bertrand, 1993.

Gilbert, Mark. *The Italian Revolution: The end of politics, Italian style?* Colorado: Westview Press., 1995.

Jamieson, Alison. *The Antimafia: Italy's fight against organized crime*. New York: St. Martin's Press, 2000.

Porta, Donatella della; Vannucci, Alberto. *Corrupt exchanges: actors, resources, and mechanisms of political corruption*. New York: Aldine de Gruyter, 1999.

Simon, Pedro (coord.) *Operação: Mãos Limpas: Audiência pública com magistrados italianos*. Brasília: Senado Federal, 1998.

Parte 3
Do *Compliance*

13. Sistema Anticorrupção, Lei de Improbidade Administrativa e *Compliance*

Renata Fonseca de Andrade

A Legislação Anticorrupção no direito brasileiro vem se desenvolvendo ao longo das últimas décadas, com mudanças importantes que levaram o Brasil não apenas a aperfeiçoar o modelo interno, mas também situam o país entre as nações que firmaram pacto global no combate aos crimes transnacionais.

Notadamente entre 1992 e 2013, esforços contínuos levaram o Brasil a enquadrar a jurisdição nacional ao padrão global de combate à corrupção. A legislação internacional contribuiu amplamente e ainda contribui com nosso modelo, que haverá muito a avançar, à medida que as sociedades e os mercados se desenvolvem e a economia cada vez mais globalizada, o exige.

Assim, o trato da coisa pública e o relacionamento entre o público e o privado, são pontos focais do combate à corrupção no mundo, assim como o combate à lavagem de dinheiro e financiamento ao terrorismo.

1. Legislação Anticorrupção

Primeiramente vamos relacionar a legislação de referência e influência ao marco regulatório brasileiro.

- USA – 1977 – FCPA (*Foreign Corrupt Practices Act*): após o escândalo Watergate (1972) os Estados Unidos passaram a estudar a necessidade de uma legislação contra a corrupção de governantes estrangeiros. Surgiu assim o FCPA;

Em 2001 o Departamento de Justiça Norte-Americano (DOJ) disponibiliza padrões e diretrizes para sentença (sentencing guidelines); Nesse ano, com os ataques terroristas de 11 de Setembro, é instituído o Patriot Act com ele a legislação repressora envolvendo Atos de Influência e Corrupção das Organizações - RICO (Racketeer Influenced and Corrupt Organizations Act) que passa a dar tratamento mais severo aos atos relacionados ao terrorismo e crime organizado.

- UK - 2010 - United Kingdom Bribery Act (UKBA) - adota nova Legislação Anticorrupção no Reino Unido.

1.1. Tratados Internacionais assinados pelo Brasil sobre Anticorrupção

- Convenção Interamericana Contra a Corrupção, firmado em 1996 na Organização dos Estados Americanos (OEA) - (Brasil incluído, decreto nº 4.410/2002) se comprometiam a instituir mecanismos de prevenção, investigação, punição e erradicação da corrupção;
- Convenção sobre o Combate da Corrupção de Funcionários Estrangeiros em Transações Comerciais da Organização para a Cooperação e Desenvolvimento Econômico (OCDE) 1997 - O Brasil também é signatário desta convenção (decreto nº 3.678/2000), que trata do combate à corrupção de funcionários públicos estrangeiros em transações comerciais internacionais;
- *Global Act Against Corruption* 2003 - Convenção da ONU contra a corrupção (recepcionada pela legislação brasileira: decreto nº 5.687/2006);
- Influência da Legislação Antilavagem de Dinheiro e Anticorrupção dos USA e Europa.

1.2. Legislação no Brasil

- Constituição Federal: artigo 37;
- Código Penal (artigos 312, 315-317,327, 333, e 337);
- Lei nº 8.112/90 (Lei do Funcionalismo Público);
- Lei nº 8.429/92 (Lei de Improbidade Administrativa)
- Lei nº 8.666/93 (Lei de Licitações);
- Decreto nº 1171/1994 - Código de Ética Profissional do Servidor
- Lei nº 9.784/99 (Lei do Processo Administrativo Federal);
- Lei Complementar nº 101/2000 (Lei de Responsabilidade Fiscal);

- Lei nº 10.520/2002 (Lei do Pregão);
- Lei nº 12.259/11 (Lei de Defesa da Concorrência)
- Lei nº 12.527/2011 (Lei de Acesso à Informação);
- Lei nº 12.683/2012 (Lei da Lavagem de Dinheiro alteração da Lei 9.613/1998);
- Lei nº 12.813/2013 (Lei do Conflito de Interesses);
- Lei nº 12.846/2013 (Lei Anticorrupção Pessoas Jurídicas);
- Lei nº 12.850/2013 (Lei de Organizações Criminosas);

2. Lei de Improbidade Administrativa – Lei 8.429/1992 (LIA)

Base Constitucional: O art. 37 da Constituição Brasileira, consignou a moralidade como princípio expresso da Administração Pública no seu caput, e tem, em seu §4º, a declaração de que a improbidade produziria efeitos sancionatórios, como a suspensão dos direitos políticos, a perda da função pública, a indisponibilidade de bens e o ressarcimento ao erário.

Com base nas normas constitucionais, a lei de improbidade administrativa (LIA) Lei nº 8.429/1992, além de cuidar do aspecto da moralidade, especificamente cuida de regular as violação dos princípios administrativos da legalidade, da impessoalidade, da publicidade, da moralidade e da eficiência, no exercício da função pública pelo agente governamental e no tratamento da coisa pública por entes privados no relacionamento com a coisa pública que venha a ocasionar prejuízo ao erário ou importe em enriquecimento ilícito ou atos atentatórios contra os princípios da Administração Pública, os casos de improbidade, identificar os sujeitos, as sanções, as providências processuais, o ressarcimento ao erário, entre outros.

O bem jurídico protegido é o Erário Público.

O sujeito passivo é a vítima, a pessoa jurídica que sofre o ato de improbidade administrativa. São elencadas no art. 1º. Caput e § único, da LIA. São em resumo entes da Administração Pública direta ou indireta; empresas incorporadas ao patrimônio público com 50% ou mais de capital, patrimônio ou receita anual do erário público; empresas criadas ou custeadas pelo erário; entidade que receba subvenção, benefício ou incentivo fiscal ou creditício de órgão público.[1]

[1] Neves, Daniel Amorin Assumpção, Manual de improbidade administrativa, pág. 29 – 2ª ed., rev., atual e ampl. – Rio de janeiro; Forense; São Paulo; Método, 2014.

O sujeito ativo é aquele, pessoa física ou jurídica, que pratica o ato de improbidade, e será o réu na ação judicial de improbidade administrativa.

Para a LIA agentes públicos tem conceito amplo e engloba todas as pessoas físicas que exercem funções estatais. O art. 2º. da LIA classifica todo aquele que exerce ainda que temporariamente ou sem remuneração, eleito ou não, atos de manifestação da vontade do Estado.[2]

Porque o sistema brasileiro de anticorrupção e improbidade está organizado entre esferas Administrativa, Civil e Criminal, e entre jurisdições e níveis da federação distintos, o mesmo ato ilícito, estará muitas vezes afeto à múltiplas normativas, e também a autoridades administrativas e judiciárias diversas; assim, encontra-se multifacetada, a tutela jurisdicional dos interesses do Estado.

No Brasil, no âmbito da Lei Anticorrupção, as autoridades se compõem entre as esferas federal, estadual e municipal, e ainda entre as esferas administrativas e civis. Como a Lei Anticorrupção não tem escopo e efeitos criminais, civis e administrativos no que toca à pessoa física envolvida no ilícito, tanto se agente passivo ou agente ativo, essas pessoas naturais estarão afetas às ações civis e criminais e responderão às autoridades competentes para julgar ilícitos das pessoas físicas.

O efeito dessa concorrência de competências sobre o mesmo fato ilícito gerará uma cadeia de processos administrativos e judiciais em diversas esferas e autoridades públicas, alcançando a pessoa física e a pessoa natural em incidentes processuais muitas vezes independentes, consoante a construção legislativa dos sistemas repressores da corrupção e da improbidade administrativa.

Assim um mesmo fato ilícito envolvendo corrupção de agente público poderá ensejar a abertura de Processo de Responsabilização Administrativa (PAR) da Pessoa Jurídica perante a autoridade administrativa do órgão lesado ou competente à apurar o dano e ainda ensejará os procedimentos administrativos contra a pessoa física envolvida – seja ela o agente corruptor ou o agente público envolvido.

Já no âmbito judicial, o ato ensejará processo civil de responsabilidade ou improbidade contra as pessoas jurídicas e as pessoas físicas envolvidas no ato de corrupção do agente público nacional, e as pessoas físicas res-

[2] Id., pág. 42.

ponderão o devido processo penal decorrente dos crimes relacionados ao ato ilícito.

Os procedimentos judiciários ainda se desenvolverão quando o ilícito tenha envolvimento em certames de comparas públicas, licitações e contratos públicos sob a égide da Lei de Licitações e a Lei da Defesa da Concorrência. Portanto a complexidade de órgãos e agências somadas ao rol de autoridades responsáveis pela tutela e interesses do Estado devem ser verificadas em relação às consequências da legislação repressora da corrupção.

Nesse diapasão, muitas críticas vieram à LAC pois entendia-se que a lei haveria de acomodar e até mesmo abranger as pessoas físicas nos casos de acordos de cooperação e leniência de ilícitos administrativos das pessoas jurídicas, bem como encerrar possibilidade legal de que outras demandas administrativas e/ou judiciais viessem a ser promovidas contra as empresas e indivíduos abrangidos naqueles acordos administrativos.

A ampla discussão nacional acerca da segurança jurídica e as consequências dos acordos de leniência das empresas por atos de corrupção, aproximou os órgãos estatais repressores ao modelo da coordenação interinstitucional na celebração dos acordos de leniência das empresas por atos de corrupção.

A CGU Controladoria Geral da União tem a competência federal para firmar o acordo de leniência por atos contra a administração federal e atos que envolvam agentes públicos estrangeiros, e mantem protocolo com a AGU Advocacia Geral da União para fins de delimitação do acordo de leniência. Assim o acordo é firmado nos termos do Decreto 8.420/16 e Portaria Conjunta nº 4/2019, publicada pela CGU e AGU em 23/09/19[3], que define os procedimentos para negociação, celebração e acompanhamento dos acordos de leniência que trata a Lei nº 12.846/13, no âmbito da CGU com a participação da AGU, publicada no DOU em 03/10/19.

Sobre o mesmo ilícito administrativo o Ministério Público e o CADE – Conselho Administrativo da Defesa Econômica tem competências próprias para apurar os ilícitos e determinar outras medidas sancionatórias e judiciais, no âmbito civil às pessoas jurídicas e físicas, e penal às pessoas físicas; portanto enquanto o Legislador não tratar de aprovar um conjunto

[3] Essa portaria revoga a Portaria Interministerial CGU/AGU nº 2.278, de 15/12/2016.

normativo geral relacionado aos ilícitos administrativos da empresas contra o erário público, teremos que conviver com algumas incertezas jurídicas.

Esta Normativa haveria de admitir a inserção, no processo administrativo de responsabilidade (PAR), o acordo de leniência que possibilite transacionar as questões relacionadas às indenizações por responsabilidade civil da Lei de Improbidade Administrativa e ainda admitir a possibilidade de um acordo global que atenda as esferas administrativas, civis e criminais para as pessoas físicas que colaborem no acordo de leniência das pessoas jurídicas no âmbito do PAR.

Por oportuno, importante ressaltar que as sanções previstas no art. 12 da LIA, são aplicadas pelo Judiciário quando do julgamento das ações de improbidade administrativa, e assim haveria de se reformar a norma para possibilitar a homologação do acordo perante o Juízo Competente por essas ações indenizatórias. Assim em virtude do princípio da inafastabilidade do controle jurisdicional consagrado no art. 5º, incisos XXXV da Constituição Federal, sanções do citado art. 12 da LIA e das ações populares de proteção ao patrimônio público na forma da Lei nº 4.717/1965, na forma como nosso ordenamento jurídico está constituído não acolhem o acordo administrativo.

Nesse diapasão, considerando ainda o artigo 17, § 1º, da LIA, estará proibida a prolação de sentença homologatória de acordo em ações de improbidade administrativa que em sua forma venham a transacionar sobre a tutela do patrimônio público e a moralidade administrativa, porque considerados direito material e bens indisponíveis.

Temos ainda as espécies do art. 12 da LIA várias questões relacionadas aos funcionários públicos no tocante ao devido processo à perda da função pública, às pessoas físicas em geral a suspensão dos direitos políticos e às ainda à todos os envolvidos na improbidade as sanções envolvendo pagamento de multa civil e proibição de contratar com o Poder Público, ou receber benefícios ou incentivos fiscais ou creditícios. A LIA também afasta a possibilidade de transação, quando verificado o dolo ou a culpa do réu, exigindo-se devido processo legal e sentença prolatada por Juízo competente a conhecer e julgar os casos e aplicar as penas de natureza político-administrativas previstas no citado art. 12 da LIA, segundo a gravidade, personalidade e vida pregressa do agente improbo, e os elementos determinados para a dosimetria da pena a ser aplicada ao caso concreto.

Certo que os Termos de Ajustamento de Condutas (TACs) e transações como formas de determinar a indenização e o cumprimento de obrigações decorrentes dos danos causados ao patrimônio público e à perda dos bens e valores acrescidos ao patrimônio do agente improbo, são juridicamente possíveis, e portanto, uma solução por submissão e não transação do direito material em si, mas a solução de conflito por autocomposição celebrado pelos legitimados a defender o direito coletivo.

3. Lei Anticorrupção – Lei nº 12.846/2013 (LAC) e o Programa de *Compliance*

A Lei nº 12.846/13 trata da responsabilização administrativa da pessoa jurídica em decorrência de atos de corrupção a agentes públicos estrangeiros e nacionais. Essa lei tem aplicação independente, porém não poderá ser analisada isoladamente, pois um mesmo ato ilícito poderá ser alcançado por outras legislações locais de consequências importantes.

A lei vale para todos os tipos de empresas, fundações e associações, sociedades estrangeiras com representação nacional, tantos nacionais quantos estrangeiras. A lei tem natureza administrativa e civil, e considera a responsabilidade objetiva e direta da pessoa jurídica por prática de conduta ilícita pela pessoa jurídica e prejuízo ao ente estatal em

- ato de corrupção de agente governamental nacional ou estrangeiro, de atos de diretores, funcionários ou representantes dessas empresas promovam qualquer forma de oferta, promessa ou realização de pagamento, presente, de vantagem ou qualquer coisa de valor à agente de governo estrangeiro com o intuito de assegurar negócio, ou a partido político ou candidatos no estrangeiro com finalidade de assegurar a influência na decisão de negócios do estado estrangeiro, ou ainda qualquer pagamento, mesmo que indireto a essas pessoas;
- prejudicar licitação pública;
- causar prejuízo ao erário público.

Os atos ilícitos imputados à responsabilidade objetiva da empresa, independe de terem sido cometidos por ordem, atos ou omissão, de seus Administradores e Dirigentes, e são todos aqueles que resultem em dano ao erário público e benefício para a empresa, e podem ser cometidos por seus Administradores, Dirigentes, Empregados, Colaboradores e Terceiros, ou suas Controladoras e Controladas, Subsidiárias, Coligadas e Consorciadas[4].

3.1. Na Lei nº 12.846/13 o foco principal é o combate à corrupção decorrente da pessoa jurídica. Assim os demais aspectos do ilícito serão apurados nas esferas judiciárias tanto para a pessoa jurídica como para as pessoas físicas, que nesse caso também poderão responder na esfera criminal.

Por esse prisma, apesar de não ser exigido na lei, pode ser considerado como essencial criar um sistema de governança, integridade e *Compliance baseada em risco*[5], porque a Responsabilidade Objetiva da Pessoa Jurídica, denota seu dever de Controle Interno e *Compliance*, acrescenta vantagens estratégicas em mitigação de riscos administrativos, financeiros, legais e reputacionais, contribuindo ao sucesso empresarial de forma sustentável e duradoura, a ainda, benefícios no processo de apuração de responsabilidade, já que a norma prevê atenuação da sanção para quem investir em mecanismos de prevenção e benefícios à empresas envolvidas que assinarem acordos de leniência e auxiliar na colaboração com as investigações.

3.2. Elementos

Corrupção do agente público está definida como:

- Prometer, oferecer ou dar vantagem indevida a agente público, ou a terceira pessoa a ele vinculada;
- Financiar, custear, patrocinar ou subvencionar a prática da conduta ilícita;

[4] Código Civil (artigo 1.098), Lei nº 6.404/76 (artigo 116), Comissão de Valores Mobiliários – acordo acionistas controle voto, Lei de Licitações – artigo 33, V e artigo 19, §2º, da Lei nº 8.987/95, que determina solidariedade é obrigatória e decorre dos artigos. 33, V, da Lei nº 8.666/93, e 19, §2º, da Lei nº 8.987/95, pois, "para fins de licitação e de contratação administrativa, o consórcio produz uma espécie de sociedade de fato, em que todos os atos praticados individualmente se comunicam aos demais consorciados".

[5] Andrade, Renata Fonseca. *Ethics and* Compliance *Programs in a Global and Brazilian Context: The 6 Principles of* Compliance. USA, 2015, último acesso em 21/05/2017. http://corporate*Compliance*insights.com/ethics-and-*Compliance*-programs-in-a-global-and-brazilian-context-the-6-principles-of-*Compliance*/

- Utilizar-se de interposta pessoa física ou jurídica para ocultar ou dissimular seus reais interesses ou a ação fraudulenta praticada ou a identidade dos beneficiários dos atos praticados;
- Frustrar, fraudar, impedir ou perturbar a realização de qualquer ato de procedimento licitatório público e sua natureza competitiva, ou fraudar contrato dela decorrente; manipular ou fraudar o equilíbrio econômico-financeiro dos contratos celebrados com a Administração Pública; criar pessoa jurídica de modo fraudulento ou irregular para participar de licitação pública ou celebrar contrato administrativo;
- Dificultar atividade de investigação ou fiscalização de órgãos, entidades ou agentes públicos, ou intervir em sua situação, inclusive no âmbito das agências reguladoras e dos órgãos de fiscalização do sistema financeiro nacional.

Considera-se, agente público, para os fins desta Lei, o indivíduo nacional ou estrangeiro, ainda que transitoriamente ou sem remuneração, exerça cargo, emprego ou função pública em órgãos, entidades estatais ou em representações diplomáticas de país estrangeiro, assim como em pessoas jurídicas controladas, direta ou indiretamente, pelo poder público de país estrangeiro ou em organizações públicas internacionais, como a Organização das Nações Unidas. Também inclua-se nesse rol, empresas, partidos políticos, candidatos à cargos políticos elegíveis, sindicatos e organizações sociais que de alguma maneira, estão expostas à influência ou instrumentalidade estatal.

Importante notar que políticos e figuras públicas que exercem funções de poder e decisão nas organizações estatais, organismos públicos, organização internacional e outras esferas de poder institucionalizado, por representarem a vontade do Estado e das Organizações que representam, e com poder discricionário podem influenciar diretamente decisões estratégicas e concorrenciais, trazendo vantagem ilícita a outrem em detrimento das regras de transparência e lealdade esperada. Por exemplo, numa aquisição governamental, um investimento de infraestrutura de empresa de economia mista, a concessão de licenças e alvará para funcionamento de atividade regulada, aprovação de projetos ou financiamentos de bancos multilaterais de desenvolvimento, entre outras transações, serão sempre sensíveis e representam risco elevado de exposição ao suborno e à corrupção. Assim a legislação da maioria dos países vem se aperfeiçoando, tanto em relação ao combate a corrupção quanto a prevenção de lavagem de dinheiro, e determinam a identificação de Pessoas Expostas Politicamente (PEP) e esperam que as empresas tenham de regular monitoramento de suas listas de clientes, bem como tenham acompanhamento das transações no curso desse relacionamentos.

4. Programa e Procedimentos de *Compliance*

Para procedimentos analíticos em *Compliance* no Brasil, devemos considerar a legislação local como marco regulatório sem descartar, contudo, as Práticas de Anticorrupção e Conformidade Globais, as diretrizes de Normas e Melhores Práticas da OCDE e a Legislação de Jurisdições diversas, suas Diretrizes e Regulamentos relacionados às Relações Comerciais Transnacionais.

Qualquer Programa de Ética e *Compliance* deverá atender os princípios basilares e as boas práticas adotadas, levando em conta que na economia globalizada as empresas não se limitam a uma fronteira ou jurisdição, e assim, estão expostas à múltiplos mercados e jurisdições, devendo, portanto, estar atentas a estes elementos.

No âmbito do PAR para fins de leniência a verificação de eficiência e eficácia dos programas de *Compliance*, nos termos do Decreto 8.420/15 passará pela análise do ato ilícito, e pontuará, as agravantes e atenuantes. O programa de *Compliance* apropriado incorpora esses princípios e pode representar desconto de 1% a 4% da multa a ser aplicada.

Nesse ponto, a medida da eficácia do programa de *Compliance*, tem por base legal a LAC e seu Decreto 8.420/15 e estão alinhadas com os princípios e Orientações de Boas Práticas sobre Controles Internos, Ética e Conformidade (*Compliance*) da Organização de Cooperação e Desenvolvimento Econômico (OCDE), no FCPA e suas disposições anticorrupção, Diretrizes de Sentença, Guia do DOJ e SEC ao FCPA dos EUA; do Reino Unido – UK Bribery Act e o SFO Guidance's (Ministério da Justiça do Reino Unido), das Leis de Anticorrupção Francesas e suas Diretrizes do Serviço Central Francês para Prevenção de Corrupção (SCPC).

É importante atentar para alguns documentos internacionais, a saber: "A Resource Guide to the FCPA U.S. Foreign Corrupt Practices Act " by the Criminal Division of the U.S. Department of Justice and the Enforcement Division of the U.S. Securities and Exchange Commission, revisado e publicado pelo DOJ e SEC em fevereiro/2017 (FCPA Guide)[6]; "Evaluation of Corporate *Compliance* Programs" of the U.S. Department of Justice Criminal Division Fraud Section[7]; Good Practice Guidance on Internal Controls, Ethics, and *Compliance*" da OCDE adotado em 2010; e o "*Anti--corruption Ethics and Compliance Handbook for Business"(OECD Handbook)* publicado em 2013, e suas respectivas atualizações.

Todas essas leis, normas e diretrizes internacionais contribuem para o aprimoramento, boas práticas e os princípios de um Programa de Integridade e *Compliance,* e embora juridicamente vinculativos em suas jurisdições, são importantíssimos para a harmonização do combate à corrupção. O Brasil, incorporou esses princípios, ao regulamentar a LAC, por meio do Decreto 8.420/2015, portanto, estudar e aprofundar práticas com base nos princípios que esses instrumentos sinalizam é fundamental a qualquer empresa, não apenas às Organizações Empresariais estrangeiras, mas empresas e organizações nacionais, pois denotam as melhores práticas para o bom desenvolvimento de um programa de Integridade e *Compliance.*

Um Programa de *Compliance* tem que cobrir esses princípios globais e atestar efetividade no ambiente local, portanto, um programa de *Compliance* bem adaptado deve incorporar padrões globais mais elevados considerando o conjunto da legislação, as boas práticas e princípios adotados pelos organismos internacionais e atenção aos riscos e a base regulatória local, visando equilibrar efetividade à atender jurisdições múltiplas onde a empresa faz negócios.

Se uma empresa no Brasil realmente segue os princípios globais e a LAC, é muito provável que esteja em conformidade com a lei dos EUA e do Reino Unido. Posso dizer que se um programa de *Compliance busca cumprir apenas o* FCPA ou a UK Bribery Act, estará em *Compliance* com a maioria das leis anticorrupção do mundo, mas certamente não atenderão a LAC e demais legislação anticorrupção do sistema brasileiro. Portanto, mesmo um programa global não estaria efetivo em muitos aspectos e princípios locais face à complexidade e o conjunto de leis brasileiras relacionadas à anticorrupção.

[6] última visita em 09/10/2017 – https://www.sec.gov/spotlight/fcpa/fcpa-resource-guide.pdf

[7] última visita em 09/10/2017 – https://www.justice.gov/criminal-fraud/page/file/937501/download

4.1. Pilares Básicos

Aqui, os 2 pilares que, em linhas gerais, qualquer Programa de *Compliance* deve incorporar e sem eles jamais existirá um Programa de *Compliance*: – o Tone at the Top e o Risk based approach.

4.1.1. "Tone At The Top" = Comprometimento no alto nível = compromisso pelos níveis mais elevados de gerenciamento, o tom no topo da organização empresarial

Um compromisso da administração superior da Corporação significa "*Walk The Talk*" e "Orçamento Apropriado".

A Administração e os Acionistas têm o dever de cumprir e fazer cumprir as Leis e as Políticas da Empresa. No entanto, a conformidade é a questão de responsabilidade de todos na organização.

O compromisso de nível superior para proibir a corrupção e a eficácia do seu Programa de *Compliance* será medido pela análise de vários fatores, como o risco setorial, área de atividade, territorialidade, tipo de negócios, tamanho da empresa, recursos e orçamento proporcional e direcionado ao Programa de *Compliance*. Portanto, os recursos adequados e o orçamento proporcional à equipe de *Compliance*, são pilares antecedentes a qualquer estabelecimento de um Programa de *Compliance* efetivo.

O compromisso da alta administração será refletido no comportamento e nas ações de gerencia e demais colaboradores. Não obstante, o tom no topo deve reforçar a ética e a conformidade como motriz da cultura corporativa e gestão da empresa.

Esse compromisso absoluto da Alta Administração da Corporação é certamente o comprometimento da governança corporativa com a integridade nos negócios, os princípios e objetivos do programa estabelecido para atingimento do objeto social. Significa "Walk The Talk" (caminhar o que se discursa) e ter "Orçamento Adequado" para a implementação e desenvolvimento do programa de Integridade e *Compliance*.

A Administração e acionistas têm o dever de fazer cumprir e respeitar as leis e fazer cumprir todas as políticas da empresa. *Compliance* é uma questão da Diretoria, da média gerência e de todos os colaboradores da empresa.

Com o Tone at the Top bem estabelecido, ninguém poderá desenvolver e implantar um programa de *Compliance* sem antes realizar um mapeamento das atividades e dos riscos de sua atividade empresarial. Criar um programa de *Compliance* a partir dos princípios teóricos sem o mapeamento dos riscos inerentes à atividade empresarial, seria um remédio de prateleira sem os efeitos ativos para atuarem efetivamente em todos os pontos do problema; efetividade e cura, sem isso de nada adianta escrever um programa.

4.1.2. "Risk based Approach" = Avaliação de Risco = controles baseados em risco, verificação e equilíbrio e segregação de funções

A avaliação e análise de programas de *Compliance* corporativos combinados com a abordagem baseada em risco são características de um programa efetivo.

O programa de uma empresa é uma parte importante nas investigações para atenuar ou gerar tratamento leniente da parte do órgão repressor contra atos ilícitos da empresa – um programa de conformidade efetivo pode resultar em uma declinação ou diminuição de penalidades e consequências, mesmo que o programa não tenha sido integralmente eficiente para prevenir a conduta específica em investigação[8].

A legislação brasileira recomenda estruturação de controles e *Compliance* a partir da abordagem baseada em risco e a eficácia do Programa de *Compliance* será avaliada com base nas evidências da análise de risco e critérios utilizados no processo de tomada de decisão. O mal-entendido de uma empresa sobre o mapeamento e análise de riscos reais, bem como o tratamento adequado a esses riscos em particular, afetará o resultado de qualquer investigação ou escrutínio do órgão de repressão.

Para abordar este assunto, em particular, as empresas devem examinar diferentes riscos em diferentes áreas e tipos de operações.

- Risco operacional – os riscos inerentes à sua operação, ramo e atividade, com foco em:
  - Erros e omissões;
  - Prejuízo financeiro devido a controles operacionais e sistemas inadequados;
  - Reclamações de clientes;
- Risco de reputação/imagem;
- Risco legal e regulamentar; entre outros.

[8] O DOJ tornou este princípio claro na sua orientação da FCPA, e o reitera nos últimos casos relatados (por exemplo: JP Morgan, Goodyear – veja no site do DOJ).

4.2. Os elementos básicos do Compliance

O programa de *Compliance* estabelecido a partir do Compromisso da Alta Administração e Administração Baseada em Riscos, (Tone At The Top and Risk Based Approach), será bem sucedido, porém para demonstrar eficácia haverá de conter 6 (seis) elementos básicos:

1. Políticas e procedimentos claros e comunicados dentro e fora da empresa;
2. Autonomia e Recursos – Procedimentos Proporcionais e Orçamento Adequado;
3. Formação, Comunicação e Treinamento;
4. Ferramentas e Controles internos;
5. Monitoramento, Disciplina e Revisão;
6. Ação Preventiva v. Cura;

4.2.1. Políticas e procedimentos claros e comunicados dentro e fora da empresa

As políticas e procedimentos devem ser escritos, bem esclarecidos e comunicados a todos os níveis dentro e fora da organização.

A informação deve ser precisa e a política de tolerância zero contra práticas de corrupção deve ser claramente visível dentro e fora da empresa.

Todos os departamentos da empresa devem estar envolvidos na responsabilidade de conduta e de cumprimento das políticas e procedimentos visando a consecução dos negócios com alta calibragem ética e efetivo cumprimento das políticas.

Enfatizo a importância de que um programa de *Compliance* seja adaptado não apenas a riscos legais, mas se amplie até o objetivo de dissuadir e prevenir a má conduta de empregados ou de terceiros, independente da conduta constituir uma violação da lei. Nesta medida, as empresas precisam se concentrar em seu código de conduta ética, missão e valores e impor sanções em consequência às violações do código, políticas e procedimentos.

A segregação de funções e o nível de autoridade são importantes para prevenir fraudes e para mitigar riscos de negócios de julgamento negativo. É importante ter em mente que todas as decisões tomadas devem vir com um fundo racional da justificativa de negócios.

4.2.2. Autonomia e Recursos do Departamento de Compliance e Riscos – Procedimentos Proporcionais e Orçamento Adequado

As organizações devem conceber e fazer cumprir processos adaptados à sua estrutura e adaptados ao seu risco específico de corrupção.

Inclusive ferramentas e informações de controle de dados coletados em eventos de Fusões, Aquisições e Organização Societária, pré e pós diligências, terceiros e colaboradores, processo de aprovação inclusive de "*due diligence*" (checagens, pesquisas, mapeamento regulatório e de riscos), justificativa de negócios, conflito de interesses, monitoramento e treinamento.

As equipes de *Compliance* precisam de orçamento e recursos adequados e ter uma estatura independente e "apropriada" à função e missão dentro da empresa. Essa autonomia de recursos significa independência e autonomia na atuação; e a estrutura significa linha de reporte e relatório direto ao CEO e ao Conselho de Administração (alta administração – gerencia sênior).

O compromisso de nível superior para banir a corrupção deve garantir a eficácia do Programa de *Compliance* que deve ser construído a partir da análise de vários fatores, como o risco setorial e área de atuação, a territorialidade, tipo de negócio, o tamanho da empresa, o arcabouço regulatório ligado à atividade, os recursos e orçamento proporcionados e direcionados para o Programa de *Compliance*.

Devem ser realizados controles adequados para garantir que as políticas de prevenção da corrupção sejam devidamente aplicadas.

Uma empresa deve ter um processo de investigação eficaz – com recursos suficientes para investigar e documentar alegações de violações.

O Programa de Ética e Conformidade tem que abordar canais para acessar e motivar a administração intermediária a fim de expressar e cumprir questões de ética e conformidade. Em toda a cadeia produtiva e de valores da empresa.

A empresa deve habilitar uma política de não-retaliação, disponibilizar canais de comunicação para celebrar e motivar o acesso de terceiros e de funcionários que falam sobre as questões éticas, preocupações, desvios de conduta, fraudes e afins, bem como estabelecer claramente o programa e as políticas de um sistema de denúncia.

4.2.3. Formação, Comunicação e Treinamento

Uma política de tolerância zero, sobre práticas corruptas devem ser claramente exibidas dentro e fora da empresa. O gerenciamento corporativo deve assegurar que seus líderes seniores ofereçam suporte forte, explícito e visível para políticas de conformidade corporativa. Todos os que estão potencialmente expostos a situações de corrupção devem ser treinados para entender o que caracteriza a corrupção, os riscos associados à corrupção e as melhores práticas para prevenir a corrupção.

As comunicações e outras mensagens devem reforçar e promover políticas de conformidade através de reuniões presenciais, comunicações por e-mails, chamadas telefônicas e incentivos / bônus, comunicações e mensagens claras, exemplificativas da real exposição aos riscos que se quer mitigar.

Políticas de *Compliance* meramente de papel embora abrangentes, não demonstrarão por si mesmos um programa eficaz. Reforçar o Código de Conduta, os padrões éticos e as políticas da empresa, promover a conscientização e a compreensão do propósito e da importância do programa de *Compliance*, enfatizar a responsabilidade pessoal e a responsabilidade, integrar os valores das empresas como uma estrutura para a tomada de decisões dos funcionários.

4.2.4. Ferramentas e Controles Internos

As empresas precisam reexaminar seu processo de avaliação de riscos para garantir que ele esteja focado nos riscos inerentes à atividade empresarial e sejam tratados apropriadamente. Muitas empresas estão concentrando suas análises apenas aos riscos de uma ação regulatória, civil ou penal, quando haveria de analisar os riscos além da própria conduta subjacente.

Muito foi escrito sobre como realizar uma investigação interna. Nem tanto foi escrito sobre os passos que levam a uma investigação interna. Pode haver chamadas de julgamento muito difíceis e questões a serem avaliadas ao se determinar se deve iniciar uma investigação interna. Necessário um inquérito preliminar para se determinar uma investigação formal.

O programa efetivo de triagem e "*due diligence*" deve incluir instâncias e justificativa plausível para o negócio quando uma empresa decide contratar um agente, representante, terceiro e/ou distribuidor.

As cláusulas "padrão" devem incluir representações gerais e garantias de que o agente ou distribuidor: (1) não tem passado e, no futuro, não violará leis anticorrupção; (2) não está afiliado a nenhum funcionário do governo (diretamente ou por meio de um familiar próximo); (3) permitirá o acesso à empresa para realizar auditorias quando necessário para assegurar o cumprimento das leis de corrupção e dos requisitos contratuais; (4) o contrato pode ser encerrado se a empresa tiver motivos para acreditar que o agente ou distribuidor tenha violado (ou pretender violar) uma lei anticorrupção e (5) verificação de conflito de interesses.

Outra questão importante sobre a devida diligência pode ser levantada a partir do fluxo da informação coletada, tratada e armazenada. As empresas lidam com a entrada de informações de várias fontes. Às vezes, fontes anônimas, documentos, informações públicas e assim por diante. O fluxo contínuo de informações, documentos e dados pode ser esmagador, e o enganoso tratamento pode prejudicar a organização. Além disso, a área de *Compliance* irá de alguma forma gerenciar informações e tratá-la adequadamente. O processo de documentação e o controle dos procedimentos de investigação são muito importantes. Certifique-se de que a empresa tenha políticas e procedimentos adequados e trate a informação adequadamente. Os procedimentos de coleta de dados e a preservação de todos os registros e decisões fazem parte disso. Procedimentos e políticas envolvendo esta parte da "due diligence" são notáveis pela eficácia, no entanto, a empresa deve decidir o que será coletado em casa ou de outra forma, e a medida deve considerar o produto do trabalho da empresa, de confidencialidade que se pode esperar e serem aplicadas ao resultado da diligência e investigação.

4.2.5. Monitoramento, Disciplina e Revisão

Monitoramento, disciplina e revisão = implementação da política de sanção e disciplina para casos de desvios de conduta, inclusive detecção de problemas sistêmicos, identificando e corrigindo os problema desde a raiz; incentivos para comportamentos adequados e éticos, valorizando a proatividade em *Compliance* de todos os departamentos e empregados, incorporando na governança a importância do *Compliance*, inclusive com métricas avaliação de performance de cada profissional na empresa, pontuação para recebimento de bônus, promoções e crescimento na carreira; teste de eficácia do programa e aprimoramento periódico a partir de pesquisas quantitativas e qualitativas, testes em treinamentos periódicos e análise de aderência ao programa em todos os níveis da empresa.

A empresa deve revisar periodicamente seu programa de *Compliance* para mantê-lo atualizado com a evolução dos riscos, economia e mercado e circunstâncias em que a empresa reage em seu setor de atuação. A empresa deve implementar mecanismos para fazer cumprir suas políticas e incentivar o cumprimento e disciplinar as violações. A empresa deve "sensibilizar" seus parceiros, terceiros para o comprometimento de *Compliance* e aderência às boas práticas como pressupostos de aprovação da parceria. Os terceiros devem agir em *Compliance* e em simetria aos valores e as boas práticas empresariais, sendo que violações sejam detectados e a falta de respeito às leis e políticas de *Compliance*, sejam motivadores de rescisão da relação contratual e da parceria.

Assim para a consecução dos objetivos, o programa de *Compliance* da empresa haverá de atentar para procedimentos que monitorem e revisem constantemente as aprovações e processos estabelecidos, e ainda haverá de assegurar a existência de constante aprimoramento nos sistemas e processos das áreas responsáveis em todas as funções e departamentos.

Uma vez estabelecidas as políticas, os procedimentos e os controles, caberá ao Departamento de *Compliance* monitorar o programa a fim de verificar aderência e efetividade dos processos e dos controles para mitigar os riscos identificados.

Além do monitoramento dos procedimentos de rotina, o *Compliance* deverá dar atenção especial às atividades e aos procedimentos de prevenção de fraudes em processos licitatórios e de contratos com o setor público; a Supervisão da aprovação e do cumprimento da relação contratual com os terceiros; e ao Canal Denúncia.

4.2.6. Ação Preventiva verso Cura = Estratégia e Independência do Departamento de Compliance

As funções do *Compliance* de supervisionar as atividades da empresa e a participar do processo de tomada de decisões na empresa são aspectos fundamentais para a capacidade do departamento, de prevenir ações de fraude e detectar desvios, falhas nos processos, pontos de fragilidade dos controles ou até colaborar com desenvolvimento de melhorias dos procedimentos. Por isso o pessoal de *Compliance* tem de ser envolvido nas discussões de negócios antes de sua implementação, contar com autonomia, recursos adequados, obter os acessos e as informações, para de maneira independente exercer seu papel.

As empresas preocupadas a agir segundo essa cultura e valores, são bem sucedidas, propensas à inovação, alcançam bons resultados e sustentabilidade de longo prazo.

A função mais importante do *Compliance* é assegurar um programa efetivo capaz de detectar desvios dos processos, evitar fraudes e ações em não-conformidade com as regras, portanto, o departamento de *Compliance* deve conhecer os processos, estar envolvido nas discussões comerciais antes de cada implantação de procedimento, a fim de averiguar sua adequada aderência ao *Compliance*.

Como o guardião das políticas, o Departamento de Ética, Risco e *Compliance* deve se envolver e supervisionar todas as atividades da empresa, participar da analise do risco e seus mitigadores antes de tomada de decisão. Contar com a aderência dos departamentos e gestores da empresa para que os mitigadores de riscos estejam adequados a garantir a integridade.

O programa de *Compliance* que não é capaz de ter as ferramentas e processos adequados a assegurar aderência ao funcionamento dos procedimentos de controles será apenas um bom programa de *Compliance* escrito e estruturado para a prateleira de exposição aos reguladores, clientes, fornecedores, terceiros.

Os profissionais de *Compliance* que se integram com os departamentos da empresa, que gozam de independência e assertividade na atuação, permitem e ajudam o processo e suas unidades de negócios, a alcançar objetivos empresariais, orçamentais e os resultados, e ainda, mais precisamente, com eficiência, com a cultura e a conformidade esperadas.

Esses Programas de *Compliance* mais eficazes e proativos tem o Líder de *Compliance* envolvido em todos os aspectos da governança, com a independência e o conhecimento do negócio, dos riscos e dos princípios basilares a garantir a conformidade e o alto padrão ético que sempre devem nortear as decisões do Conselho e Administração e a Alta Administração

Programas de *Compliance* bem-sucedidos são daquelas empresas que seus Presidentes e Alta Administração são os primeiros responsáveis pela ética e valores de suas organizações. Estes programas de sucesso ecoam o tom claro no topo e ajudam a reforçar o tom ainda mais importante no meio, entre a média gerência e assim "contaminando" os demais colaboradores da empresa. Essas pessoas celebram a liderança ética que eles encarnam. Eles se comportam, e eles superam. As empresa que contam com programas mais eficientes de *Compliance* são aquelas que não isolaram o departamento de *Compliance* ao carimbador de procedimentos e guardião de papeis, mas que envolvem cultura e funções multiplicadores e contam com muitos agentes de conformidade entre os departamentos e camadas da organização e que compartilham uma variedade de objetivos e esforços de educação, comunicação e detecção de desvios ou ilícitos em toda a companhia e relacionamento com o Estado, o mercado e a Sociedade.

4.3. Em suma

4.3.1. Defina os Objetivos do Programa, visando:

- Aumentar o conforto dos funcionários com a cultura em Compliance;
- Assegurar que os funcionários usem os valores da empresa como um norteador para a tomada de decisão;
- Fortalecer a cultura e a liderança ética em todos os níveis da organização;
- Melhorar as capacidades de gerenciamento de risco;
- Conhecer todos requisitos regulamentares para programas e práticas recomendadas de Integridade e Compliance; e
- Melhorar a supervisão e o gerenciamento de terceiros.

4.3.2. Defina os objetivos de Educação e Comunicação do Programa, com foco:

- Reforçar o código de conduta, os padrões éticos e a política da Empresa
- Promover a conscientização e a compreensão do propósito e da importância do programa de Compliance;
- Enfatizar a responsabilidade da empresa e a responsabilidade das pessoas.
- Influenciar o comportamento dos funcionários e o clima ético na Organização;
- Promover o alinhamento entre os valores fundamentais e as operações do dia-a-dia; e

- Integrar os valores da empresa como uma estrutura para a tomada de decisões da empresa.

4.3.3. Finalmente, Liderança e Inovação

Os líderes da empresa que agem com ética de alto impacto têm a ambição e a determinação de estabelecer mais objetivos, buscar mais insumos, gerar mais resultados e usar métricas mais rigorosas no difícil esforço de mudança inspiradora e comportamento ético elevado.

Os programas *Compliance* menos efetivos são liderados por aqueles que são formais, mas superficiais; que se preocupam apenas o papel, que colocam em funcionamento procedimentos de "check-list" sem reflexão ou visão do negócio, mero carimbadores de procedimentos, ou aqueles que como xerifes estão mais preocupados com verificação e detecção de irregularidades e desvios, com o fim na punição. Esses profissionais jamais encontrarão satisfação em suas atividades, pois não são efetivamente agentes de transformação ou líderes na inovação e transformação da cultura de *Compliance*. Serão temidos por colaboradores, tolerados ela Alta Administração, mas estarão muito aquém da realização.

Outros, por superficialidade, acabam por desviar a atenção aos pontos essenciais de um bom programa de *Compliance*. Olhar para o outro lado, ignorar a realidade, ou não enfrentar a complexidade da decisão comercial coerente com os valores éticos anunciados pela organização, sem os elementos necessários para o mapeamento adequado dos riscos e até mesmo tendo sido alienado do processo de tomada de decisão. Um programa meramente de prateleira, escrito sem a contextualização do risco e sem o comprometimento da alta administração é instrumento que sequer servirá como atenuante ou valor de leniência a mitigar alguma penalidade inevitável.

Programas de *Compliance* mais eficazes são liderados por aqueles que atingem suas marcas e objetivos, com determinação e sobretudo o fazem com a cultura e a integridade, inclinam-se aos valores éticos e aos controles do exercício empresarial. Eles tecem seus programas através de suas organizações na esperança de multiplicar o benefício do impacto que essas organizações, agindo com ética, possam ter em seus mundos.

5. O Acordo de Leniência no âmbito da Lei nº 12.846/2013 – Alterar para Melhorar

5.1. Acordo de Leniência da Lei Anticorrupção

O acordo de leniência da Lei Anticorrupção encontra-se regulado pelo Decreto nº 8.420/15 e portarias, contudo sua instrumentalização ainda não se opera em larga escala. Muitas empresas procuram o acordo de leniência como o instrumento central para a finalização dos efeitos e consequências do ato ilícito da esfera administrativa, visando não apenas o objeto da Lei Anticorrupção, mas de incluir outras autoridades e as pessoas naturais envolvidas nos atos decorrentes daquele mesmo fato gerador. Por conta dessa multifacetada jurisdição e autoridades sob mesmo ato, a Lei Anticorrupção não acolhe esses múltiplos interesses e a viabilidade da leniência fica prejudicada.

As regras do acordo que constam da Lei Anticorrupção estão exclusivamente relacionadas à pessoa jurídica e ao ato lesivo contra o erário público. Portanto trata diretamente da remediação de atos decorrentes da responsabilidade objetiva administrativa e civil de pessoas jurídicas pela prática de atos de representantes seus ou terceiros no âmbito da administração pública nacional ou estrangeira.

Os artigos 8 a 15 da Lei tratam do PAR, enquanto que os artigos 16 e 17 tratam da Leniência decorrente desses atos. O Decreto Regulamentador nº 8.420/15, regula a Leniência, a aplicação da multa, e trata da metodologia do cálculo, dosimetria da sanção e outros pontos consequentes do acordo, e devem ser lidos em conjunto com as portarias que tratam do tema.

A Comissão do PAR – O Decreto nº 8.420/15, por sua vez, detalhou ainda mais rito procedimental estruturado na Lei nº 12.846/13 (artigos 8 a 15), conforme se observa nos artigos 2º a 14 do regulamento federal. Além disso, a CGU, no exercício da função de prestar orientação normativa na condição de órgão central do Sistema de Correição do Poder Executivo federal (Decreto nº 8.109/13, artigo 1º, § 1º), editou e publicou a Portaria CGU 910/15[9], que define os procedimentos para apuração da responsa-

[9] Portaria CGU 1.381 de 04/07/2017 que altera a Portaria 910. Visita 24/07/2017 em http://www.cgu.gov.br/noticias/2017/07/cgu-altera-procedimentos-para-apuracao-de-responsabilidade-de-empresas

bilidade administrativa e para celebração do acordo de leniência de que trata a Lei nº 12.846/13.

A respeito das possíveis delegações autorizadas pela lei, o Ministro de Estado da Transparência, Fiscalização e Controladoria-Geral da União, por meio do artigo 5º da Portaria CGU 910/15, definiu que ele iria permanecer com a competência para julgar PAR instaurado ou avocado por este Ministério, bem como delegou:

- ao Corregedor-Geral da União, a competência para instaurar investigação preliminar e para decidir pelo arquivamento de denúncia ou representação infundada, ou de investigação preliminar, no caso de inexistência de indícios de autoria e materialidade; e
- ao Secretário-Executivo, a competência para instaurar PAR.

O mesmo ato pode, portanto, acarretar às pessoas naturais, repercussão penal relativa aos crimes contra Administração Pública – artigos 312 a 359 CP e leis esparsas, contra a Ordem Econômica e contra a Ordem Tributária.

Poderá ainda acarretar tanto à pessoa natural quanto à pessoa jurídica, repercussão cível decorrentes da Lei da Improbidade Administrativa – Lei nº 8.429/92 e outras penalidades devido às consequências dos artigos 9 a 11 de não contratar com Poder Público.

Ainda haverá a repercussão administrativa e as ações a responsabilizar atos dos Servidores Públicos – Lei nº 8112/90 e aos fornecedores envolvidos na cadeia das Licitações e Contratos Públicos – Lei nº 8.666/ /93.

A leniência como tratada na lei, decretos regulamentadores, e portarias, inclusive a Portaria Interministerial da ACU e CGU se restringem aos acordos das pessoas jurídicas no âmbito da participação da União, e de acordo com seu artigo 10, no termo da celebração do acordo de leniência poderá:

> I – isentar a pessoa jurídica das sanções previstas no inciso II do artigo 6 e no inciso IV do artigo 19 da Lei nº 12.846/13;
>
> II – reduzir em até 2/3 (dois terços), nos termos do acordo, o valor da multa aplicável, prevista no inciso I do artigo 6 da Lei nº 12.846/13; e
>
> III – isentar ou atenuar, nos termos do acordo, as sanções administrativas ou cíveis aplicáveis ao caso.

§ 1º Os benefícios previstos no caput deste artigo ficam condicionados ao cumprimento do acordo, que será atestado por equipe de apoio e acompanhamento designada pelo Secretário-Executivo do Ministério da Transparência, Fiscalização e Controladoria-Geral da União – CGU.

§ 2º Os benefícios do acordo de leniência serão estendidos às pessoas jurídicas que integrarem o mesmo grupo econômico, de fato e de direito, desde que tenham firmado o acordo em conjunto, respeitadas as condições nele estabelecidas.

5.2. A revisão da Lei nº 12.846/2013 (LAC), na parte que trata do acordo de leniência, é necessária e absolutamente urgente nesse momento

A revisão é importante no aspecto da multa aplicável aos ilícitos e no tocante às consequências do acordo de leniência na intercessão das leis integrantes do microssistema da anticorrupção, especialmente a Lei de Improbidade (LIA) e o Processo Administrativo de Responsabilização (PAR).

O ponto crucial para a questão da redução da multa além do limite mínimo já estipulado na LAC para as empresas que firmam o acordo de leniência está diretamente relacionado à colaboração. Ou seja, se a empresa colaborar com provas e esclarecimentos do ilícito e trouxer à mesa de negociação elementos probatórios do envolvimento do ilícito, e verdadeiramente colaborar com a elucidação dos fatos, e acima de tudo para o ressarcimento ao erário público, poderá trocar abatimento e reduções até "zerar" a multa.

5.3. Outro ponto importante é a segurança jurídica nas consequências do acordo de leniência firmado no PAR em outras esferas administrativas e judiciárias, decorrentes do mesmo fato, ilícito, objeto do acordo

Assim como no sistema da concorrência e o acordo de leniência no CADE, as empresas que firmarem acordo no novo cenário poderão gozar da certeza e segurança jurídicas de que, uma vez realizado o acordo e devidamente cumprido, não haverá reverberações e surpresas futuras.

As alterações estão em alguns projetos de lei que tramitam em discussão nas casas legislativas do país, mas, sem sombra de dúvidas, a evolução do sistema do acordo de leniência no âmbito do microssistema da anticorrupção necessariamente demanda essas alterações na Lei 12.846. As propostas devem ser debatidas amplamente entre as instituições do país, e, com celeridade e seriedade, haverão de ser adotadas medidas robustas e em alinhamento com a legislação global do combate à corrupção, para que a matriz interinstitucional do combate à corrupção em todos os níveis no país estejam conformes e harmoniosas. Aos moldes do U.S. *Sentencing Guidelines* e do FCPA, que regulam o ambiente da anticorrupção das empresas que se relacionam com o mercado e o sistema financeiro americanos, o Brasil haverá de responder adequadamente à comunidade nacional e internacional para que os negócios aqui gozem da segurança jurídica, qual seja, a mais perfeita e salutar para a continuidade dos investimentos nacionais e estrangeiros, possibilitando a retomada de crescimento de nossa economia.

Na verdade, quaisquer que sejam as alterações na legislação, a visão deve ser ampla e a normativa deve reforçar a segurança jurídica. Contudo, o ressarcimento ao erário público sempre haverá de ser integral, e para garantir os princípios do artigo 37, da Constituição Federal, haverá de manter-se os conceitos da LIA no que se refere à proteção e tutela do patrimônio e erário público no caso da punição ao agente público e no caso de dolo do agente corruptor.

A alteração da LAC, nesse momento, deve, no mínimo alinhar duas questões para a efetividade do microssistema anticorrupção; a) a questão da redução da multa; e b) a questão do alcance amplo e terminativo do acordo de leniência; ou seja, dar abrangência ao acordo quanto às questões ligadas à LIA, possibilitando a cooperação de pessoas físicas no acordo de leniência e com extensão ao objeto do processo da ação civil pública de responsabilização de improbidade por meio de homologação judicial englobando o ressarcimento integral aos cofres públicos pelo dano causado ao erário.

Acredito que uma norma global que encaminhe esses temas em conexão com a LIA sanará a lacuna e trará eficácia aos processos de repressão à corrupção e à improbidade administrativa, como segurança jurídica às empresas e às pessoas que cooperarem com as autoridades com acordo de leniência.

Quanto à possibilidade de redução maior da multa aplicável no âmbito do processo da responsabilização da LAC e à multa civil a ser estabelecida no processo civil no âmbito da LIA, ao ponto de "zerar" quando existe colaboração da empresa, tudo vai depender do equilíbrio e da equidade na parametrização da sanção. O parâmetro deve atentar o bem tutelado, para a eficácia da medida repressora e corretiva, para que uma empresa não seja mais beneficiada que outras e que a leniência não seja vista como uma saída fácil, compensadora ou até estimuladora de atos de corrupção e ilícitos contra o erário público.

Assim, para a redução das multas, haverá de se ter clareza quanto à eficácia da cooperação da empresa, ou seja, metodologia de valoração e utilidade das provas e evidências ofertadas, e, dada a multiplicidade de autoridades processantes no país, critérios precisos desse escalonamento, para que não seja a leniência um instrumento político e corruptível.

A nova legislação haverá de criar os parâmetros dessa redução e os critérios de sua dosimetria entre a multa e o grau de efetividade da colaboração da empresa. Não se pode deixar tal critério à discricionariedade política do órgão estatal, tampouco se pode deixar lacunas no que tange à obrigatoriedade da instauração do processo de improbidade e aplicação da multa civil no âmbito do processo de responsabilização no âmbito da LIA.

Referências

NEVES, Daniel Amorin Assumpção, Manual de improbidade administrativa, pág. 29 – 2ª ed., rev., atual e ampl. – Rio de janeiro; Forense; São Paulo; Método, 2014

ANDRADE, Renata Fonseca. Ethics and *Compliance* Programs in a Global and Brazilian Context: The 6 Principles of *Compliance*. USA, 2015, último acesso em 21/05/2017. http://corporate*Compliance*insights.com/ethics-and-*Compliance*-programs-in-a-global-and-brazilian-context-the-6-principles-of-*Compliance*/

FCPA – https://www.sec.gov/spotlight/fcpa/fcpa-resource-guide.pdf

SEC – https://www.justice.gov/criminal-fraud/page/file/937501/download

Portaria CGU 1.381 de 04/07/2017 que altera a Portaria 910. Visita 24/07/2017 em http://www.cgu.gov.br/noticias/2017/07/cgu-altera-procedimentos-para-apuracao-de-responsabilidade-de-empresas

14. O *Compliance* e o *Accountability* em Face dos Atos de Improbidade Administrativa

Claudio Joel Brito Lóssio

Introdução

O mundo caminha para a boa-fé, a transparência e a responsabilidade, combatendo a corrupção, a falha, o erro, a imprevisibilidade. Essa nova situação está direcionada tanto para órgãos públicos, quanto para empresas privadas.

Esta escrita não está direcionada para explicar o que são os atos de improbidade administrativa, vez que os mesmos estão elencados na própria legislação. Assim, está voltada para apresentar a instrumentação do Trabalho de *Compliance* como forma de combater tais práticas ímprobas.

O conceito de atos de improbidade administrativas será apresentado no primeiro tópico, assim como serão elencados alguns artigos da legislação brasileira se referem ao tema. No segundo momento, apresentar-se-á uma breve conceituação sobre o que é o trabalho de *Compliance*, assim como elementos que consistem em riscos e vulnerabilidades dos sistemas.

Por último, tratar-se-á do *accountability*, o qual do inglês, se remete a prestação de contas, e segundo alguns autores, se trata de uma evolução da responsabilidade, onde através de uma virtude moral pessoas proativas respondem aos questionamentos com resultados, assim, poderão promover um trabalho de conformidade o mais próximo possível da excelência.

Os métodos de abordagem: dedutivo e dialético, foram utilizados para desenvolver esse artigo, assim como o método de procedimento comparativo. As técnicas de pesquisa utilizadas para confecção da dissertação serão a bibliográfica e documental. Cabe ressaltar que algumas das pesquisas foram feitas com o auxílio da internet para se obter acesso a documentos e livros eletrônicos, os quais não possam ser resgatadas as informações.

1. A improbidade administrativa

A improbidade administrativa no Brasil está prevista desde a Constituição da República de 1988[1], como também em legislação específica Lei número 8.429 de 1992. Na nossa Constituição, está prevista em seu Artigo 37, § 4º:

> Art. 37. A administração pública direta e indireta de qualquer dos Poderes da União, dos Estados, do Distrito Federal e dos Municípios obedecerá aos princípios de legalidade, impessoalidade, moralidade, publicidade e eficiência e, também, ao seguinte:
>
> § 4º Os atos de improbidade administrativa importarão a suspensão dos direitos políticos, a perda da função pública, a indisponibilidade dos bens e o ressarcimento ao erário, na forma e gradação previstas em lei, sem prejuízo da ação penal cabível.

Já na legislação n. 8.429 de 1992, está em seu todo, direcionada para a Improbidade Administrativa, que define melhor o seu conceito, está presente em seu Artigo 1[2]:

> Art. 1º Os atos de improbidade praticados por qualquer agente público, servidor ou não, contra a administração direta, indireta ou fundacional de qualquer dos Poderes da União, dos Estados, do Distrito Federal, dos Municípios, de Território, de empresa incorporada ao patrimônio público ou de entidade para cuja criação ou custeio o erário haja concorrido ou concorra com mais de cinqüenta por cento do patrimônio ou da receita anual, serão punidos na forma desta lei.
>
> Parágrafo único. Estão também sujeitos às penalidades desta lei os atos de improbidade praticados contra o patrimônio de entidade que receba subvenção, benefício ou incentivo, fiscal ou creditício, de órgão público

[1] Brasil. Constituição da República do Brasil. 1988. Acessado em 05 de fevereiro de 2018. Disponível em: <http://www.planalto.gov.br/ccivil_03/constituicao/constituicao.htm>.

[2] Brasil. Lei nº 8.429 de 02 de junho de 1992. Lei da Improbidade Administrativa. Acessado em 05 de fevereiro de 2018. Disponível em: <http://www.planalto.gov.br/ccivil_03/leis/L8429.htm>.

> bem como daquelas para cuja criação ou custeio o erário haja concorrido ou concorra com menos de cinqüenta por cento do patrimônio ou da receita anual, limitando-se, nestes casos, a sanção patrimonial à repercussão do ilícito sobre a contribuição dos cofres públicos.

Cabe ressaltar que os atos de improbidade contra a administração pública, estão presentes do Artigo 9º ao Artigo 11, elencados em vários incisos. Essa legislação tem como base assegurar que sejam seguidos os princípios norteadores do direito administrativo, denominados "Pedras de Toque", expressas por Celso Antônio Bandeira de Melo[3], fundamentalmente, o princípio da supremacia do interesse público e princípio da indisponibilidade do interesse público.

Assim, o principal fundamento dos diplomas legais voltadas para a regulação da administração pública é seguir as pedras de torque apresentadas no parágrafo anterior, e para isso, tanto o trabalho de *Compliance*, quanto a promoção do *Accountability* através da educação para assim prover uma evolução da responsabilidade personalíssima.

2. O *Compliance*

O alicerce para manter uma empresa no mercado é a aplicação de uma boa gestão, já para esta ir além de sua manutenção, seguindo assim para o sucesso e a excelência, não basta estar submetida a uma gestão convencional. Cabe ressaltar que, quanto maior a empresa, maior será a dificuldade da gestão desta.

O Estado, como uma empresa enorme, possui uma gestão muito delicada o qual a em sua base deve seguir as citadas "Pedras de Toque" de Celso Antônio Bandeira de Melo[4], sendo exteriorizadas através dos princípios da supremacia do interesse público e da indisponibilidade do interesse público. E em busca de seguir e promover a melhor gestão possível, surge o trabalho de *Compliance*.

A palavra *Compliance* é derivada do latim complere que significa estar completo, estar em conformidade, seguir aquilo que foi posto. Os norte-

[3] MELLO, Celso Antônio Bandeira de – *Curso de Direito Administrativo*. 32ª ed. 2014. São Paulo: Malheiros. ISBN 978-85-392-0273-7. P. 98.

[4] MELLO, Celso Antônio Bandeira de. *Curso de Direito Administrativo*. P. 98.

-americanos foram os pioneiros na utilização do termo "*to comply*" no âmbito financeiro[5].

A principal função do *Compliance* é a implementação de uma cultura ética, de respeito aos valores, normas e políticas, promovendo a facilitação através de um canal de comunicação interno, monitoramento desta manutenção, prevenção e correção, de forma proativa[6]. A inserção do programa de *Compliance*, seja em empresas privadas, seja em instituições públicas, deve ser aplicado através da ordem de um CCO – *Chief Compliance Officer*[7], tendo este, sua equipe composta por *Compliance Officers*, externo, não podendo esses profissionais ser membro colaborador, funcionário ou servidor, podendo ter como base dessa aplicação, o ciclo PDCA de Walter Andrew Sheward, o qual baseia-se em planejar, fazer, checar e agir[8].

É importante perceber que o chefe profissional do *Compliance* deve possuir conhecimentos nas áreas da informática, no jurídico e em gestão, para que se consiga executar com mais plenitude o seu trabalho, ou pelo menos conseguir tratar com a sua equipe interdisciplinar. Essa poderá ser composta por profissionais especialistas nessas áreas e devendo ter membros com conhecimento específicos, segundo a instituição que passará pelo programa.

Esses conhecimentos específicos são aqueles direcionados para a atividade da instituição submetida a esse programa, como, por exemplo, demonstrando a forma pela qual uma empresa funciona, como uma empresa de agricultura. Como poderá ser submetida a um programa de *Compliance* sem um membro com conhecimento especializado nesta seara? Não pode! Assim, para tal, é imperioso e mister a essencialidade de um membro com conhecimento específico nesta atividade.

5 BLOK, Marcella. *Compliace e Governança Corporativa.* 1ª ed. 2017. Freitas Bastos. ISBN 978-857-9872-81-5. P. 25.

6 PIZARRO, Sebastião Nobrega. *Manual do Compliance. 2016.* Portugal: Nova Causa. ISBN 978-989-8515-36-0. p. 88.

7 ÉPOCA Negócios – Conheça o Chief Compliance Officer. 2017 Acessado em 15 de fevereiro de 2018. Disponível em: http://epocanegocios.globo.com/Inspiracao/Carreira/noticia/2015/09/conheca-o-chief-compliance-officer.html

8 CARLOS JÚNIOR – Project Builder – Ciclo PDCA. 2017. Acessado em 04 de outubro de 2019. Disponível em: < https://www.projectbuilder.com.br/blog/ciclo-pdca-uma-ferramenta-imprescindivel-ao-gerente-de-projetos/>.

Os profissionais do *Compliance* devem possuir não apenas as qualificações acima abordadas, mas principalmente tal profissional CCO deverá ser ético, modesto, proativo, inteligente, aprender rápido e com boa comunicação, diligente e convicto[9].

É necessário entender que, mesmo havendo um trabalho de *Compliance* eficiente, não é totalmente garantido que o objetivo seja alcançado, bem como salientar que não há uma receita pronta e fácil. As técnicas de *Compliance* não são genéricas, para se aplicar tal programa é necessária uma análise específica do negócio, para que, dessa forma, a aplicação seja adequada e eficiente, assim cada órgão do governo deve possuir uma aplicação específica do trabalho de conformidade então só assim poderá pensar em resultados concretos[10].

O *Compliance*, é um termo que está em evidência seja na gestão, na advocacia, nos profissionais de informática e na segurança da informação por exemplo. Já o Programa de *Compliance*, também conhecido como Trabalho de *Compliance* ou de Conformidade, é a aplicabilidade do *Compliance* em instituições, sejam privadas ou públicas, em busca da conformidade.

Assim, diante do exposto, para aplicar um programa de *Compliance*, o risco deve ser avaliado, como também possíveis sanções, análise eventuais perdas, em todos os setores, independente do cargo e ou função da pessoa que estará submetida ao programa.

A intenção desta escrita é apenas apresentar como pode ser fácil combater atos de improbidade administrativa através da aplicação do trabalho de *Compliance* direta ou por ricochete. O ricochete pode atingir caso, por exemplo, o fornecedor deseje seguir as regras de conformidade da uma empresa, para assim conseguir vender a sua mercadoria para esta.

A aplicação direta está relacionada com a utilização eficiente do programa de *Compliance* pela instituição, por exemplo, uma empresa privada, e caso essa esteja com excelência na aplicação deste programa de conformidade, será uma consequência exigir que seus fornecedores e clientes respeitem suas políticas internas, assim atingirá pelo menos parcialmente o trabalho de conformidade.

[9] Robert Walters – *Carrer Advice: The Role os Compliance Officer*. 2017. Acessado em 15 de fevereiro de 2018. Disponível em: <https://www.robertwalters-usa.com/career-advice/the-role-of-a-compliance-officer.html>.

[10] Blok, Marcella. *Compliance* e Governança Corporativa. P. 15.

Como exemplo, temos o protocolo de recebimento de mercadorias, informando a ambas as partes sobre como proceder em caso de vícios redibitórios, isso é um pequeno exemplo perto da infinidade de informações que devem conter nos contratos.

Os contratos expressos devem ser utilizados para aplicação do programa de conformidade, seja esse um termo de confidencialidade, ou uma política de proteção de dados. Esses contratos não podem ter favorecimento para nenhuma das partes, buscando assim, seguir as normas vigentes do país de aplicação, assim como as políticas internas da empresa.

Para não haver dúvidas envolvendo a subjetividade entre empresa e fornecedor, o princípio da boa-fé subjetiva relaciona-se não com o que o sujeito faz, mas sim com o que quer fazer, independentemente de qual atitude seja tomada, assim tal fato deve estar previsto em um contrato expresso[11].

Também mister perceber que a boa-fé objetiva é aquela que está ligada às atitudes e ao mundo concreto, assim a aplicação do contrato na subjetividade, fará voltar tal situação para a boa-fé objetiva. Não havendo essa, a quebra de contrato por parte do indivíduo, o ato torna-se ilícito, sendo necessário reparar os danos causados.

3. O *accountability*, a evolução da responsabilidade

A frase, "O homem nasce livre, mas por toda a parte se encontra acorrentado", está presente no início do livro de Jean Jacques-Rousseau, O Contrato Social. Vivemos sob um acordo, onde se busca permanecer em paz, em ordem[12]. A justiça dos homens era definida por quem era mais forte, assim, mesmo o mais franco estando certo, o mais forte venceria o combate e assim estaria correto. E, após um contrato no qual todos buscaram contribuir de alguma forma, por exemplo, enquanto o homem mais forte luta e protege, o mais fraco planta e distribui o alimento, assim todos vêm vivendo de certa forma na sombra deste acordo[13].

[11] Monteiro Filho, Ralpho Waldo de Barros. *Contratos Cíveis*. 1ª ed. Revista dos Tribunais: São Paulo, 2017. ISBN: 978-85-203-7124-4. P. 25.

[12] Rousseau, Jean-Jacques. *O Contrato Social*. Apud. Warburton, Nigel. *Grandes Livros de Filosofia*. 2ª ed. Editora 80: ISBN 978-972-44-1741-7. P. 157.
Idem. Ibidem.

[13] *Idem. Ibidem.*

Com isso a humanidade vai sempre caminhando sob a sobra do acordo expresso no Contrato Social. A evolução desse acordo seria o *Accountability*? Na língua portuguesa ainda não existe palavra específica para traduzir tal termo, mas pode ser conceituado também como a evolução da responsabilidade através da prestação de contas e transparência, segundo João Cordeiro[14]. *Accountability* é uma expressão muito ligada a registros contábeis, é dar respostas com resultados, é trazer a responsabilidade para si buscando assim, de forma proativa, a maneira mais eficiente de se atingir um resultado. Sendo esse termo tratado como uma virtude moral[15]. Não nascemos com essa virtude moral, assim precisamos adquirir.

O treinamento frequente com base em boas práticas, em responsabilidade, nos resultados e no crescimento pessoal deve ser frequente, para que assim a equipe venha adquirir tal virtude. Quando falamos a equipe, estão incluídos todos os membros da empresa, até a presidência.

A evolução da responsabilidade adquirida com treinamentos deve sofrer frequente manutenção para acabar por ser aprimorada cada vez mais, e assim as pessoas evoluírem cada vez mais a cada treinamento. E esse aprimoramento fará uma pessoa cada vez mais responsavelmente proativa, e em consequência disto, acabará melhorando não só sua vida profissional, mas a relação entre colegas de trabalho, na escola, na família, e praticamente em todos os meios onde há grupos sociais[16].

Segundo João Cordeiro, o *Accountability* aparece com maior evidência em três momentos:

1. Governamental: onde está ligado diretamente com a prestação de contas pelo governo, órgãos e ministérios por exemplo.
2. Contábil: onde há uma relação direta para prestação de contas privadas, como tesouraria, tributação, entre outros.
3. Individual: onde há como uma prestação de conta consigo mesmo, uma virtude moral onde a resposta inicial primeira é para si, e em consequência para os demais.

[14] CORDEIRO, João. *Accountability: A evolução da responsabilidade pessoal nas empresas*. 1ª ed. Évora. São Paulo, 2013. ISBN: 978-85-63993-71-7. P. 01.

[15] CORDEIRO, João. *Accountability*. P. 01.

[16] *Idem*. Op. Cit. p. 03.

Esta expressão é parecida com os novos termos que a sociedade digital traz através da internet, como *BigData, Blockchain, Data Mining*, mas não é, em março de 1993 o GAO – U.S. *Government Accountability* Office já expressava: "*Accountability*: mais vital que nunca", quando se trata as instituições governamentais, expressando que a restruturação, a educação e as iniciativas de treinamentos, assim como a proatividade se constituem como base para a evolução da responsabilidade pessoal[17]. Assim, a aplicabilidade dos trabalhos de treinamento, para transformar pessoas comuns em profissionais com o *Accountability* na veia, será uma consequência para uma grande redução de atos de improbidade.

Considerações finais

Considere-se que tal escrita não teve o objetivo de ressaltar a lei de improbidade, assim como seus atos, mas sim destacar como esse pode ser evitado de uma maneira preventiva.

Cabe ressaltar que se vive hoje em meios o qual uma pessoa pode ser facilmente corrompida, seja de forma intencional ou não, por muitas vezes através de atos de improbidade vem enfraquecendo cada vez mais a confiança das pessoas acerca da política aplicada por agentes políticos, esteja esse no poder ou não, e diante desta situação é imperioso que atitudes preventivas surjam cada vez mais em busca de combater os atos de improbidade.

O *Compliance* é a busca pela conformidade, pelo que é direito, seguindo assim normas e políticas internas de instituições públicas ou privadas para que os profissionais que estão aplicando o programa de *Compliance* analisem possíveis riscos e vulnerabilidades e assim possam bloqueá-los. Em consequência disto, esses profissionais acabariam prevenindo situações que terminassem por concretizar atos de improbidade.

Já o *Accountability*, que embora pareça um termo novo, uma prática nova, não o é, visto que desde 1993 os Estados Unidos da América buscam promover atividades educacionais para assim criar profissionais melhores. O *Accountability* é uma virtude moral, onde a pessoa traz para si a responsabilidade e de forma proativa busca se obter o melhor resultado.

[17] *GAO – US Government Accountability Office. Accountability: More Vital than Ever.* 1993. Acessado em 15 de fevereiro de 2018. Disponível em: <https://www.gao.gov/products/149123>.

O *Accountability* deve ser aplicado através de treinamento frequente, com base na responsabilidade, transformando pessoas comuns em profissionais melhores, como também promovê-los a melhores membros sociais, seja na escola, no trabalho ou na família.

A aplicação do trabalho de *Compliance* como também na promoção de treinamentos de *Accountability*, fará com que de uma forma gradativa, os atos ímprobos sejam minimizados cada vez mais, pois a virtude moral de cada um falará mais alto.

Referências

BLOK, Marcella. *Compliance* e Governança Corporativa. 1ª ed. 2017. Freitas Bastos. ISBN 978-857-9872-81-5.

BRASIL. Constituição Federal do Brasil. 1988. Acessado em 05 de fevereiro de 2018. Disponível em: <http://www.planalto.gov.br/ccivil_03/constituicao/constituicao.htm>.

BRASIL. Lei nº 8.429 de 02 de junho de 1992. Lei da Improbidade Administrativa. Acessado em 05 de fevereiro de 2018. Disponível em: <http://www.planalto.gov.br/ccivil_03/leis/L8429.htm>.

CARLOS JÚNIOR – Project Builder – Ciclo PDCA. 2017. Acessado em 04 de outubro de 2019. Disponível em: < https://www.projectbuilder.com.br/blog/ciclo-pdca-uma-ferramenta-imprescindivel-ao-gerente-de-projetos/>.

CORDEIRO, João. *Accountability: A evolução da responsabilidade pessoal nas empresas*. 1ª ed. Évora. São Paulo, 2013. ISBN: 978-85-63993-71-7.

ÉPOCA Negócios – Conheça o Chief *Compliance* Officer. 2017. Acessado em 15 de fevereiro de 2018. Disponível em: <http://epocanegocios.globo.com/Inspiracao/Carreira/noticia/2015/09/conheca-o-chief-*Compliance*-officer.html>

MELLO, Celso Antônio Bandeira de – *Curso de Direito Administrativo*. 32ª ed. 2014. São Paulo: Malheiros. ISBN 978-85-392-0273-7.

MONTEIRO FILHO, Ralpho Waldo de Barros. *Contratos Cíveis*. 1ª ed. Revista dos Tribunais: São Paulo, 2017. ISBN: 978-85-203-7124-4.

PIZARRO, Sebastião Nobrega. Manual do *Compliance*. 2016. Portugal: Nova Causa. ISBN 978-989-8515-36-0.

ROUSSEAU, Jean-Jacques. *O Contrato Social*. APUD. WARBURTON, Nigel. *Grandes Livros de Filosofia*. 2ª ed. Editora 80: ISBN 978-972-44-1741-7.

GAO – US Government Accountability Office. Accountability: More Vital than Ever. 1993. Acessado em 15 de fevereiro de 2018. Disponível em: <https://www.gao.gov/products/149123>.

ROBERT Walters – Carrer Advice: The Role os *Compliance* Officer. 2017. Acessado em 15 de fevereiro de 2018. Disponível em: <https://www.robertwalters-usa.com/career-advice/the-role-of-a-*Compliance*-officer.html>.

POSFÁCIO

"O que mais me encantou nesta obra é que ela não se destina somente ao público das ciências jurídicas, mas a todos os cidadãos engajados nessa labuta. Ao percorrermos as páginas dos diversos artigos, somos instigados a conhecer e refletir sobre temas que recheiam as mídias, os tribunais, os debates políticos, como o combate à corrupção material e moral, os atos abusivos cometidos por agentes públicos contra o patrimônio e contra nossas crianças e os jovens, como muito bem exposto no artigo sobre o Escola Sem Partido, enfim, os delitos que estão roubando o presente e o futuro da nossa Nação. O conhecimento liberta. Recomendo a leitura".

Bia Kicis – Deputada Federal, Procuradora do Distrito Federal aposentada e Presidente do Instituto Resgata Brasil – IrgB